utb 4386

W0287445

Eine Arbeitsgemeinschaft der Verlage

Böhlau Verlag · Wien · Köln · Weimar
Verlag Barbara Budrich · Opladen · Toronto
facultas · Wien
Wilhelm Fink · Paderborn
A. Francke Verlag · Tübingen
Haupt Verlag · Bern
Verlag Julius Klinkhardt · Bad Heilbrunn
Mohr Siebeck · Tübingen
Ernst Reinhardt Verlag · München · Basel
Ferdinand Schöningh · Paderborn
Eugen Ulmer Verlag · Stuttgart
UVK Verlagsgesellschaft · Konstanz, mit UVK/Lucius · München
Vandenhoeck & Ruprecht · Göttingen · Bristol
Waxmann · Münster · New York

Michael Obermaier

Arbeitstechniken Erziehungswissenschaft

Studieren mit Erfolg

Ferdinand Schöningh

Der Autor:
Dr. phil. Michael Obermaier ist Professor für Erziehungswissenschaft an der Katholischen Hochschule Nordrhein-Westfalen, Abteilung Köln, und leitet dort den Studiengang Bildung und Erziehung in der Kindheit. Daneben ist er als Leiter der Sektion Pädagogik der Görres-Gesellschaft zur Pflege der Wissenschaft sowie als Gutachter für die Vierteljahrsschrift für wissenschaftliche Pädagogik engagiert und zudem seit 2006 als Qualitätscoach für die Schulentwicklung in Köln und Düsseldorf tätig.

Umschlagabbildung: macrovector/fotolia.com

Online-Angebote oder elektronische Ausgaben sind erhältlich unter
www.utb-shop.de

Bibliografische Information der Deutschen Nationalbibliothek

Die Deutsche Nationalbibliothek verzeichnet diese Publikation in der Deutschen Nationalbibliografie; detaillierte bibliografische Daten sind im Internet über http://dnb.d-nb.de abrufbar.

Internet: www.schoeningh.de

Printed in Germany
Herstellung: Brill Deutschland GmbH, Paderborn
Einbandgestaltung: Atelier Reichert, Stuttgart

UTB-Band-Nr: 4386
ISBN 978-3-8252-4386-9

Inhalt

Vorbemerkungen

Zum Hintergrund dieses Buches

Schon bei der ersten Recherche zum Thema ‚Einführung in wissenschaftliches Arbeiten und Denken' für Erziehungswissenschaftler war mir schnell klar, warum ich dem Ganzen nun noch ein weiteres einführendes Werk hinzufügen sollte.

Gewiss, Vorgehensweisen im wissenschaftlichen Arbeiten, formelle Vorgaben oder Zitiertechniken sind im Unterschied zur hohen sozialen und organisatorischen Wandlungsdynamik die wenigen noch gebliebenen Konstanten im hochschulischen Alltag. Insofern setzt erfolgreiches und das im Sinne einer ausgewogenen *Study-life-balance* persönlich zufriedenstellende Studium neben dem technischen Knowhow in verstärktem Maße (selbst)organisatorische und soziale Fertigkeiten voraus.

Denn im Zuge des Umbaus der Hochschullandschaft, charakterisiert durch die Modularisierung der Studiengänge, werden zunehmend *schulische Klassenstrukturen* in ihrer Organisationsform übernommen und auf *hochschulische Lehrveranstaltungen* in Form von relativ geschlossenen Lernkohorten übertragen, so dass für Sie als Studienanfängerin die bereits mit ‚Expertenwissen' ausgestatteten Kommilitonen aus den höheren Semestern als *nachhaltige Sozialisationsinstanz wissenschaftlicher Habitualisierung* wegfallen. Konsequenterweise führt diese Homogenität der Lerngruppen und das Verschwinden informeller Lerngelegenheiten auf Seiten der Studierenden zu einem gewissen *Orientierungsvakuum* etwa darüber, wie Referate zu gestalten sind, Hausarbeiten gut gemeistert oder ein effektives Dozentengespräch vorbereitet werden kann. Neben den hohen nervlichen Belastungsqualitäten für die Studierenden zeitigt dies zudem eine weitere Konsequenz: Im Hochschulalltag steigt der Beratungsbedarf der Studierenden und somit die Beratungsintensität auf Seiten der Dozierenden enorm an. Dieser Umstand erfordert zusätzliches Engagement, kostet alle Beteiligten viel Zeit, lenkt von den wissenschaftlichen Kernaufgaben ab und schmälert mithin die Qualität in vielen Bereichen.

Allein dies sind zweifelsfrei überzeugende Gründe für eine Veröffentlichung, die darauf ausgelegt ist, Ihnen als angehende Erziehungswissenschaftlerinnen und Pädagogen durch nützliche Praxistipps den Einstieg ins erziehungswissenschaftliche Studium so zu erleichtern, dass Sie jenseits unnötiger Informations-, Arbeits- und Beratungsschleifen Ihre wertvolle Studienzeit dem eigentlich Wichtigen widmen können: den Inhalten Ihres Studiums.

Zum Aufbau des Buches

Insbesondere in der Erziehungswissenschaft als eine dem Menschen in seiner individuellen Lebensbewältigung zugewandten Wissenschaft drängt es sich förmlich auf, einen alltags- und lebensweltorientierten, oder fachlich ausgedrückt, einen *humanökologischen Zugang* zu wählen. Daran orientieren sich auch die Inhalte dieses Buches, welches Ihnen eine Hilfe sein soll, den Übergang in die neue Lebenswelt *Hochschule* gut zu bewältigen, darin schnell Orientierung zu gewinnen und den akademischen Alltag durch das Wissen um Aufgaben, Vorgehensweisen und Methoden stressfrei zu meistern. Jedes Kapitel stellt dabei eine für sich abgeschlossene thematische Einheit dar, so dass Sie je nach Interesse und Fragestellung direkt in das jeweilige Kapitel einsteigen können.

Die ersten beiden Kapitel dienen Ihnen dazu, eine erste Orientierung im neuen ‚Ökosystem' Hochschule und im Studienfach Erziehungswissenschaft zu gewinnen. So werden zunächst ganz grundlegende Unterschiede zum Schulleben skizziert und Erwartungen an Ihre neue Rolle als Studierende aufgezeigt. Neben dem schnellen Einfinden in Ihre neue Rolle ist das Bescheidwissen über das eigene Studienfach eine weitere elementare Voraussetzung für einen glückenden Studienstart und Studienverlauf. Keinesfalls ist von vorneherein klar, was es bedeutet, Erziehungswissenschaft zu studieren. Denn hinter diesem Studienfach verbirgt sich mit derzeit mehr als 300 unterschiedlichen fachlichen Ausrichtungen – von der Kindheitspädagogik über die Erwachsenenbildung bis hin zur Geragogik – ein hoch ausdifferenziertes Studienangebot, das sich großer Beliebtheit erfreut und seit Jahren unter den Top 10 der Studienfächer rangiert.

Neben dieser allgemeinen Orientierung lenkt das längere Kapitel 3 den Blick auf Ihren erziehungswissenschaftlichen Studienalltag an der Hochschule und greift u. a. folgende Fragen auf: Was wird konkret von mir erwartet? Welche wissenschaftlichen Arbeiten werde ich zu meistern haben? Wie kann ich mein Semester effektiv strukturieren? Welche Prüfungsformen gibt es, nach welchen Kriterien wird bewertet und was bedeutet eigentlich Forschendes Lernen für mich? Ein kleiner Email-Knigge, der Sie in die gängigen Kommunikations- und Interaktionsgepflogenheiten einführt, sowie konkrete Tipps für eine erfolgreiche Prüfungsvorbereitung runden diesen Abschnitt ab.

Studieren heißt aber nicht nur während der sog. *Kontaktzeit* Veranstaltungen zu besuchen und Prüfungen zu bestehen. Vielmehr werden Sie im sog. *Selbststudium* ausgiebig Zeit mit dem Lesen von Fachliteratur verbringen, „ein Drittel bis die Hälfte Ihres Studiums" schätzt Rödiger Voss (2014, S. 99). In einem üblichen Bachelorstudium mit einem Umfang von 180 CP bzw. 4600 Stunden Zeitaufwand ergeben sich dann rein rechnerisch 2300 Stunden Lesezeit, was bei einem Pensum von sechs Stunden täglich immerhin volle 383 Lesetage ausmacht. Vor diesem Hintergrund lohnt es sich allemal, sich genauer mit ertragreichen Formen der Literaturrecherche, -bewertung und -verwaltung sowie mit Techniken des Lesens und der Textbearbeitung zu beschäftigen, denn hier kann richtig viel Zeit vergeudet oder aber auch gespart werden. Dazu finden Sie in den Kapiteln 4 und 5 viele nützliche Informationen, bewährte Strategien sowie praxisorientierte Methoden.

Das erziehungswissenschaftliche Studium bedeutet für Sie in einem nicht unerheblichen Umfang aber auch die Aufgabe, zu präsentieren: Zunächst müssen Sie Ihre eigene Person präsentieren, darüber hinaus wird die Darstellung von Arbeitsergebnissen in Vorträgen gefordert und drittens werden Sie ausreichend Gelegenheit erhalten, Ihre gereiften Überlegungen in schriftlichen Seminar- und Hausarbeiten vorzulegen, in denen Sie Ihre Fähigkeit zum wissenschaftlichen Arbeiten unter Beweis stellen können. Die Kapitel 6, 7 und 8 werden Sie auf vielfältige Weise mit diesen Themen konfrontieren und Ihnen strukturierte Wege für eine fundierte Bewältigung dieser Herausforderungen aufzeigen.

Zur geschlechtersensiblen Schreibweise

Emanzipation, Gleichberechtigung und die Anerkennung von geschlechtlicher Vielfalt sind gewaltige kulturelle Errungenschaften, die unbenommen auch in der Sprache ihren Niederschlag finden müssen. Häufig sind in Einleitungen von Werken redaktionelle Hinweise zu finden wie etwa „in dieser Arbeit wird grundsätzlich das generische Maskulinum verwendet, um die Lesbarkeit des Textes zu verbessern". Dies stellt eine radikale Vereinfachung der Sachverhalte dar und hat mit Geschlechtergerechtigkeit absolut nichts zu tun. Auf der anderen Seite aber ist bis dato noch keine, auch aus sprachästhetischen Erwägungen heraus zufriedenstellende Lösung gefunden worden bzw. hat sich eine Spielart des sprachlichen ‚Genderns' als Standard etabliert. Versuche des ‚Genderings' mit klaren Sprachregelungen wie beispielsweise Studenten/Studentinnen oder StudentInnen oder Student*innen oder Student_innen oder der/die Student/-in oder ein*e Student*in oder … wirken zumeist hölzern, umständlich und verkrampft (vgl. Eichhoff-Cyrus 2004). Wirklich schade, besonders weil das Thema *kulturelle Diversität* eigentlich zur mentalen Entkrampfung und damit zu einem entspannteren Umgang mit soziokultureller Vielfalt führen soll.

Insofern wird für diese Publikation ein befreiter und sprachlich ansprechender Mittelweg gewählt, der aber keinesfalls von der Verantwortung zur Geschlechtergerechtigkeit entpflichtet, sondern vielmehr diesen Auftrag sehr ernst nimmt: die *geschlechtersensible Ausdrucksweise*. Hierbei wird auf auch sprachästhetisch sensible Art und Weise eine Variationsbreite aus weiblichen (Studentinnen) und männlichen (Studenten) Nennungen, aus Gruppenbezeichnungen (Studentenschaft), geschlechtlichen Neutralisierungen (Studierende) oder auch Versachlichungen (alle Personen im Studium) präsentiert, die offensichtlich eher in der Lage ist, der im Leben vorfindbaren Buntheit und Vielfalt schriftsprachlich zumindest im Ansatz gerecht zu werden.

Nicht zuletzt danke ich an dieser Stelle besonders den Studierenden für Ihre vielfältigen und unverstellten Anfragen, Anregungen und Anmerkungen, sie haben die praxisrelevante und lebensweltorientierte Erdung dieser Publikation sichergestellt.

Köln, August 2016
Michael Obermaier

1 Lebensabschnitt Studium – Lebensraum Hochschule

1.1 Der Studienstart – und warum er (nicht) gelingt

Mit Ihrem Entschluss ein Studium im Fachbereich Erziehungswissenschaft aufzunehmen, haben Sie eine folgenreiche Entscheidung getroffen. Insbesondere der ökologische Übergang vom Schülerdasein in den Lebensabschnitt Studium stellt zumeist ein einschneidendes und ganz besonderes Lebensereignis dar. Vielleicht bringt dies auch für Sie fundamentale Umwälzungen im Alltags- und Privatleben mit sich. Der Umzug in eine fremde Stadt, die erste eigene Wohnung oder die Lockerung der bisherigen sozialen Kontakte lassen ein Gefühl von Freiheit, Selbstbestimmung, Zeitsouveränität und Unabhängigkeit entstehen.

Zudem werden Sie schon nach kurzer Zeit an der Hochschule die gravierenden Unterschiede zur Schule bemerken, denn im Gegensatz zur Schule herrscht nun das Prinzip der Freiwilligkeit und Wahlfreiheit. Während Sie kaum Einfluss auf die Wahl Ihrer Schule und schon gar nicht auf die Wahl der Lehrkräfte hatten, so steht Ihnen nun prinzipiell die ganze Welt offen. Zudem herrscht in der Regel keine Anwesenheitspflicht, allein Sie selbst sind für Ihren Bildungsprozess verantwortlich. Studieren heißt somit auch Persönlichkeitsentwicklung, denn nur Sie entscheiden, übernehmen Verantwortung und müssen somit auch Rechenschaft über Ihr Tun ablegen.

Obschon Ihnen dieser Lebensabschnitt enorme Chancen, Freiräume und Perspektiven eröffnet, so gelingt der Übergang von der Schule in das Studium nicht allen gleichermaßen gut. „Im Jahr 2012 lag die Studienabbruchquote unter den Bachelorabsolventen bei 28 Prozent" ist der Studie *Bildungsmonitor 2015* (Institut der Deutschen Wirtschaft 2015, S. 110) zu entnehmen. Fragt man dabei nach den Gründen dieser seit Jahren erschreckend hohen Anzahl an gescheiterten Versuchen, so stehen überraschenderweise nicht finanzielle oder familiäre Gründe im Vordergrund. Vielmehr haben sich beim größten Teil der Abbrecherinnen „nicht nur Identifikationsdefizite mit dem konkreten Studienfach herausgebildet, sondern darüber hinaus mit Studium und Hochschule überhaupt" (Griesbach et al. 1998, S. 1). Zudem „ist davon auszugehen, dass sich hinter diesem vergleichsweise hohen Wert Übergangs- und Anpassungsprobleme (...) verbergen" (Heublein et al. 2012, S. 1).

In aller Deutlichkeit zeigen diese Ergebnisse, wie wichtig es gerade beim Studienstart ist, dass Sie in Ihrem neuen Lebensbereich Orientierung gewinnen und genau wissen, wo Sie sich befinden, was Sie warum studieren und welche Anforderungen an Sie gestellt werden. Während Sie in der Schule von Ihren Lehrkräften an die Hand genommen und zur Mitarbeit motiviert wurden oder bei Problemen stets mit Hilfe und Unterstützung auch der Klasse rechnen konnten, sind Sie an der Hochschule vor allem anfangs stark auf sich selbst gestellt.

Damit Sie jedoch schnell und vor allem gut im Studium ankommen, halten die folgenden Abschnitte hilfreiche Informationen für Sie bereit. Dabei nehmen wir zunächst eine Standortklärung vor und betrachten kurz, welche Hochschultypen es gibt und welche Kernaufgaben sie haben (1.2). Anschließend (1.3) wird skizziert, was überhaupt ein Studium auszeichnet, wie Sie sich fundiert über die Ziele des Studiums informieren und Kombinationsmöglichkeiten von Bachelor- und Masterstudium bereits im Vorfeld strukturiert planen können. Abschnitt 1.4 setzt Sie über wesentliche Erwartungen in Kenntnis, die an ein Studium im Fachbereich Erziehungswissenschaft geknüpft sind.

1.2 Hochschultypen – Gemeinsamkeiten und Unterschiede

Den meisten ist selbst nach Abschluss des Studiums noch nicht klar, wo sie studiert haben und was ihre Hochschule von anderen unterscheidet; nicht selten macht sich hier völlig haltloser Standesdünkel bemerkbar und es kommt zu despektierlichen Bewertungen. Insofern wird hier zuerst eine erste Standortbestimmung vorgenommen, indem der ‚Catch all'-Begriff *Hochschule* reflektiert wird. Bereits Paragraph 1 des Hochschulrahmengesetz (HRG) klärt dies: „Hochschulen im Sinne dieses Gesetzes sind die Universitäten, die Pädagogischen Hochschulen, die Kunsthochschulen, die Fachhochschulen und die sonstigen Einrichtungen des Bildungswesens, die nach Landesrecht staatliche Hochschulen sind. Dieses Gesetz betrifft (...) auch die staatlich anerkannten Hochschulen". Der Begriff *Hochschule* ist dabei als ein Sammelbegriff für unterschiedliche Institutionen aufzufassen, an denen ein staatlich anerkannter Studienabschluss erworben werden kann. Alle Hochschultypen dienen entsprechend ihrer je eigenen fachlichen Ausrichtung (beispielsweise die Deutsche Sporthochschule Köln, die Universität der Künste in Berlin oder die Pädagogische Hochschule Freiburg) der Pflege und der Entwicklung der Wissenschaften und der Künste durch Forschung, Lehre, Studium und Weiterbildung. Alle Hochschulen bereiten Sie auf berufliche Tätigkeiten vor, die die Anwendung wissenschaftlicher Erkenntnisse und wissenschaftlicher Methoden oder die Fähigkeit zu künstlerischer Gestaltung erfordern (vgl. Hochschulrahmengesetz § 2).

Im Unterschied zur Schule, die durch klare Curricula, standardisierte Vergleichsprüfungen oder die Schulaufsicht stark kontrolliert und reglementiert ist, genießen die Hochschulen eine weitaus größere Autonomie. Diese Souveränität wird deutlich in der Freiheit der Forschung, der Freiheit der Lehre und – dies ist vor allem für Sie als Studierende wichtig zu wissen – der Freiheit des Studiums. Die Ihnen gewährte Freiheit des Studiums umfasst „insbesondere die freie Wahl von Lehrveranstaltungen, das Recht, innerhalb eines Studiengangs Schwerpunkte nach eigener Wahl zu bestimmen, sowie die Erarbeitung und Äußerung wissenschaftlicher und künstlerischer Meinungen" (ebd., § 4[4]). Trotz dieser Gemeinsamkeiten gibt es durchaus Unterschiede zwischen den verschiedenen Hochschultypen. Für Sie als angehende Erziehungswissenschaftlerin sind vor allem die Universität, die Pädagogischen Hochschulen sowie die Fachhochschulen von besonderem Interesse.

1.2.1 Universität

Während die deutsche Universität, auch als Alma Mater (lat. die nährende Mutter) bezeichnet, seit 1379 mit den ersten Gründungen in Erfurt, Heidelberg, Köln oder Leipzig bereits eine lange Geschichte schreibt, ist die wissenschaftliche Pädagogik wesentlich jünger. Erst 1779 wird die erste Professur für Pädagogik durch den Philanthropen und Pädagogen Ernst Christian Trapp an der Universität Halle besetzt (vgl. Horn 2008, S. 7). Die Universität (lat. universitas: Gesamtheit der Wissenschaften und Gemeinschaft der Lehrenden und Lernenden) ist somit die älteste Form einer hochschulischen Institution. Als Universität wird herkömmlich jener Typus von Hochschule bezeichnet, der die Einheit von Forschung und Lehre gewährleistet, das Promotions- und Habilitationsrecht besitzt sowie die gesamte Breite der Natur- und Geisteswissenschaften berücksichtigt. Das Promotions- und Habilitationsrecht ermöglicht den Universitäten, Titel und Befugnisse zu verleihen (Doktorwürde, Lehrbefugnis/-befähigung) und somit den wissenschaftlichen Nachwuchs zu generieren. Jedoch hat sich dieses Bild von Universität, wie dies die Hochschulrektorenkonferenz (2016) aufzeigt, aufgeweicht. Im Zuge notwendiger Profilbildung wurde zunehmend Abschied von der umfassenden Volluniversität genommen, viele Universitäten konzentrieren sich auf eine spezifische Auswahl von Disziplinen und haben Schwerpunkte gelegt. Obwohl an Universitäten auch anwendungsorientiert geforscht wird, ist sie alleinig für die Grundlagenforschung, also der Erforschung grundlegender Muster und Strukturen, zuständig.

1.2.2 Pädagogische Hochschulen

Die aus sog. Lehrerbildungsseminaren und pädagogischen Akademien erwachsenen und in den 1960er Jahren Pädagogische Hochschulen benannten Bildungsinstitutionen existieren heute nur noch in Baden-Württemberg, in den übrigen Bundesländern wurden sie in die entsprechenden human- oder erziehungswissenschaftlichen Fakultäten der Universitäten eingebunden. Pädagogische Hochschulen als ‚Quasi-Universitäten' mit erziehungs- und bildungswissenschaftlichem Schwerpunkt genießen das Promotions- und Habilitationsrecht und sind somit den Universitäten gleichrangig. Neben der Qualifikation der Studierenden für fast alle pädagogischen Handlungsfelder liegt eine wesentliche Kernaufgabe der Pädagogischen Hochschulen in der Ausbildung von Grund-, Haupt- und Realschullehrkräften sowie von Lehrkräften an Schulen für Menschen mit geistiger oder körperlicher Behinderung.

1.2.3 Fachhochschulen

Mit der Gründung der Fachhochschulen zu Beginn der 1970er Jahre war die Absicht verbunden, dem Fachkräftemangel durch die Einführung von Studiengängen abzuhelfen, welche durch einen starken Praxis- und Anwendungsbezug und kürzere Studienzeiten gekennzeichnet sind. Neben der Akademisierung vielfältiger Berufe, wie es sich beispielsweise durch die Einführung kindheitspädagogischer Studiengänge etwa am Erzieherberuf verdeutlichen lässt, kam als eine weitere wichtige Aufgabe der Fachhochschulen die hauptsächlich *anwendungsorientierte Forschung* dazu (vgl. Hochschulrektorenkonferenz 2016). Obschon auch für alle Fachhochschulen und Hochschulen der angewandten Wissenschaft die gleichen Rechte und Freiheitsgrade wie für die Universitäten garantiert sind und diese ebenso eine Vielfalt an Bachelor- und Masterstudiengängen anbieten, genießen sie kein Promotions- und Habilitationsrecht.

Die exklusive Ausstattung der Universitäten und Pädagogischen Hochschulen mit dem Promotionsrecht impliziert aber eine Kooperationspflicht mit den Fachhochschulen. Damit ist im Sinne der Durchlässigkeit des Bildungssystems gesichert, dass geeigneten Masterabsolventinnen von Fachhochschulen verlässliche Perspektiven zur Aufnahme einer Promotion eröffnet werden (vgl. Wissenschaftsrat 2010, S. 11). Insofern fordert der Wissenschaftsrat, also das einflussreichste bildungspolitische Beratungsgremium, die Fakultäten der Universitäten nachdrücklich dazu auf, in ihren Promotionsordnungen die formale Gleichstellung der Studienabschlüsse von Fachhochschulen und Universitäten vorzunehmen, um gerechterweise Fachhochschulabsolventen die gleichen Chancen zu eröffnen: „Besonders qualifizierte Bachelor- und Diplom (FH)-Absolventen können auch direkt zur Promotion zugelassen werden" (Deutscher Akkreditierungsrat 2005, S. 7), was als ein deutliches Signal in Richtung Gleichwertigkeit anzusehen ist. Mittlerweile werden rund ein Drittel aller Studierenden an Fachhochschulen ausgebildet.

Im Zuge des so genannten Bologna-Prozesses, einer von der EU initiierten Hochschulreform, die einen fundamentalen

Umbau des Hochschulsystems nach sich zog, haben sich zudem weitere Annäherungen und Kooperationen zwischen Universitäten und Fachhochschulen ergeben, die darauf hindeuten, dass auch Fachhochschulen in Zukunft als wissenschaftliche Ausbildungsstätten angesehen werden sollen (vgl. Hochschulrektorenkonferenz 2016).

1.2.4 Zusammenfassung: gleichwertig, aber nicht gleichartig!

Aus dem Bisherigen wird deutlich, dass sich die verschiedenen Hochschultypen – Universität, Pädagogische Hochschule oder Fachhochschule – durch unterschiedliche Schwerpunktsetzungen und Aufgabenstellungen charakterisieren lassen. Dabei geht es gerade nicht um eine gewisse Gleichartigkeit, die anzustreben ist, sondern hauptsächlich um die Gleichwertigkeit der Abschlüsse, die vergeben werden. Hier hat die Umstellung auf die Bachelor- und Masterstruktur viele Vorteile erzeugt, eine erfreulich hohe Vielfalt an Studiengängen und Kombinationen hervorgerufen und eindeutig zu einer Aufwertung der Abschlüsse von Fachhochschulabsolventinnen geführt.

Wenn Sie nun neugierig geworden sind und sich fragen, ob der von Ihnen gewählte Hochschultyp wirklich der richtige ist und Ihren Bedürfnissen beispielsweise nach einer guten Berufsvorbereitung entspricht, dann liefern Ihnen die seit 2007 vom Deutschen Zentrum für Hochschul- und Wissenschaftsforschung (DZHW) durchgeführten Studien mit dem Titel *Studienqualitätsmonitor* viele aufschlussreiche Ergebnisse. Besonders interessant ist hier der Vergleich der Einschätzungen der befragten Studenten zur Qualität von Universität und Fachhochschule. Die Studien können Sie kostenfrei unter nachfolgender Adresse lesen: http://www.dzhw.eu/bereiche/ab21/sqm/berichte

Nach dieser ersten Orientierung innerhalb der Hochschullandschaft wird im nächsten Abschnitt behandelt, wie sich die Bachelor- und Masterstudiengänge aufbauen, welche Kombinationsmöglichkeiten sich Ihnen hierbei bieten und welche Kompetenzen Sie durch Ihr Studium erwerben sollten.

1.3 Zur Architektur von Bachelor- und Masterstudiengängen

Für das Verständnis, wie Bachelor- und Masterstudiengänge aufgebaut sind, ist es enorm hilfreich, sich kurz über die dahinterliegenden Ziele zu informieren.

1.3.1 Geschichtlicher Hintergrund

Der Reformprozess für das deutsche Hochschulsystem nahm 1998 seinen Anfang durch den gemeinsamen Beschluss von Deutschland, Frankreich, Italien und Großbritannien, die europäische Hochschulbildung zu erneuern. Bereits ein Jahr später schlossen sich 30 europäische Staaten in der italienischen Universitätsstadt Bologna dieser Idee an und legten mit der Bologna-Erklärung den Grundstein für einen Europäischen Hochschulraum (EHR), der inzwischen 47 Mitgliedstaaten umfasst. Dieser seither als *Bolognaprozess* benannte, fundamentale Umbau des Europäischen Hochschulraums ist an sechs Kernzielen orientiert (vgl. Bundesministerium für Wissenschaft und Forschung 2015, S. 4):

1. der Einführung gestufter Studiengänge (undergraduate/graduate bzw. Bachelor/Master/Promotion),
2. der Vereinfachung der Anerkennung von (Studien)Leistungen,

3. der Einführung eines Kreditpunktesystems wie das ECTS (European Credit Transfer System),
4. der europäischen Zusammenarbeit im Bereich der Qualitätssicherung,
5. der Förderung der Mobilität der Hochschulangehörigen und
6. der Stärkung einer europäischen Dimension der Hochschulbildung.

Heute kann das ‚alte' Studiensystem mit den traditionellen Abschlüssen (Diplom, Magister, künstlerischer Abschluss) durch das Bachelor- und Mastersystem weitestgehend als abgelöst betrachtet werden, diese Studiengänge belegen nur noch knapp 2,0 % der Studienbeginner (vgl. Dudek 2015, S. 8).

1.3.2 Arbeitsbelastung und Kombinationsmöglichkeiten

Mit der Umstellung auf die Bachelor- und Masterstruktur dürfte auch langsam der Begriff *Bummelstudent* aus unserem Wortschatz verschwinden. Diese umgangssprachliche Bezeichnung steht für einen Studenten, der die Freiheiten des Studentenlebens nicht dazu nutzt, mit hohem Engagement und Wissensdurst seinem Studium nachzugehen, sondern der den Versuchungen einer entspannten Freizeitgestaltung erliegt. Die Möglichkeiten, viele Semester sanktionsfrei zu bummeln, sind heutzutage gering geworden, denn Studieren, und das sollte Ihnen von Anfang an bewusst sein, steht den Belastungen eines Vollzeitjobs in nichts nach. Mit der Umstellung auf das *Europäische System zur Übertragung und Akkumulierung von Studienleistungen* (ECTS), wodurch Studienleistungen aus Gründen der internationalen Mobilität und bildungspolitischen Durchlässigkeit transparent und vergleichbar sein müssen, wird der Arbeitsaufwand, den Sie leisten müssen, genau ermittelt. Hierzu ist dem offiziellen ECTS-Leitfaden, dessen Lektüre lohnt, zu entnehmen:

> „Der Arbeitsaufwand gibt die Zeit an, die Lernende typischerweise für sämtliche Lernaktivitäten (beispielsweise Vorlesungen, Seminare, Projekte, praktische Arbeit, Selbststudium und Prüfungen) aufwenden müssen, um die erwarten Lernergebnisse zu erzielen. 60 ECTS-Credits werden für den Arbeitsaufwand eines Jahres formalen Vollzeitlernens (akademisches Jahr) der zugehörigen Lernergebnisse vergeben. Meistens beträgt der Arbeitsaufwand der Studierenden in einem akademischen Jahr 1 500 bis 1 800 Stunden, so dass ein Credit 25 bis 30 Arbeitsstunden entspricht" (Amt für amtliche Veröffentlichungen der Europäischen Gemeinschaften 2009, S. 11).

Anhand dieses Berechnungssystems von Credit Points (CP) oder zu Deutsch Leistungspunkten (LP) werden die einzelnen Module der Bachelor- und Masterstudiengänge gestaltet. Der *Bachelor* oder *Bakkalaureus* stellt dabei den ersten akademischen Grad sowie die erste akademische Berufsqualifikation innerhalb eines mehrstufigen Studienmodells dar. Die Regelstudienzeit für Bachelorstudiengänge beträgt mindestens drei und höchstens vier Jahre. Nach einem erfolgreich abgeschlossenen Bachelorstudium können Sie einen weiteren berufsqualifizierenden Abschluss erwerben, nämlich den *akademischen Master- oder Magistergrad*. Die Regelstudienzeit beträgt hierbei mindestens ein Jahr und höchstens zwei Jahre. Zudem werden gerade im Fachbereich Erziehungswissenschaft und besonders im Lehramtsstudium zahlreiche sog. *konsekutive Studiengänge* angeboten, in denen das Bachelor- mit dem Masterstudium in einem engen inhaltlichen Zusammenhang steht und die aufeinander aufbauen (vgl. Tab. 1); hier beträgt die Gesamtregelstudienzeit höchstens fünf Jahre (vgl. Hochschulrahmengesetz § 19).

Tabelle 1: Studiengangsvarianten und Kombinationsmöglichkeiten

Studienjahr									
1. Jahr		2. Jahr		3. Jahr		4. Jahr		5. Jahr	
Semesteranzahl									
1	2	3	4	5	6	7	8	9	10
Bachelorstudium (6 Sem./ 180 CP)						Masterstudium (4 Sem./ 120 CP)			
Bachelorstudium (7 Sem./ 210 CP)							Masterstudium (3 Sem./ 90 CP)		
Bachelorstudium (8 Sem./ 240 CP)								Masterstudium (2 Sem./ 60 CP)	

Wie Tabelle 1 verdeutlicht, sind innerhalb des Angebotes von 18000 Studiengängen verschiedene Studiengangsvariationen und Kombinationen möglich, zudem werden Studiengänge für Bachelor oder Master mit unterschiedlicher Länge bzw. unterschiedlichem Workload angeboten.

Für Sie ist es besonders wichtig zu wissen, dass unter „Einbeziehung des Studiengangs bis zum ersten berufsqualifizierenden Abschluss (...) für den konsekutiven Masterabschluss 300 ECTS-Punkte" (Sekretariat der Ständigen Konferenz der Kultusminister 2003, S. 3) erforderlich sind. Mit anderen Worten: In Ihrem ganzen Studium müssen Sie 300 ECTS-Punkte nachweisen können, um den Mastertitel zu erhalten. So kommt es häufig vor, dass Studierende während ihres Bachelorstudiums, das beispielsweise 180 CP umfasst, Lust und Freude am Studium entwickeln und direkt ein Masterstudium anhängen wollen, das aber dreisemestrig konzipiert ist und somit den Nachweis von 210 CP voraussetzt. Nun fehlen hier aber 30 Leistungspunkte bzw. ein Semester Studium. Beugen Sie diesem leicht vermeidbaren Problem vor, indem Sie sich bereits frühzeitig darüber informieren, wie und in welchem Umfang Ihnen Ihre Hochschule Möglichkeiten bietet, über Ihr Regelstudium hinausgehende Leistungspunkte zu erwerben.

Zusätzlich bietet die deutsche Hochschullandschaft duale, berufsbegleitende oder berufsergänzende Studiengänge, Teilzeit-, Modell- oder Intensivstudiengänge an, für die trotz mancher Abweichung dennoch die bisher vorgestellten Voraussetzungen zutreffen.

Obschon bei der Umstellung des Hochschulsystems auf Bachelor- und Masterstudiengänge so einige Herausforderungen von allen Beteiligten zu bewältigen waren und sind, so überwiegen zweifelsfrei bei Weitem die dadurch entstandenen Vorteile: Allein schon die unglaubliche Kombinationsmöglichkeit, die sich Ihnen heute bietet, ist ein Zugewinn von unschätzbarem Wert. Dazu gesellt sich der Umstand, dass Sie nach Ihrem Bachelorabschluss zunächst Praxiserfahrung sammeln können und dann treffsicher wissen, in welchem Bereich Sie sich vertiefen und spezialisieren wollen und ob Sie dann entweder ein *anwendungsorientiertes* oder ein *forschungsorientiertes Masterstudium* aufnehmen wollen.

1.3.3 Studienziele und Kompetenzen

Ungeachtet, für welchen Studiengang Sie sich interessieren, gibt es für alle Studienangebote auf Bachelor- und Masterebene universell gültige Voraussetzungen, die zu kennen für Sie lohnenswert sein kann. Diese Voraussetzungen sind im sog. *Qualifikationsrahmen für Deutsche Hochschulabschlüsse* (2003) festgeschrieben. Im traditionellen Hochschulbetrieb wurde das Studienangebot vor allem durch ihre Studieninhalte, Zulassungskriterien oder die Studienlänge beschrieben – mit der negativen Konsequenz, dass man sich als studieninteressierte Person nur eine sehr grobe Vorstellung über das machen konnte, was das Studium bereithält und was man konkret lernt. Es gab viele Leerstellen, offene Fragen und auch nachträgliche Enttäuschungen.

Ein ausdifferenzierter und transparenter Qualifikationsrahmen hingegen gestattet die Beschreibung anhand ganz konkreter Kompetenzen, die Sie nach Ihrem erfolgreich absolvierten Studium erworben haben sollten, was für alle Studieninteressierten Klarheit von Anfang an schafft. In diesem grundlegenden Paradigmenwechsel spiegelt sich die Umorientierung von der Input- zu Outputorientierung wider, der die Transparenz des Bildungssystems fördern und mehr Menschen für ein Studium begeistern soll (vgl. Deutscher Akkreditierungsrat 2005, S. 3). Um diese Durchlässigkeit und Transparenz zu garantieren, müssen alle Studiengänge – unabhängig von Hochschultyp und Studienfach – folgende Minimalkriterien erfüllen: Klärung der Einstiegs- und Anschlussmöglichkeiten, Strukturierung der Lehrveranstaltungen in Module, explizite Darlegung der pro Modul zu erwerbenden Kompetenzen in einem Modulhandbuch, Ausweis einer international kompatiblen Benotung.

Neben den *Studienordnungen* ermöglichen Ihnen besonders die *Modulhandbücher* der einzelnen Studiengänge einerseits einen klaren Einblick in die Qualifikationen, die Sie dort erwerben können, und andererseits bieten sie Ihnen eine profunde Entscheidungsgrundlage, ob und inwieweit Ihnen ein konkretes Studienangebot zusagt. Die Kompetenzen bzw. Learning Outcomes, die Sie in den einzelnen Modulen erwerben sollen, sind jeweils zwei Kategorien zugeordnet:

- Wissen und Verstehen (Fachkompetenz)
- Können und Wissenserschließung (Methodenkompetenz, kommunikative und soziale Kompetenzen)

Diese rahmengebenden, europaweit gültigen Kategorien definieren die zu erreichenden Kompetenzniveaus auf Bachelor-,

Master- und Doktoratsebene. Nachfolgende Tabelle 2 zeigt Ihnen in komprimierter Form auf, welche Kompetenzen und Fertigkeiten Sie im Rahmen ihres jeweiligen Studiums entwickeln müssen, um erfolgreich abzuschließen.

1.3.4 Zusammenfassung: Europäische Vergleichbarkeit

Das Hochschulsystem und damit der *Qualifikationsrahmen für Deutsche Hochschulabschlüsse* sind jedoch nur ein Teil eines umfassenderen Ausbildungs- und Qualifikationssystems, das eine Vielzahl von zu erwerbenden Qualifikationen verschränkt, so etwa (außer)schulische, betriebliche, berufliche, non-formale oder eben auch die hochschulischen Qualifikationen. Um aber auf ganzer Bandbreite eine europäische Vergleichbarkeit sowie eine größere Durchlässigkeit herzustellen, wurde der sog. *Deutsche Qualifikationsrahmen* (DQR) als umfassendes Klassifikationsmodell entwickelt. „Der DQR soll Qualifikationen des deutschen Bildungssystems durch Verknüpfung mit dem EQR (Europäischer Qualifikationsrahmen; M.O.) europaweit vergleichbar machen. Dem DQR werden auf den einzelnen Niveaus solche Qualifikationen zugeordnet, von denen aufgrund der über Qualitätsverfahren abgesicherten Regelstandards erwartet werden. (…) Der DQR beschreibt auf acht Niveaus fachliche und personale Kompetenzen, an denen sich die Einordnung der Qualifikationen orientiert" (Bund-Länder-Koordinierungsstelle für den Deutschen Qualifikationsrahmen für lebenslanges Lernen 2013, S. 16).

Für Sie als Studierende im Fachbereich Erziehungswissenschaft sind diese acht Niveaustufen in zweifacher Hinsicht von besonderem Interesse: Einerseits können Sie Ihre eigene Qualifikation einordnen bzw. abschätzen, auf welchem Bildungsniveau Sie sich befinden: Beispielsweise befinden Sie sich als erfolgreiche Bachelorabsolventin bereits auf Stufe 6 von 8

Tabelle 2: Kompetenzerwerb im Europäischen Hochschulraum
Quelle: Eigene Darstellung angelehnt an Deutscher Akkreditierungsrat 2005; S. 7–12

1. Qualifikationsstufe: Bachelor-Ebene (180, 210 oder 240 ECTS Punkte)	
Wissen & Verstehen	**Können & Wissenserschließung**
Wissensverbreiterung: Sie können ein breites und integriertes Wissen und Verstehen der wissenschaftlichen Grundlagen des Faches nachweisen. **Wissensvertiefung:** Sie können ein kritisches Verständnis der wichtigsten aktuellen Theorien, Prinzipien und Methoden des Studienfaches nachweisen. Sie können Ihr Wissen vertikal, horizontal und lateral vertiefen.	**Instrumentelle Kompetenz:** Sie können Ihr Wissen und Verstehen auf Ihre Tätigkeit oder Ihren Beruf anwenden und Problemlösungen und Argumente in Ihrem Fachgebiet erarbeiten und weiterentwickeln. **Systemische Kompetenzen:** Sie sind in der Lage, relevante Informationen, insbesondere in Ihrem Studienprogramm zu sammeln, zu bewerten und zu interpretieren. Daraus können Sie wissenschaftlich fundierte Urteile ableiten, die gesellschaftliche, wissenschaftliche, und ethische Erkenntnisse berücksichtigen; Sie sind fähig, selbständig weiterführende Lernprozesse zu gestalten. **Kommunikative Kompetenzen:** Sie sind in der Lage, fachbezogene Positionen und Problemlösungen zu formulieren und argumentativ zu verteidigen und sich mit Fachvertretern und mit Laien über Informationen, Ideen, Probleme und Lösungen auszutauschen. Sie können Verantwortung in einem Team übernehmen.

2. Qualifikationsstufe: Master-Ebene (300 ECTS Punkte)	
Wissen & Verstehen	**Können & Wissenserschließung**
Wissensverbreiterung: Als Masterabsolvent haben Sie Wissen und Verstehen nachgewiesen, das normalerweise auf der Bachelor-Ebene aufbaut und dieses wesentlich vertieft oder erweitert. Sie sind in der Lage, die Besonderheiten, Grenzen, Terminologien und Lehrmeinungen ihres Lerngebiets zu definieren und zu interpretieren. **Wissensvertiefung:** Ihr Wissen und Verstehen bildet die Grundlage für die Entwicklung und/oder Anwendung eigenständiger Ideen. Dies kann anwendungs- oder forschungsorientiert erfolgen. Sie verfügen über ein breites, detailliertes und kritisches Verständnis auf dem neusten Stand des Wissens in einem oder mehreren Spezialbereichen.	**Instrumentale Kompetenzen:** Sie können Ihr Wissen und Verstehen sowie ihre Fähigkeiten zur Problemlösung auch in neuen und unvertrauten Situationen anwenden, die in einem breiteren oder multidisziplinären Zusammenhang mit ihrem Studienfach stehen. **Systemische Kompetenzen:** Sie sind fähig, Wissen zu integrieren und mit Komplexität umzugehen. Sie können auch auf der Grundlage unvollständiger oder begrenzter Informationen wissenschaftlich fundierte Entscheidungen fällen und dabei gesellschaftliche, wissenschaftliche und ethische Erkenntnisse berücksichtigen, die sich aus der Anwendung ihres Wissens und aus ihren Entscheidungen ergeben. Sie sind in der Lage, sich selbständig neues Wissen und Können anzueignen sowie weitgehend selbstgesteuert und/oder autonom eigenständige forschungs- oder anwendungsorientierte Projekte durchzuführen. **Kommunikative Kompetenzen:** Sie sind auf dem aktuellen Stand von Forschung und Anwendung und können Fachvertretern sowie Laien Ihre Schlussfolgerungen und die diesen zugrundeliegenden Informationen und Beweggründe in klarer und eindeutiger Weise vermitteln.

	Sie können sich mit Fachvertretern und mit Laien über Informationen, Ideen, Probleme und Lösungen auf wissenschaftlichem Niveau auszutauschen Sie können in einem Team herausgehobene Verantwortung übernehmen.
3. Stufe Doktoratsebene (> 300 ECTS Punkte)	
Wissen & Verstehen	**Können & Wissenserschließung**
Wissensverbreiterung: Als Promovierte haben Sie ein systematisches Verständnis ihrer Forschungsdisziplin und die Beherrschung der Fertigkeiten und Methoden nachgewiesen, die in der Forschung in diesem Gebiet angewandt werden. Sie verfügen über eine umfassende Kenntnis der einschlägigen Literatur. **Wissensvertiefung:** Sie haben durch die Vorlage einer wissenschaftlichen Arbeit einen eigenen Beitrag zur Forschung geleistet, der die Grenzen des Wissens erweitert und einer nationalen oder internationalen Begutachtung durch Fachwissenschaftler standhält.	**Instrumentale Kompetenz:** Sie sind in der Lage, wesentliche Forschungsvorhaben mit wissenschaftlicher Integrität selbständig zu konzipieren und durchzuführen. **Systemische Kompetenzen:** Sie sind in der Lage, wissenschaftliche Fragestellungen selbständig zu identifizieren sowie die kritische Analyse, Entwicklung und Synthese neuer und komplexer Ideen durchzuführen. Sie können den gesellschaftlichen, wissenschaftlichen und/oder kulturellen Fortschritt einer Wissensgesellschaft in einem akademischen oder nicht-akademischen beruflichen Umfeld vorantreiben. **Kommunikative Kompetenzen:** Sie sind fähig, Erkenntnisse aus ihren Spezialgebieten mit Fachkollegen zu diskutieren, vor akademischem Publikum vorzutragen und Laien zu vermitteln. Sie sind in der Lage, ein Team zu führen.

möglichen Qualifikationsniveaus. Andererseits zielt das erziehungswissenschaftliche Studium primär auf Ihre Befähigung zur professionellen Unterstützung von Entwicklungs-, Lern- und Bildungsprozessen von Menschen in allen Lebensaltern und auf allen Bildungsstufen, weshalb Ihnen die nachfolgende Tabelle eine erste Übersicht über mögliche Zielgruppen bietet. Die differenzierte Auflistung aller Kompetenzen hingegen können Sie dem DQR-Handbuch (ebd., S. 16–24) entnehmen.

Und ganz besonders vor dem Hintergrund hoher freiwilliger sowie unfreiwilliger Migration bietet der Qualifikationsrahmen die Möglichkeit, die Kompetenzen von Menschen aus einem anderen Bildungssystem sichtbar zu machen und einordnen zu können. Somit wird der Weg für eine schnelle Integration und Inklusion in unser Bildungs- und Beschäftigungssystem geebnet.

Tabelle 3: Die acht Kompetenzniveaus nach dem DQR
Quelle: Eigene Darstellung in Anlehnung an Bund-Länder-Koordinierungsstelle für den Deutschen Qualifikationsrahmen für lebenslanges Lernen 2013, S. 16–24.

Niveau 8	Doktorats-Ebene über Kompetenzen zur Gewinnung von Forschungserkenntnissen in einem wissenschaftlichen Fach oder zur Entwicklung innovativer Lösungen und Verfahren in einem beruflichen Tätigkeitsfeld verfügen Die Anforderungsstruktur ist durch neuartige und unklare Problemlagen gekennzeichnet.
Niveau 7	Master-Ebene über Kompetenzen zur Bearbeitung von neuen komplexen Aufgaben- und Problemstellungen sowie zur eigenverantwortlichen Steuerung von Prozessen in einem wissenschaftlichen Fach oder in einem strategieorientierten beruflichen Tätigkeitsfeld verfügen Die Anforderungsstruktur ist durch häufige und unvorhersehbare Veränderungen gekennzeichnet.

Niveau 6	Bachelor-Ebene über Kompetenzen zur Planung, Bearbeitung und Auswertung von umfassenden fachlichen Aufgaben- und Problemstellungen sowie zur eigenverantwortlichen Steuerung von Prozessen in Teilbereichen eines wissenschaftlichen Faches oder in einem beruflichen Tätigkeitsfeld verfügen Die Anforderungsstruktur ist durch Komplexität und häufige Veränderungen gekennzeichnet.
Niveau 5	über Kompetenzen zur selbständigen Planung und Bearbeitung umfassender fachlicher Aufgabenstellungen in einem komplexen, spezialisierten, sich verändernden Lernbereich oder beruflichen Tätigkeitsfeld verfügen
Niveau 4	über Kompetenzen zur selbständigen Planung und Bearbeitung fachlicher Aufgabenstellungen in einem umfassenden, sich verändernden Lernbereich oder beruflichen Tätigkeitsfeld verfügen
Niveau 3	über Kompetenzen zur selbständigen Erfüllung fachlicher Anforderungen in einem noch überschaubaren und zum Teil offen strukturierten Lernbereich oder beruflichen Tätigkeitsfeld verfügen
Niveau 2	über Kompetenzen zur fachgerechten Erfüllung grundlegender Anforderungen in einem überschaubar und stabil strukturierten Lern- oder Arbeitsbereich verfügen Die Erfüllung der Aufgaben erfolgt weitgehend unter Anleitung.
Niveau 1	über Kompetenzen zur Erfüllung einfacher Anforderungen in einem überschaubar und stabil strukturierten Lern- oder Arbeitsbereich verfügen Die Erfüllung der Aufgaben erfolgt unter Anleitung.

Überleitendes Fazit: Lassen Sie sich nicht überraschen!

Wenn Sie sich zu einem Studium entschlossen haben, dann zählen Sie zu den 2,7 Mio. Studierenden in Deutschland, die einen der über 18.000 Studiengänge belegen (vgl. Dudek 2015, S. 8). Allein die Zahl von 504.882 Erstsemestern im Studienjahr 2015 ist überwältigend, noch bewegender jedoch ist, dass davon etwa 140.000 ihr Studium bereits vorzeitig abbrechen werden, vor allem aufgrund mangelnder Identifikation, Information und Orientierung im Studium (vgl. Institut der Deutschen Wirtschaft 2015, S. 109).

Insofern zielte dieses erste Kapitel darauf ab, Ihnen die grundlegende Struktur eines Bachelor- und Masterstudiums an deutschen Hochschulen aufzuzeigen, Sie hinsichtlich zu erwartender Arbeitsbelastungen und Kompetenzerwartungen zu sensibilisieren, in der Intention, Ihren Blick auf das Wesentliche zu lenken: auf die Schaffung einer tragfähigen Basis für Ihre Studienzeit. Daher sind Sie gut beraten, sich schon frühzeitig über die Anschlussfähigkeit Ihres Studiums an andere Studiengänge zu informieren, um nicht gegen Ende des Studiums in die ‚CP-Schuldenfalle' zu geraten, weil Ihnen plötzlich 30 Leistungspunkte zum Anschluss an das gewünschte Masterstudium fehlen.

Nach dieser ersten *strukturellen Orientierung* innerhalb der Hochschullandschaft widmet sich das nächste Kapitel der Erziehungswissenschaft, um Ihnen eine *inhaltliche Orientierung* innerhalb der Fachdisziplin einzuräumen.

2 Erziehungswissenschaftliche Orientierungen

2.1 Pädagogik, Erziehungs- oder Bildungswissenschaft?

Um es gleich vorweg zu nehmen: Wenn Sie sich auf die Suche nach einer klaren begrifflichen und inhaltlichen Grenzziehung zwischen Pädagogik, Erziehungswissenschaft und Bildungswissenschaft(en) machen, werden Sie scheitern, sofern Sie sich nicht von unseriösen Klärungen in irgendwelchen Internetforen zufriedenstellen lassen wollen. „Okay, wahrscheinlich sind die Begriffe dann einfach nur gleichbedeutend", könnten Sie berechtigt vermuten, „denn mit Blick auf die Benennung von Studiengängen werden die Bezeichnungen Pädagogik, Erziehungswissenschaft und Bildungswissenschaft(en) offensichtlich beliebig miteinander kombiniert". Ja, das stimmt, keineswegs aber erleichtert Ihnen dieses sprachliche Wirrwarr die Suche nach und die inhaltliche Orientierung in einem erziehungswissenschaftlichen Studiengang.

2.1.1 Der akademische Diskurs zum begrifflichen Chaos

Die Suchanfrage nach Studiengängen auf der Seite *www.hochschulkompass.de*, übrigens ein kostenfreies und geprüftes Angebot der Hochschulrektorenkonferenz für Studierende, bestätigt dieses begriffliche Chaos gleichfalls: Unter dem Stichwort *Pädagogik* ergab die Studiengangsuche 1721 Eintragungen – eine eigentlich sehr erfreuliche Vielfalt. So wird neben dem BA-Studiengang *Bildungswissenschaften* an der Universität Koblenz-Landau beispielsweise der BA-Studiengang *Bildungs- und Erziehungswissenschaften* an der FU Berlin gelistet, an der Ludwig-Maximilians-Universität

München können Sie *Pädagogik/Bildungswissenschaft* studieren, an der Universität Marburg wird Ihnen ein grundständiger Bachelor of Arts unter dem Label *Erziehungs- und Bildungswissenschaft/Pädagogik* angeboten. Ähnlich verwirrend verhält es sich etwa bei Stellenannoncen von Hochschulen oder der Benennung von pädagogischen Instituten.

Selbst renommierte Pädagogen, Erziehungs- und Bildungswissenschaftlerinnen sind derzeit noch nicht in der Lage, diesen ‚Gordischen Begriffsknoten' zu lösen, zumindest jedoch liefert der Blick in die Fachdiskussion klärende Hinweise. Inhaltlich gesehen, wie dies Ewald Terhart zusammenfasst, hat der Begriff *Bildungswissenschaften* derzeit die höchste Konjunktur, „weil Bildung selbst als Thema Konjunktur hat und weil Bildungsforschung etwa seit Mitte der 1990er Jahre, mit dem Aufkommen der großen internationalen Leistungsvergleichsstudien und den zahlreichen Begleit-, Neben- und Folgestudien sowie den entsprechenden Förderprogrammen (...) einen ungeheuren Aufschwung erfahren hat" (2012, S. 23). Insofern möchte eine ‚moderne und trendorientierte' Erziehungswissenschaft, so kritisiert Volker Ladenthin (2009, S. 132), „durch geschicktes ‚Wording' die Anschlussfähigkeit im Wortwandel" hin zur Bildungswissenschaft erhalten. Also alles nur begriffliche Moden, alter Wein in neuen Schläuchen?

Ladenthin plädiert dafür, grundsätzlich „bei dem Begriff Pädagogik zu bleiben" (ebd., S. 133), denn als etablierter und umfassender Begriff hat er Tradition, verschränkt eine lange, breite und tiefe Diskussion und erlaubt unter dem Dach der Pädagogik die Ausbildung von Spezialwissenschaften wie Bildungs-, Erziehungs- oder Unterrichtswissenschaft. Offener diskutiert dies Ewald Terhart und regt an, zunächst Forschung darüber zu betreiben, ob der Begriff Bildungswissenschaft überhaupt Berechtigung beanspruchen kann, denn, so Terhart (2013, S. 23), „eine belastbare, von empirischer Wissenschaftsforschung gedeckte Datengrundlage zum institutionellen, intellektuellen, methodischen und personellen Wandel und aktuellen Zustand der Erziehungswissenschaft [sei] nicht vorhanden".

In einer unaufgeregteren historischen Perspektive zeigt sich, dass die wissenschaftliche Beschäftigung mit menschlichen Erziehungs-, Bildungs-, Lern- und Entwicklungsprozessen stets Veränderungen unterworfen war und ist, die sich auch in gewissen begrifflichen Häutungen abbilden lassen: Aus einer eher lebensfernen, philosophisch-theologisch ausgerichteten *geisteswissenschaftlichen Pädagogik* entstand schließlich – im Rahmen der sog. *realistischen Wende* – in den 1960er Jahren die *Erziehungswissenschaft*, die neben einer theoretischen Ausdifferenzierung vor allem ‚die Erziehungs- und Bildungswirklichkeit' sowie die Wirkung pädagogischer Programme mit gesicherten Forschungsmethoden in den Blick nehmen wollte. Jedoch „verharrten Deutschland West wie Ost vierzig Jahre nahezu unbehelligt von empirischer pädagogischer Forschung", empirische Bildungsforschung blieb „gleichsam in der pädagogischen Schattenzone" (Obermaier 2015, S. 29). Erst die Ergebnisse der internationalen Längsschnittuntersuchungen wie TIMMS oder PISA in den 1990er Jahren enthüllten diese Mängel und führten zu einer von Politik und Forschungsförderung massiv unterstützten Expansion von Bildungsforschung, die im Rahmen der darauf folgenden *empirischen Wende* – zumindest begrifflich – eine weitere Häutung markiert. Ob nun aber gerechtfertigterweise von einer Wende der Erziehungswissenschaft hin zur Bildungswissenschaft gesprochen werden kann und Bildungswissenschaft die derzeit modernste Interpretation von Pädagogik ist, dies muss die weitere Diskussion zeigen.

2.1.2 Pädagogik, Erziehungswissenschaft oder Bildungswissenschaften?

Dieses sicherlich vage Diskussionsergebnis kann aber noch nicht befriedigen. Insofern, so könnten Sie urteilen, stehen die Labels *Pädagogik*, *Erziehungswissenschaft* und *Bildungswissenschaft* derzeit für unterschiedliche Fortschrittsgrade: Pädagogik für reaktionär, Erziehungswissenschaft für zeitgemäß und Bildungswissenschaften für innovativ. Diese manchmal zu vernehmende Einschätzung wäre indes nicht zutreffend. Deshalb wird hier eine alternative Einteilung vorgeschlagen, die Ihnen zumindest eine grobe Orientierung bietet.

Immer noch ist strittig, ob sich nun die Begriffe *Pädagoge* und *Pädagogik* von *pais agein* (griechisch: Führung des Kindes vom Haus zur Übungsstätte) ableiten (vgl. Lenzen 1997, S. 1105) oder, wie dies Winfried Böhm et al. (2008, S. 45) mit aller Vehemenz behaupten, auf den Begriff *padeia* (griechisch: Erziehung und Bildung) zurückzuführen ist. Im Unterschied dazu besteht dagegen darin Konsens, dass *Pädagogik* die Lehre, Theorie und Wissenschaft von der Erziehung, Betreuung und Bildung von Menschen in allen Lebensaltern und unterschiedlichen pädagogischen Feldern wie Familie, Tagesstätten für Kinder, Schule, Freizeit, Beruf und Alter ist. Pädagogik ist eine praxisorientierte Disziplin.

Der Begriff *Pädagogik* wird zumeist synonym mit dem Begriff *Erziehungswissenschaft* gebraucht, dessen Wurzel im althochdeutschen Wort *irziohan* (herausziehen) liegt. Die sprachliche Einführung und Durchsetzung der Erziehungswissenschaft gegenüber der Pädagogik in den 1960er Jahren war, wie schon erwähnt, mit der klaren Absicht verbunden, die Transformation einer unscharfen Pädagogik zu einer erfahrungswissenschaftlichen (empirisch-analytisch) und damit exakteren Disziplin zu verdeutlichen (vgl. Lenzen 1997,

S. 1105). Die Pädagogik war damit unter das Dach der Sozial- und Gesellschaftswissenschaften gerückt, worunter sich all jene wissenschaftlichen Disziplinen befinden, die sich mit den Phänomenen des gesellschaftlichen Zusammenlebens der Menschen auseinandersetzen.

Im Unterschied zu einer rein trendorientierten Verwendung des Begriffs *Bildungswissenschaft(en)* als moderne und anschlussfähige Alternative für die Bezeichnungen Pädagogik und Erziehungswissenschaft hat er im Zuge der Reform der Lehrerausbildung eine ganz andere Bedeutung erhalten: „Bildungswissenschaften umfassen die wissenschaftlichen Disziplinen, die sich mit Bildungs- und Erziehungsprozessen, mit Bildungssystemen sowie mit deren Rahmenbedingungen auseinandersetzen" (vgl. Sekretariat der Ständigen Konferenz der Kultusminister 2005, S. 280). Der Begriff *Bildungswissenschaften* wird hier eingeführt, um das unverbundene Nebeneinander der verschiedenen Disziplinen zu überwinden, die an der Lehrerbildung beteiligt sind. Zu diesen beteiligten Fächer zählen die Pädagogik bzw. Erziehungswissenschaft, die Psychologie und Diagnostik, die Politikwissenschaften, die Soziologie, die Philosophie sowie die Fachdidaktiken, die sich vorwiegend mit der methodischen Gestaltung von Unterrichts-, Lehr- und Lernprozessen beschäftigen (vgl. Sekretariat der Ständigen Konferenz der Kultusminister 2005; Kiper 2009, S. 127). In diesem Begriffsverständnis können also die *Bildungswissenschaften* als Sammelbegriff für die Fächer, die speziell an der Lehrer(aus)bildung beteiligt sind, gut von den Begriffen *Erziehungswissenschaft* und *Pädagogik* abgegrenzt werden. Insofern können Sie nicht alle, aber einen Großteil der unter dem Label *bildungswissenschaftliche Studiengänge* auftretenden Angebote dem Lehramtsstudium zuordnen.

2.1.3 Zusammenfassung: Wir alle sind Pädagogen.

Aus dem Bisherigen wird deutlich, dass in der Pädagogik bzw. in der Erziehungswissenschaft das einzig Bleibende der Wandel ist. Und dieser Umstand, wie Tenorth (2012, S. 36) feststellt, „dass sowohl Pädagogik als auch Erziehungswissenschaft bis heute eigentlich nie randscharf definiert worden sind", soll Sie keinesfalls wundern oder gar verunsichern. Vielmehr kann dies auch als eine große Stärke betrachtet werden. Denn Pädagogik als eine am Menschen in seinen konkreten Umwelteinbindungen orientierte Wissenschaft und Praxis muss sich stets aktualisieren und kritisch reflektieren. Und so hat nun die Einführung der Bezeichnung *Bildungswissenschaften* erneut zu einer kritischen Auseinandersetzung um das Selbstverständnis einer wissenschaftlichen Pädagogik geführt.

Trotz dieser generellen Offenheit und enormen Vielfalt an pädagogischen, erziehungswissenschaftlichen sowie bildungswissenschaftlichen Studiengängen, die mit einer Fülle an Abschlüssen zur professionellen Tätigkeit etwa in Kindertagesstätten und Schulen, in Betrieben oder im Freizeit-, Sozial- oder Rehabilitationsbereich qualifizieren, ist eines ganz sicher: Wir alle sind Pädagogen (vgl. Berufenet 2012, S. 1).

2.2 Wissenschaft: eine erste Skizze

Der Wandel der Pädagogik zur Erziehungswissenschaft wurde hauptsächlich eingefordert, um die Wissenschaftlichkeit pädagogischer Lehre, Theorie, Forschung und Praxis begrifflich zu unterstreichen. Schnell taucht hier die Frage auf, was denn Wissenschaftlichkeit eigentlich ausmacht. Ein erster Aufriss soll Ihnen Klarheit darüber schaffen, wie und wodurch sich allgemein wissenschaftliches und alltägliches Wissen unterscheiden. Das folgende Unterkapitel informiert Sie, wie sich konkret die Erziehungswissenschaft im allgemeinen Wissenschaftssystem verorten lässt. Ein Rückblick auf die Geburtsstunde der wissenschaftlichen Pädagogik rundet das Unterkapitel ab.

2.2.1 Glauben, Alltagswissen, wissenschaftliches Wissen

Es ist schon fast Allgemeingut, dass wir in einer Wissensgesellschaft leben. Wissen wird als der zentrale Produktionsfaktor angesehen. Mit steigender Geschwindigkeit wird neues Wissen geschaffen, teilweise wird sogar von einem exponentiellen Wachstum des Wissens gesprochen, das sich alle 20 Jahre verdoppelt (vgl. Voss 2014, S. 27). Wer sich zudem auch noch mit Wissenschaft beschäftigen möchte, sollte sich daher zunächst dem Begriff Wissen widmen. Wissen ist zunächst von reiner Intuition, festem Glauben oder einer situativen Meinung zu unterscheiden. „Wissen heißt Erfahrungen und Einsichten haben, die subjektiv und objektiv gewiß sind und aus denen Urteile und Schlüsse gebildet werden können, die ebenfalls sicher genug erscheinen, um als W[issen] gelten zu können" (Schmidt 1965, S. 650).

Zur Verdeutlichung ein Fallbeispiel:
Beate Müller, seit Kurzem glückliche Mutter, besucht regelmäßig das Elterncafé des nahegelegenen Familienzentrums, um Erfahrungen in der Pflege, Betreuung und Erziehung ihres ersten Kindes mit anderen Eltern auszutauschen. Schnell kamen die noch jungen Eltern darauf zu sprechen, welches Verhalten wohl das beste sei, wenn das Kind weint, schreit oder andere Hinweise auf Unwohlsein zeigt. Anne Kunz ist sich hierbei absolut sicher, dass ein zu schnelles Reagieren völlig kontraproduktiv ist, schließlich muss das Kind lernen, Dinge selbst zu bewältigen – und

das von Anfang an. Gerade dadurch wird der Kern für Persönlichkeitsstärke und Durchsetzungskraft gelegt. Deshalb lässt sie ihr Kind immer einige Zeit schreien, bevor sie reagiert und mit der Zeit, so behauptet Anne Kunz, zeigt sich, dass das Kind nun weniger weint und sich schneller beruhigt. Beate Müller ist sich da aber nicht so sicher und fragt Anne Kunz, woher sie das denn wisse und warum sie davon so felsenfest überzeugt sei. Anne Kunz beruft sich dabei auf die Ratschläge ihrer Mutter, die ja schließlich erfolgreich vier Kinder großgezogen hat. Beruht die Überzeugung von Anne Kunz nun auf Wissen oder auf Glauben?

Wissen ist im Unterschied zum bloßen Vermuten, Glauben oder Zweifeln also zunächst ein Zustand subjektiver Sicherheit, ein Überzeugtsein. Doch die reine Überzeugung reicht nicht aus. Vielmehr besteht doch die Gefahr erstens eines Irrtums, zweitens der Verfälschung im Sinne einer ‚sich selbst erfüllenden Prophezeiung' und drittens könnte es auch reiner Zufall sein, der zu dieser Überzeugung führt. Wie im Fallbeispiel verdeutlicht müssen schon belastbare Gründe angeführt werden, die etwa dann Anne Kunz dazu berechtigen, davon überzeugt zu sein, dass es ‚wahr' und pädagogisch wertvoll ist, weinende Säuglinge zunächst sich selbst zu überlassen. Im Unterschied zu diesem vagen Alltagswissen ist wissenschaftliches Wissen demnach eine *wahre*, *gerechtfertigte* und vor allem *begründete* Überzeugung. Dies wirft natürlich die Frage auf, wie eine Begründung gestaltet sein muss, damit sie als wissenschaftliches Wissen anerkannt wird. Mindestens vier Qualitätskriterien wissenschaftlichen Wissens lassen sich unterscheiden:

Grundlegende Kennzeichen von Wissenschaftlichkeit sind *Intersubjektivität* und *Objektivität* im Sinne von Überprüfbarkeit. Zunächst müssen wissenschaftliche Aussagen möglichst neutral sein und damit soweit wie möglich von privaten (Vor-)Urteilen getrennt sein. Zudem sollten die Methoden und Verfahren, die zu den Ergebnissen geführt haben, unbeteiligten Personen gleichermaßen zugänglich sein; sie müssen also intersubjektiv nachvollziehbar und überprüfbar sein. Deshalb müssen bei allen wissenschaftlichen Arbeiten die zugrunde liegenden Quellen angeführt werden, um diese Nachvollziehbarkeit zu garantieren.

Ein weiteres Qualitätsmerkmal wissenschaftlichen Wissens stellt die *Reliabilität* als Kriterium für die Verlässlichkeit des hervorgebrachten Wissens dar. Sonach ist sicherzustellen, dass bei einer Wiederholung der Untersuchung gleiche oder ähnliche Ergebnisse erzielt werden. Dies gilt sowohl für die *qualitativen Forschungsmethoden* (z. B. Befragungen, Beobachtungen oder Deutungen von Texten) wie für die *quantitativen Methoden* (z. B. Experiment, Test oder Fragebogen).

Die *Validität* oder *Gültigkeit* ist dann gegeben, wenn die Untersuchung das, was sie zu messen vorgibt, auch tatsächlich misst. Auf die Frage in unserem Fallbeispiel bezogen zeigte sich, dass reines Beobachten hier zu gravierenden Fehlschlüssen führen kann. Ein Test, bei dem Säuglinge von ihren Müttern getrennt werden, ergab nämlich, dass diejenigen Säuglinge, welche am wenigsten weinten und ein ‚cooles' Verhalten zeigten, die höchsten Stresswerte hatten. Gemessen wurde dies anhand von Stoffwechseluntersuchungen. Die Methode der Beobachtung war hier eben nicht valide. Sind Objektivität und Reliabilität ungenügend, so kann auch die Validität nicht hoch sein. Insofern sind die Aussagen von Anne Kunz weder objektiv (Erfahrung der Mutter), noch intersubjektiv nachvollziehbar (Beobachtungen können nicht wiederholt werden), noch reliabel (Verfahren unklar) und dürften somit kaum valide sein.

Und schließlich ist die *ethische Korrektheit* zu nennen. Wissenschaftliches Wissen muss sich an den allgemeinen ethischen Standards und den Menschenrechten orientieren. Forschung, die ethische Standards unterschreitet, ist unzulässig. Ebenso muss das Vorgehen den Kriterien *Redlichkeit* und *Ehrlichkeit* genügen. Besonders die in letzter Zeit vermehrt publik gewordenen Fälle von Urheberrechtsverletzungen durch Plagiieren zeigen die Ernsthaftigkeit dieser Kriterien. Sicherlich, das Übernehmen ganzer Textpassagen per drag & drop und copy & paste ohne die Nennung der Quellen ist eine effiziente Methode zur Anfertigung schriftlicher Arbeiten. Dass damit indes ein grober Täuschungsversuch verbunden ist, der einen nachhaltigen Betrugssachverhalt rechtfertigt, muss aber auch klar sein.

2.2.2 Drei Erscheinungsformen von Wissenschaft

Bereits vor mehr als 2200 Jahren charakterisiert der griechische Philosoph Aristoteles den Menschen als einen geborenen Wissenschaftler. Diese wegweisende Feststellung hat nichts an Aktualität eingebüßt, wie dies jetzige pädagogische Topseller wie „Der Forschergeist in Windeln", „Kleine Philosophen" oder „Bildung beginnt mit der Geburt" trefflich in den Titel bringen. Seine berühmte Abhandlung über den Sinn und Zweck von Wissenschaft leitet Aristoteles folgendermaßen ein: „Allgemein in der menschlichen Natur liegt der Trieb nach Wissen. Das zeigt sich schon in der Freude an der sinnlichen Wahrnehmung, die auch abgesehen von Nutzen und Bedürfnis um ihrer selbst willen geschätzt wird" (Aristoteles 1907). Unmissverständlich weist Aristoteles auf die Lebensnähe von Forschung, die sinnlich-ästhetische Dimension von Wissenschaft und die Fähigkeit des Menschen, Erkennen und reflektiertes Denken zur Wissenschaft zu verbinden, hin.

Im Alltag hingegen erscheint uns die Wissenschaft zumeist als trocken, fremd und von unserer Lebenswelt, in der wir lachen, feiern, hoffen und trauern, ziemlich weit entfernt. Es entsteht ein Bild von zwei Welten: Die ‚künstliche' Wissenschaftswelt auf der einen, die ‚echte' Welt auf der anderen

Seite. Dieses Bild ist aber keinesfalls zutreffend, denn Wissenschaft verändert die Welt, unser Leben und ist zudem für viele ein Traumberuf – im echten Leben (vgl. Keller 2011). Zudem ist Wissenschaft, wie dies Jürgen Mittelstraß (2006, S. 17) aufzeigt, omnipräsent, denn „wohin wir in unserer Welt auch gehen, der wissenschaftliche Verstand und, verbunden mit ihm, der technische Verstand waren immer schon da". Insofern ist mit Wissenschaft dreierlei gemeint, wie dies Abbildung 1 illustriert: Wissenschaft als Tätigkeit, Wissenschaft als gesellschaftliche Institution und Wissenschaft als Ergebnis (vgl. ebd. 2006, S. 28).

Erscheinungsformen von Wissenschaft		
W. als Tätigkeit	**W. als Institution**	**W. als Ergebnis**
= systematische Gewinnung von Erkenntnis, um ‚unseren' Vorrat an Wissen zu vergrößern durch • beschreiben (Deskription) • erklären (Explikation) • prognostizieren • gestalten • ggf. Werturteile abgeben • ggf. Kritik üben • ggf. Utopien entwickeln	= aus Menschen und Objekten bestehendes System, das Erkenntnisse gewinnt (d.h. wissenschaftlich tätige Personen bzw. wissenschaftliche Einrichtungen), z. B. Hochschulen oder Forschungsinstitute	= Gesamtheit an Erkenntnissen über einen Gegenstandsbereich (hier die Erziehungswissenschaft), die in einem Begründungszusammenhang stehen Wissenschaft als der sachlich und systematisch geordnete Zusammenhang von Urteilen, wahrscheinlichen Annahmen und möglichen Fragen über das Ganze der Wirklichkeit oder einzelner Gebiete

Abbildung 1: Drei Erscheinungsformen von Wissenschaft
Quelle: Eigene Darstellung in Anlehnung an Kornmeier (2007, S. 5)

Wie Abbildung 1 darstellt, kann unter Wissenschaft:

- ein tätiger Prozess verstanden werden, um systematisch Erkenntnisse und damit wissenschaftliches Wissen zu gewinnen. Diese Forschungstätigkeiten vergrößern den Vorrat an Wissen und ermöglichen belastbare Prognosen, Handlungsempfehlungen oder das Aufzeigen ganz neuer Perspektiven, die letztlich zur Verbesserung der Lebensverhältnisse führen sollen. Im Unterschied zum Alltagshandeln ist für das wissenschaftliche Handeln charakteristisch, dass es systematisch vollzogen wird (z.B. beim Beschreiben, Erklären oder Prognostizieren) und reale Tatbestände dergestalt untersucht, dass auch Dritte diese jederzeit nachvollziehen und kritisieren können (vgl. intersubjektive Überprüfbarkeit).
- nicht nur eine besondere Form der Wissensbildung verstanden werden, sondern Wissenschaft ist auch eine *„gesellschaftliche Veranstaltung"* (vgl. Mittelstraß 2006, S. 29; H.i.O.), auf der sich Wissenschaft verwirklicht und institutionalisiert. Beispiele dafür sind die Hochschulen und außeruniversitären Forschungseinrichtungen, in denen unter besonderen, gesellschaftlich und verfassungsrechtlich definierten Bedingungen Wissenschaft betrieben wird. Als Institution wird Wissenschaft dann für uns alle auch sinnlich wahrnehmbar, etwa in Form von Bibliotheken, Büchern oder Laboren und Hörsälen (vgl. Mittelstraß 2006, S. 29).
- schließlich das Ergebnis der wissenschaftlichen Tätigkeit, Wissen zu gewinnen. Wissenschaft erscheint dann als der „sachlich und systematisch geordnete Zusammenhang von wahren Urteilen, wahrscheinlichen Annahmen (Hypothese, Theorie) und möglichen Fragen über das Ganze der Wirklichkeit oder einzelner Gebiete oder Seiten derselben" (Schmidt 1965, S. 650).

2.2.3 Wissenschaftstheorie und -struktur

Bei der Beantwortung der spannenden Frage „Was ist nun eigentlich Wissenschaft?“ werden Sie zahlreichen Bestimmungsversuchen gegenüberstehen, sodass eine einheitliche Definition von Wissenschaft kaum möglich erscheint. Diese schon seit Aristoteles diskutierte Frage zielt dabei auf einen Rahmen, der gleichermaßen für alle Wissenschaften gültig sein soll – also auf eine sog. *Meta-Wissenschaft*. Dabei stellt die sog. *Wissenschaftstheorie* diejenige Disziplin dar, die sich mit Vergangenheit, Gegenwart und Zukunft von Wissenschaft beschäftigt. Wie Martin Kornmeier (2007, S. 6) aufzeigt, formuliert die Wissenschaftstheorie Aussagen über die Wissenschaft und beschäftigt sich mit:

- dem Begriff Wissenschaft,
- der Einteilung und Struktur der verschiedenen Wissenschaften,
- den Erkenntnisprinzipien,
- den Methoden und Fachsprachen,
- den Voraussetzungen sowie mit
- den Zielen und Ergebnissen,

der einzelnen Wissenschaften.

In der Diskussion um die Begriffe Erziehungswissenschaft, Pädagogik und Bildungswissenschaften wurde bereits deutlich, dass eine trennscharfe Abgrenzung schon innerhalb einer Disziplin kaum möglich ist. Dieses Phänomen zeigt sich bei der allgemeinen Betrachtung der unterschiedlichen Wissenschaften sogar noch wesentlich stärker, gibt es doch sehr viele interdisziplinäre Ausrichtungen, Überlappungen und Ausfransungen. In diesem Sinne ist auch das in Tabelle 4 dargestellte Strukturmodell der Wissenschaften als Modell zu verstehen, welches Ihnen eine erste Orientierung bieten soll.

Tabelle 4: Strukturmodell der Wissenschaften
Quelle: Eigene Darstellung in Anlehnung an Kornmeier (2007, S. 14)

Strukturmodell der Wissenschaften			
Nicht-metaphysische Wissenschaften		Metaphysische Wissenschaften	
Realwissenschaft	Formal-wissenschaft		
Naturwissenschaft Biologie Chemie Physik Astronomie Humangenetik Ingenieurwesen	Logik Mathematik Wissen-schaftstheorie	Philosophie (teilweise) Kunst (teilweise)	Theologie
Sozial-, Human-, Kultur- und Geisteswissenschaften Erziehungswissenschaft/ Pädagogik Soziale Arbeit Pflegewissenschaft Soziologie Psychologie Anthropologie Philosophie Geschichtswissenschaften Wirtschaftswissenschaften Rechtswissenschaften Architektur Musikwissenschaft ...			

Grundsätzlich lassen sich die Wissenschaften in metaphysische und nicht-metaphysische Wissenschaften unterteilen. Während die metaphysischen (griech. nach bzw. hinter dem

Physischem) Wissenschaften sich mit Fundamental-, Sinn- und Letztfragen beschäftigen, die „in die Lehre vom Seienden selbst (Ontologie), vom Wesen der Welt (Kosmologie), vom Menschen (phil. Anthropologie; Existenzialphilosophie) und von der Existenz und dem Wesen Gottes (Theologie)" (Schmidt 1965, S. 391) unterteilt werden können, sind die sog. Erfahrungsobjekte bzw. die Gegenstände der nicht-metaphysischen Wissenschaften ‚diesseitig' und empirisch greifbarer.

Die nicht-metaphysischen Wissenschaften lassen sich wiederum in *Formal-* und *Realwissenschaften* unterteilen (vgl. Tab. 4). Zu den *Formalwissenschaften*, die sich vorzugsweise mit abstrakten Methoden beschäftigen, gehören v. a. die Logik, welche untersucht, wie konsistent, schlüssig und ‚logisch' argumentiert werden kann, sowie die Mathematik, welche alle formalen Aussagensysteme umfasst, und schließlich die Wissenschaftstheorie.

Im Unterschied dazu beschäftigen sich die *Realwissenschaften*, wie Pädagogik und Erziehungswissenschaft, mit realen Phänomenen, etwa dem sich bildenden Menschen. Weiterhin lassen sich die *Realwissenschaften* unterteilen in die *Naturwissenschaften* einerseits und die *Sozial-, Human-, Kultur- und Geisteswissenschaften* andererseits. Während sich die Naturwissenschaften, von der Quantenphysik über die Humanmedizin bis hin zur Astronomie, *allem natürlich Vorfindbaren* in seinen unterschiedlichen Erscheinungsformen und Gesetzmäßigkeiten widmen, stellt das Erfahrungsobjekt der Sozial-, Human-, Kultur- und Geisteswissenschaften *alles vom Menschen Geschaffene* dar. Die lange und sperrige Bezeichnung verweist auf die noch offene Diskussion, die vielleicht in Zukunft eine begriffliche Klärung zeitigen könnte. Obschon die Abgrenzungen fließend sind, so können Sie die Erziehungswissenschaft bzw. die Pädagogik auf alle Fälle den *Sozial- und Humanwissenschaften* zuordnen.

2.2.4 Zusammenfassung: … sapere aude!

Wissenschaft schafft Wissen. Wissen können Sie als belastbare Informationen begreifen, die über das einzelne Individuum hinaus Gültigkeit besitzen, also *intersubjektiv* nachvollziehbar sind. Wissenschaft als Summe von Tätigkeiten (z. B. Forschung), Institutionen (z. B. Hochschulen) und Ergebnissen (belastbare Aussagen) ist also der Versuch, das vorhandene Wissen über unsere Wirklichkeit auszuweiten. Dieses Wissen ist aber stets vorläufig und es kann wohl kaum beanspruchen, eine absolute Wahrheit zu sein, wie die Geschichte der Erziehung und Bildung mit ihren unterschiedlichen Moden, Trends und Praktiken deutlich zeigt.

Trotz dieser langen Tradition von Erziehung und Bildung, die als conditio humana untrennbar in das gelebte Menschsein eingewoben ist, findet in unserem Kulturkreis, wie dies Dieter Lenzen (1997, S. 1106) darstellt, Pädagogik als Wissenschaft ihren Entstehungsort erst dort, wo die Orientierung am Menschen an einer gemeinsamen christlichen Weltanschauung zu zerbrechen beginnt, nämlich mit der sog. Aufklärung. „Aufklärung", so klärt Immanuel Kant bereits 1779 auf (Kant 1999, S. 20), „ist der Ausgang des Menschen aus seiner selbst verschuldeten Unmündigkeit. Unmündigkeit ist das Unvermögen, sich seines Verstandes ohne Leitung eines anderen zu bedienen. Selbstverschuldet ist diese Unmündigkeit, wenn die Ursache derselben nicht am Mangel des Verstandes, sondern der Entschließung und des Mutes liegt, sich seiner ohne Leitung eines anderen zu bedienen. Sapere aude! Habe Mut dich deines eigenen Verstandes zu bedienen! ist also der Wahlspruch der Aufklärung."

Mit dem damit einhergehenden Zweifel an bisher unhinterfragbaren und -fragten Gewissheiten verloren zwei Instanzen ihre vormals die Erziehung normierende Deutungshoheit: einerseits das System der absoluten Herrschaft durch den erblichen Adel und andererseits das ihn ideologisch legitimierende System des Klerus. Durch diesen Bedeutungsverlust von Klerus und Adel entstand ein normatives Vakuum. Folglich musste eine neue Legitimationsgrundlage für die Gestaltung von Erziehungs- und Bildungsprozessen entwickelt werden. Auf Basis des von Kant eingeforderten und sich nun bahnbrechenden „sapere aude!" etablierte sich so eine wissenschaftliche Beschäftigung mit Erziehung und Bildung. Die nun von Philosophie und Theologie ‚freigelassene' Pädagogik ist seitdem darum bemüht, unter dem Anspruch größtmöglicher objektiver Wahrheit und Gewissheit die konkurrierenden Interessen der Gesellschaft und des Individuums an dessen Erziehung aufzuklären und valides Handlungswissen bereitzustellen. Um dies leisten zu können, war die Etablierung einer durch die Öffentlichkeit getragenen Pädagogik als Wissenschaft an Hochschulen die notwendige Konsequenz. Seit der Einführung der ersten Professur für Pädagogik im Jahre 1779 an der Universität Halle (vgl. Horn 2008, S. 7) hat sich die Erziehungswissenschaft – vor allem durch die zunehmende ‚Pädagogisierung' aller Lebensbereiche – enorm ausdifferenziert.

2.3 Erziehungswissenschaft: eine Ortsbestimmung

Das Interesse an anderen Menschen ist groß, knapp 20 Prozent der Abiturienten entscheiden sich für ein Studium der Erziehungs- und Sozialwissenschaften. Dies mag sicherlich auch daran liegen, dass dieses Studium eine enorme Bandbreite beruflicher Optionen bietet. Schon allein die Vielfalt der inhaltlichen Ausrichtungen der erziehungswissenschaftlichen Bachelor- und Masterstudiengänge überwältigt. Das Angebot reicht etwa von Allgemeiner Erziehungswissenschaft, Betriebspädagogik und Bildungsphilosophie über Elementarpädagogik, Erlebnispädagogik und Erwachsenenbildung hin zu Frauen- und Geschlechterforschung, Heil-, Integrations-, Musik- oder Religionspädagogik bis hin zur Schulpädagogik, der Vergleichenden Erziehungswissenschaft oder Wirtschaftspädagogik. Zudem lassen sich auch noch altersspezifische Schwerpunktsetzungen ausmachen, die *informelle*, also lebensbegleitende, *formale*, also (hoch-)schulische, sowie *non-formale* Bildungsprozesse von Kindern, Jugendlichen, Erwachsenen und Senioren in den wissenschaftlichen Blick nehmen.

Sich hier – am besten noch vor dem Studienstart – die eigene Schneise durch den schier undurchdringlichen pädagogischen Angebotsdschungel zu schlagen ist eine Herausforderung der besonderen Art. Damit Ihnen dies besser gelingt und Sie einen Überblick gewinnen, werden im Folgenden zunächst die Teil- oder Subdisziplinen unterschieden, in die sich die Erziehungswissenschaft bzw. Pädagogik ausdifferenziert. In einem weiteren Schritt unterscheiden wir zudem zwischen einzelnen Fachrichtungen (z. B. Museumspädagogik), Praxisfeldern (z. B. Friedenserziehung), Ansätzen (z. B. kritisch-emanzipatorische Erziehungswissenschaft) und pädagogischen Lehren (z. B. Montessoripädagogik). Dies wird Ihnen dann auch ermöglichen, das Rahmencurriculum Erziehungswissenschaft in seinem Aufbau zu verstehen, das zudem den Bauplan bzw. die Grundarchitektur der erziehungswissenschaftlichen Studiengänge bildet.

2.3.1 Struktur der Erziehungswissenschaft

Einen Überblick über die Struktur der deutschen Erziehungswissenschaft abzugeben, dies ist nur in Form einer Momentaufnahme möglich, denn die Entwicklung und Ausdifferenzierung der Erziehungswissenschaft ist eng mit den ökonomischen, kulturellen und sozialen Entwicklungen verbunden.

Jede Zeit hat ihre pädagogischen Schwerpunktsetzungen, Trends und Moden.

Insofern verwundert es auch nicht, dass die Herausbildung der Erziehungswissenschaft als eigenständige, hochschulische Disziplin in Forschung und Lehre keinesfalls geradlinig verlief. Vielmehr ist die wechselvolle Geschichte der Erziehungswissenschaft charakterisiert durch Abbrüche, Umbrüche und Moden, durch produktive Optionen und fortschrittliche Innovationen sowie ideologische Irrwege und theoretische Sackgassen. Zumeist aber leitet der Versuch der Disziplin, ihren wissenschaftlichen Status sowie ihre gesellschaftliche Rolle zu bestimmen und auszufüllen (vgl. Blömeke et al. 2016, S. 13).

Trotz dieser langen Geschichte wurde die Deutsche Gesellschaft für Erziehungswissenschaft (DGfE) als die Vereinigung der in Forschung und Lehre tätigen Erziehungswissenschaftlerinnen erst vergleichsweise spät, 1964, gegründet. Die verschiedenen Teildisziplinen der Erziehungswissenschaft sind dabei in Sektionen und Kommissionen organisiert: Derzeit existieren 13 Sektionen, die sich in 19 Kommissionen ausdifferenzieren, wie dies nachfolgende Tabelle 5 aufzeigt.

Tabelle 5: Teildisziplinen und Kommissionen innerhalb der deutschen Erziehungswissenschaft. Quelle: Eigene Darstellung

<table>
<tr><td>Sektion 1</td><td>Historische Bildungsforschung (History of Education)</td></tr>
<tr><td>Sektion 2</td><td>Allgemeine Erziehungswissenschaft (General Education)</td></tr>
<tr><td colspan="2">Kommission Bildungs- und Erziehungsphilosophie
Kommission Qualitative Bildungs- und Biographieforschung
Kommission Pädagogische Anthropologie
Kommission Wissenschaftsforschung</td></tr>
<tr><td>Sektion 3</td><td>International und Interkulturell Vergleichende Erziehungswissenschaft (Intercultural and International Comparative Educational Research)</td></tr>
</table>

Kommission Vergleichende und Internationale Erziehungswissenschaft Kommission Interkulturelle Bildung Kommission Bildung für nachhaltige Entwicklung	
Sektion 4	Empirische Bildungsforschung (Educational Research and Planning)
Kommission für Empirische Pädagogische Forschung Kommission Bildungsorganisation, Bildungsplanung, Bildungsrecht	
Sektion 5	Schulpädagogik (Curriculum and Teaching/School Pedagogy)
Kommission Schulforschung und Didaktik Kommission Professionsforschung und Lehrerbildung Kommission Grundschulforschung und Pädagogik der Primarstufe	
Sektion 6	Sonderpädagogik (Special Education)
Sektion 7	Berufs- und Wirtschaftspädagogik (Vocational Education)
Sektion 8	Sozialpädagogik und Pädagogik der frühen Kindheit (Social Pedagogy and Early Childhood Education)
Kommission Sozialpädagogik Kommission Pädagogik der frühen Kindheit	
Sektion 9	Erwachsenenbildung (Adult Education)
Kommission Organisationspädagogik	
Sektion 10	Pädagogische Freizeitforschung und Sportpädagogik (Educational Leisure Research and Physical Education)
Kommission Pädagogische Freizeitforschung Kommission Sportpädagogik	
Sektion 11	Frauen- und Geschlechterforschung in der Erziehungswissenschaft (Gender Studies and Education)
Sektion 12	Medienpädagogik (Media Education)
Sektion 13	Differentielle Erziehungs- und Bildungsforschung (Differential Educational Research)
Kommission Psychoanalytische Pädagogik Kommission Pädagogik und Humanistische Psychologie	

Ein Bild der Diversifikation, also der Ausweitung des Angebotes, prägt aktuell die theoretischen Ansätze der Pädagogik und somit auch die Struktur der Erziehungswissenschaft. Aktuell kann auf eine Vielzahl pädagogischer Richtungen verwiesen werden, deren Reichweite, Ausdifferenzierungsgrade und inhaltliche Positionalität unterschiedlich sind. Die Zuordnung zu insgesamt sechs Kategorien hilft hier die Komplexität zu verringern, wie dies Abbildung 2 ins Bild bringt (zum Folgenden auch vgl. Lenzen 1997, S. 1112–1117).

1. Kategorie: Subdisziplinen der Erziehungswissenschaft

Die in Tabelle 5 aufgeführten 13 Subdisziplinen (Ebene 1) sind mittlerweile etablierte Disziplinen der Pädagogik. Diese Subdisziplinen sind häufig in eigenen Instituten an den Hochschulen vertreten, verfügen über eigene Professuren und Lehrstühle, einen eigenen, von anderen Subdisziplinen relativ klar abgrenzbaren Gegenstand, unterscheiden sich teils durch eigene Forschungsmethoden und differenzieren ihre Arbeit teils selbst. Beispielsweise lassen sich die Hauptarbeitsbereiche innerhalb der Subdisziplin Schulpädagogik in (1) Schulforschung und Didaktik, (2) in Professionsforschung und Lehrerbildung sowie (3) in die Grundschulforschung und Pädagogik der Primarstufe aufteilen.

2. Kategorie: Fachrichtungen

Unterhalb der Ebene der Subdisziplinen gibt es Spezialisierungsversuche, die aber noch nicht den Status einer Subdisziplin erreicht haben, jedoch über einen relativ klar abgrenzbaren Gegenstandbereich verfügen. Zu nennen wären hier beispielsweise Spielpädagogik, Tanzpädagogik, Konsumpädagogik, Friedenspädagogik, Geragogik, Museumspädagogik oder Religionspädagogik.

Im Zuge einer seit den 1970er Jahren anhaltenden ‚Pädagogisierung' nahezu aller Lebensbereiche vermehrt sich die

1. Kategegorie: Subdisziplinen	z. B. Allgemeine Erziehungswissenschaft, Schulpädagogik, Sozialpädagogik, ...
2. Kategegorie: Fachrichtungen	z. B. Tanzpädagogik, Konsumpädagogik, Friedenspädagogik, Geragogik, Museumspädagogik, ...
3. Kategegorie: Praxisfelder	z. B. Gesundheitsbildung, Verkehrserziehung, Konsumerziehung, ...
4. Kategegorie: Theoretische Ansätze und Postionen	z. B. Kritische Erziehungswissenschaft, geisteswissenschaftliche Pädagogik, sozialökologische Pädagogik, phänomenologische Pädagogik, ...
5. Kategegorie: Pädagogische „Lehren"	z. B. Montessoripädagogik, Waldorfpädagogik, Freinetpädagogik, antiautoritäre Pädagogik, Reggiopädagogik, ...
6. Kategegorie: Verwandte Disziplinen und Bezungswissenschaften	z. B. Pädagogische Psychologie, Pädagogische Soziologie, Pädagogische Anthropologie, Fachdidaktiken, ...

Erziehungswissenschaft und Pädagogik

Abbildung 2: Struktur und Kategorisierung innerhalb der Erziehungswissenschaft. Quelle: Eigene Darstellung

Zahl der Fachrichtungen beständig. Jedoch lässt sich an den Fachrichtungen auch aufzeigen, dass diese stark konjunkturabhängig sind. Während in den 1980er Jahren die damals sog. Ausländerpädagogik eine noch wenig beachtete Fachrichtung (Ebene 2) darstellte, ist sie heute – im Zuge der gewaltigen Internationalisierungs- und Globalisierungstendenzen – zu einer anerkannten und breit aufgestellten Subdisziplin der Erziehungswissenschaft geworden: die International und Interkulturell Vergleichende Erziehungswissenschaft. Sexualpädagogik – einst heiß umstrittenes Thema in der Pädagogik – ist aktuell als Fachrichtung kaum mehr vertreten.

3. Kategorie: Praxisfelder
Weiterführend kann die Kategorie der Praxisfelder unterschieden werden, die einerseits Felder der angewandten Praxisforschung und andererseits auch ein konkretes Handlungsfeld umfasst, das nicht immer, aber manchmal auch eine eigene Fachrichtung hervorgebracht hat. So kann beispielsweise die Gesundheitserziehung als wichtiges Praxisfeld betrachtet werden, welches derzeit jedoch keine eigene Fachrichtung auszumacht. Auf der anderen Seite kann etwa das Praxisfeld der Umwelterziehung (3. Kategorie), welches zum Beispiel bereits in den Bildungsplänen der Länder für den vorschulischen Bereich ausgewiesen ist, der Fachrichtung Bildung für nachhaltige Bildung (2. Kategorie) und der Subdisziplin *International und Interkulturell Vergleichende Erziehungswissenschaft* (1. Kategorie) zugeordnet werden.

4. Kategorie: Theoretische Ansätze und Positionen
Zudem werden die verschiedenen Subdisziplinen der Erziehungswissenschaft aus unterschiedlichen (ideologischen) Positionen perspektiviert und theoretisch fundiert. Dabei können drei grundlegende Positionen unterscheiden werden:

Der *empirisch-analytische Ansatz* (nomothetisch = auf Gesetzen beruhend) strebt nach exakten Prognosen von Erziehungs- und Bildungsprozessen und wirksamen Technologien ihrer Veränderung. Aus dem Griechischen kommend (*nomos* = Gesetz und *thesis* = aufbauen') bezeichnet die *empirisch-analytische* eine Forschungsrichtung, bei der das Ziel wissenschaftlicher Arbeit allgemeingültige Gesetze sind. Pädagogische Theorien und Praktiken werden mittels analytischer und empirischer Methoden (vgl. Kapitel 3.2.2.3) und anhand der wissenschaftstheoretischen Kriterien wie Objektivität, Validität und Reliabilität überprüft. Jede erziehungswissenschaftliche Forschung muss sich ethisch legitimieren, so darf Forschung bspw. nicht die Freiheit und Integrität von Kindern einschränken. Der empirisch-analytische Ansatz hingegen versucht objektives Wissen über Erziehungs- und Bildungsprozesse zu generieren, weshalb normative und wertorientierende Argumentationsmuster – wenn überhaupt – eine untergeordnete Rolle spielen.

Der *hermeneutische Ansatz* (idiografisch = Eigen-Beschreibung) hingegen legt – im Unterschied zu naturwissenschaftlichen und somit empirisch-analytisch Ansätzen – den Schwerpunkt nicht auf das Erklären und Beweisen allgemeiner Kausalitäten, sondern auf das Verstehen. Aus dem Griechischen kommend – der Götterbote Hermes war der Vermittler zwischen Göttern und Menschen – ist unter Hermeneutik die Kunst der Auslegung bzw. die Erklärungskunst zu verstehen. Durch Friedrich Schleiermacher und Wilhelm Dilthey zu einer (geistes)wissenschaftlich fundierten Technik entwickelt, dient die hermeneutische Methode nun nicht mehr nur der Textauslegung und -interpretation, sondern stellt einen mittlerweile ausdifferenzierten sozialwissenschaftlichen Forschungsansatz zum Verstehen von Sinn und Grundphänomenen dar.

Der *kritisch-emanzipatorische* Ansatz in der Erziehungswissenschaft will „sich nicht von vornherein in ein gegebenes soziales Ganzes integriert wissen, sondern dieses eben als Grundproblem verstehen, während andere pädagogische Ansätze, die im Übrigen auch nicht unkritisch sein mögen, in dieser Beziehung einen blinden Fleck oder einen irritierten Blick behalten" (Ruhloff 2003, S. 113). Das erklärte Ziel ist die Hinführung des Menschen zur Selbst- und Mitbestimmung sowie zur Solidarität. Die Methode der kritisch-emanzipatorischen

Erziehungswissenschaft ist die Ideologiekritik. Um die herrschenden gesellschaftlichen Verhältnisse zu überwinden, die durch Verschleierungsmechanismen zu einem falschen Bewusstsein über die Wirklichkeit führten und autoritäre Strukturen, Ausbeutungs- und Unterdrückungssysteme verfestigten, richtet sie sich die kritische Erziehungswissenschaft gegen diese ‚naturgegeben' Geltungsansprüche. Die Methode der Ideologiekritik soll auf der Basis der Kenntnis jener gegebenen gesellschaftlichen Missverhältnisse dabei helfen, jene „verborgenen Mechanismen der Macht" (Bourdieu 2015) zu entschleiern, um deren Geltungsanspruch der Kritik auszusetzen.

Obschon alle drei Positionen in der aktuellen Erziehungswissenschaft vertreten werden, ist vor allem durch die großen Bildungstests wie TIMSS oder die PISA-Studien der *empirisch-analytische Ansatz* in den Vordergrund getreten. Vertreter der kritisch-emanzipatorischen Erziehungswissenschaft etwa weisen auf die Verengung dieser Betrachtung von Bildungs- und Erziehungsprozessen hin, welche primär ökonomische Interessen fokussiert und nicht humane Intentionen ins Zentrum stellen würde (vgl. Frost 2006).

5. Kategorie: Pädagogische ‚Lehren'

Begriffe wie Antipädagogik, Montessoripädagogik, Freinetpädagogik, Reggio-Pädagogik, Waldorfpädagogik, Reformpädagogik, sozialistische Kinderladenpädagogik verweisen demgegenüber weniger auf ein Praxisfeld, noch auf eine Fachrichtung oder sogar auf eine Subdisziplin. Vielmehr sind diese pädagogischen Lehren charakterisiert durch ein System von Ansichten, Aussagen und Methoden, die manchmal mit dem Namen der Begründerin verbunden werden und in einem Praxisfeld wirksam werden. Trotz des teilweise hohen Bekanntheitsgrades besitzen diese Lehren jedoch nicht den Status theoretischer Ansätze oder fundierter wissenschaftlicher Positionen (vgl. Lenzen 1997, S. 1113).

6. Kategorie: Verwandte Disziplinen und Bezugswissenschaften
Und schließlich können noch Fächer wie pädagogische Psychologie, Entwicklungspsychologie, Sozialpsychologie Bildungssoziologie oder etwa die pädagogische Anthropologie, alle unter dem Begriff Bildungswissenschaften versammelten Disziplinen (vgl. hierzu Abschnitt 2.1) sowie die Fachdidaktiken benannt werden. Diese Disziplinen beleuchten zwar einen Ausschnitt der Erziehungswissenschaft, etwa wie Lehr- und Lernprozesse methodisch anzuleiten sind oder welche Bildungsungleichheiten es gibt, tun dies aber in der Regel vom Boden ihrer eigenen Disziplin aus und werden so nicht der Erziehungswissenschaft zugerechnet.

2.3.2 Kerncurriculum der DGFE

Die Umstellung der Studiengänge auf das Bachelor- und Mastersystem dient maßgeblich der Festlegung eines gemeinsamen Kerns an Studieninhalten, die eine Vergleichbarkeit des Studiums an verschiedenen Universitätsstandorten ermöglichen, die Mobilität der Studierenden erhöhen und die Verständigung der Studienabsolventen in den verschiedenen Berufsfeldern erleichtern sollen. Dazu hat eine Strukturkommission im Auftrag des Vorstands der DGfE ein Kerncurriculum für erziehungswissenschaftliche Studiengänge vorgelegt, das durch die verbindliche Setzung entsprechender Inhalte verhindern soll, dass akademische Studieninhalte nicht im Sinne der ‚employability' den Marktinteressen weichen. Unmissverständlich wird hier formuliert: „Die Professionsorientierung des erziehungswissenschaftlichen Studiums bedeutet nicht die Vorwegnahme beruflicher Fertigkeiten. Die Differenz zwischen wissenschaftlicher Erkenntnis und berufspraktischem Handlungswissen darf nicht verwischt werden. Diese Differenz ist deutlich zu markieren, um technologisch verkürzte Vorstellungen der Theorie-Praxis-Beziehung zu vermeiden" (Deutsche Gesellschaft für Erziehungswissenschaft 2004, S. 2). Somit kann der Anspruch eines akademischen Studiums, nämlich der einer primär unverzweckten, kritischen Reflexion, aufrechterhalten werden.

Die Kerncurricula beziehen sich auf folgende Studiengänge (vgl. Deutsche Gesellschaft für Erziehungswissenschaft 2010): Erziehungswissenschaft für Bachelor- und Masterstudiengänge in der Lehrerbildung und für das Schulfach Pädagogik sowie für die konsekutiven Bachelor- und Masterstudiengänge im Hauptfach Erziehungswissenschaft mit den Studienrichtungen Berufs- und Wirtschaftspädagogik, Erwachsenenbildung und Weiterbildung, Pädagogik der frühen Kindheit sowie Sonderpädagogik. Exemplarisch wird Ihnen hier die für alle konsekutiven Bachelor- und Masterstudiengänge geltende Grundstruktur vorgestellt. Insgesamt werden neun Studieneinheiten unterschieden:

Bachelorebene:
- Grundlagen der Erziehungswissenschaft
- Gesellschaftliche, politische und rechtliche Bedingungen von Bildung, Ausbildung und Erziehung
- Einführung in erziehungswissenschaftliche Studienrichtungen
- Theoretische und historische Grundlagen
- Professionelle Handlungskompetenzen

Masterebene:
- Bildungsforschung und forschungsmethodische Grundlagen
- Theorie, Forschung und Rahmenbedingungen im gewählten Handlungsbereich
- Professionellen Handlungskompetenzen: Vertiefung
- Lehrforschungsprojekt

Sollten Sie nun Studienangebote verschiedener Hochschulen vergleichen, dann werden Sie sicherlich diese Grundarchitektur wiederentdecken. Gleichzeitig aber werden Sie auch feststellen, wie dies schon in 2.3.1 angedeutet wurde, dass sich die Studienangebote an unterschiedlichen Hochschulen aufgrund einer bestimmten fachlichen Ausrichtung und Präferenz für bestimmte theoretische oder methodische Ansätze, in denen die zentralen pädagogischen Begriffe, Fragestellungen und Probleme konstituiert sind, teils deutlich unterscheiden.

Für eine fundierte Entscheidung, wo Sie welches Studium aufnehmen, ist also nicht nur die Kenntnis der Studieninhalte, die in den Modulhandbüchern ausgewiesen sind, eine wichtige Voraussetzung, sondern in gleichem Maße auch das Wissen über die fachliche Ausrichtung der für die Module verantwortlichen Hochschuldozenten. Hier lohnt sich ein kurzer Blick auf die Institutshomepage.

2.3.3 Zusammenfassung: Sie haben die Auswahl – nutzen Sie diese!

„Was, du studierst Erziehungswissenschaft? Dann willst du entweder Lehrer oder Taxifahrer werden." Diesen zynischen Satz durften sich schon viele angehende Pädagogen anhören. Doch weit gefehlt, denn dazwischen zeigt sich eine enorme Bandbreite an attraktiven Möglichkeiten, sich in einem pädagogischen Feld zu verwirklichen. Wie wir im vorhergehenden Abschnitt bereits festgestellt haben, eröffnet das Studium der Erziehungswissenschaft vielfältigste Zugänge, so dass Sie sich – je nach gewählter Hochschule – in verschiedenste Richtungen spezialisieren können: Umweltpädagogik, Medienpädagogik, Berufspädagogik, Sonderpädagogik, Kulturpädagogik…

Ihre Möglichkeiten sind enorm, nicht nur im Studium: Etwa 17 Millionen Bildungsteilnehmer besuchten 2012 die rund 96.000 Bildungseinrichtungen des formalen Bildungssektors in Deutschland, in denen 2,3 Millionen Personen bzw. 5,6 Prozent aller Erwerbstätigen beschäftigt sind (vgl. Obermaier 2015, S. 17).

Doch nicht nur im formalen Bildungssektor, also an Institutionen (z. B. Schule), an denen anerkannte Abschlüsse erworben werden können, sind Pädagoginnen und Erziehungswissenschaftler beschäftigt, sie finden sich wieder etwa:

- in der Aus- und Weiterbildung
- in der Früherziehung- und Frühförderung
- in der Kinder- und Jugendarbeit
- in der Familienberatung
- in der Personalentwicklung und im Personalwesen
- in Unternehmens- und Karriereberatungen
- in der Lern- und Schulförderung
- als Medienpädagogen
- als Museumspädagoginnen
- als Freizeit-, Erlebnis- und Kulturpädagogen
- in der Bildungspolitik
- in der Bildungsarbeit
- in der Arbeit mit älteren Menschen
- in der Arbeit mit Menschen mit Behinderung oder mit Fluchterfahrung
- als Referenten, Dozenten, Coaches, Mediatorinnen oder Trainerinnen
- in der Gerichtshilfe oder im Strafvollzug
- …

In Anbetracht dieser Vielfalt sind Sie gut beraten, vor und während Ihres Studiums so viele Erfahrungen in den unterschiedlichen pädagogischen Arbeitsfeldern wie möglich zu sammeln. Das erziehungswissenschaftliche Studium vermittelt Ihnen eine wissenschaftliche Ausbildung in den Bereichen Erziehung, Bildung, Lehren und Lernen. Dabei erwerben Sie

Kenntnisse, um Lernprozesse im vorschulischen, schulischen und außerschulischen Bereich zu initiieren, zu gestalten und zu fördern. Zudem erwerben Sie – je nach Schwerpunktsetzung – praxisbezogene Kompetenzen, um Menschen in den unterschiedlichen Lebensaltern und Lebenssituationen bei ihrer Entwicklung zu begleiten, zu beraten und zu unterstützen. Das Studium bietet Ihnen dabei einen sehr weiten Möglichkeitsraum. Diesen zu nutzen und mit Blick in die berufliche Zukunft zu konkretisieren, ist eine Ihrer Hauptaufgaben im Studium.

Überleitendes Fazit: Wo geht es lang?

Das zweite Kapitel bot Ihnen erste erziehungswissenschaftliche Orientierungen, die Sie befähigen sollen, zwischen den Bezeichnungen Pädagogik, Erziehungswissenschaft und Bildungswissenschaft zu unterscheiden, wissenschaftliches von alltäglichem Wissen zu trennen und ein Verständnis von Wissenschaft im Allgemeinen sowie der Erziehungswissenschaft im Speziellen zu entwickeln. Und schließlich eröffnete Ihnen der letzte Abschnitt des Kapitels einen differenzierten Einblick in die inhaltliche Struktur der deutschen Erziehungswissenschaft sowie in die Architektur der erziehungswissenschaftlichen Studiengänge auf Bachelor- und Masterebene.

Egal, ob Sie nun einen pädagogischen, einen erziehungswissenschaftlichen oder einen bildungswissenschaftlichen Studiengang belegt haben, die Lehrformate und Prüfungsformen sind in der Regel identisch und unterscheiden sich von den schulischen Formaten erheblich, teils sogar grundsätzlich. Insofern zielt das nachfolgende Kapitel darauf ab, Ihnen didaktische und methodische Spezifika eines Hochschulstudiums vorzustellen, die Ihnen einen leichten Einstieg ins Studium ermöglichen sollen.

3 Wissenschaftliche(s) Arbeiten und Prüfungsvorbereitung

Für Ihren gelingenden Studienstart und -verlauf ist es eine wesentliche Voraussetzung, dass Sie möglichst schnell erfassen, wie das System Hochschule funktioniert und vor allem wissen: Was wird von mir erwartet? Die Schule als eine relativ restriktive Institution entwickelt mit Anwesenheitspflicht und zeitlicher Taktung, obligatorischen Hausaufgaben, der Benotung mündlicher Mitarbeit oder mit Extemporalien entsprechende Instrumente, die einen extrinsischen Zwang ausüben sollen, damit sich Schüler die klar vorgegebenen Inhalte aneignen. Zudem führen die durchaus wünschenswerten Prinzipien wie Binnendifferenzierung oder individuelle Förderung zu einer engen Lehrerinnen-Schüler-Beziehung, die indes nicht immer glückend und förderlich ist. Wahlmöglichkeiten bieten sich an der Schule nur wenige.

Ins Positive gewendet: Im Schulsystem werden Schülerinnen und Schüler an die Hand genommen, unterstützt, geführt, das Lerntempo ist relativ gering gehalten und Unklarheiten gibt es nur wenige, und dies auch in inhaltlicher Hinsicht. Denn schulisches Lernen zielt in hohem Maße auf die Reproduktion von „richtigem Wissen", Zweifel werden ausgeräumt. Insofern bietet Schule einen in *sozialer* (Klassenverbund, Förderung durch Lehrkräfte), *zeitlicher* (Stundenplan), *inhaltlicher* (festes Curriculum mit strukturierten Schulbüchern) und *kognitiver* Hinsicht (klares Anforderungsprofil) einen stabilen und einschätzbaren Rahmen, der Sicherheit und Orientierung gewährt.

Mit Ihrem Übergang an die Hochschule verlassen Sie nicht nur die Schule, sondern auch diesen klaren Schonraum. Mit der Aufnahme Ihres Studiums treten Sie ein in ein System, das Ihnen vom ersten Tag an viel abverlangt. Insofern verwundert das Ergebnis keinesfalls, das Rödiger Voss (2012, S. 175) in seiner Studie zu den Erwartungen von Studierenden erzielt: „Auffällig ist auch der hohe Grad an Unsicherheit bei den Studienanfängern. Sie hoffen daher auf einen offenen und ansprechbaren Dozenten“, was im straffen Hochschulalltag indes aber keinesfalls die Regel darstellt.

Damit aber Sie sich nicht zur Gruppe der verunsicherten und hoffenden, sondern zur Gruppe der selbständigen und unbeschwerten Studienanfängerinnen zählen können, informiert Sie dieses Kapitel zunächst über die Anforderungen (3.1), die an Ihre Selbständigkeit und Motivation gestellt werden. Abschnitt 3.2 stellt Ihnen verschiedene Arten wissenschaftlicher Arbeiten vor, die Ihnen in der einen oder anderen Form während Ihres Studiums begegnen können. Studieren heißt aber auch, geprüft zu werden, weshalb Ihnen in Abschnitt 3.3 Tipps und Tricks zu einer gelingenden Prüfungsvorbereitung verhelfen sollen. Und dafür, dass Ihnen die hochschulischen Kommunikationsgepflogenheiten bekannt sind, sorgt ein kleiner Email-Knigge am Ende des Kapitels.

3.1 Anforderungen eines Studiums

Mal ganz ehrlich: Wofür haben Sie in Ihrer Schulzeit gelernt? Für gute Noten, für den Lehrer, für die Eltern, für soziales Ansehen oder aus Angst vor Versagen und Strafe? Oder haben Sie gelernt, weil Sie so neugierig auf die Inhalte, Themen und Methoden selbst waren, weil Sie ungebremste Lust und pure Freude am Lernen verspürten und weil Sie das großartige Gefühl, als Person zu reifen und zunehmend Kompetenz zu entfalten, in einen regelrechten Flow-Zustand versetzte, der Sie Raum und Zeit hat vergessen lassen?

Wenn Sie sich eher zu der zweiten Antwortvariante hingezogen fühlen, dann werden Sie wahrscheinlich problemlos mit der Selbständigkeit im Lernen, welche ein Studium von Ihnen fordert, klarkommen. Wenn Sie hingegen die erste Antwortvariante wählen, werden Sie an der Hochschule wahrscheinlich zunächst in eine Art „Gratifikationskrise" stürzen, denn der Großteil der Sicherheiten, Strukturen und Anerkennungsmuster, die Sie von Ihrer Schulzeit her kennen und die Ihnen Belohnung für erledigte Lernaufgaben in Aussicht gestellt haben, werden Sie im Studium zumeist vergeblich suchen. Vielleicht werden Sie sich sogar fragen, in welch unorganisiertem System Sie gelandet sind oder welcher Sinn dahinter steckt, sich durch ein trockenes Fachbuch zu arbeiten, ohne dass dies irgendjemanden interessiert und ohne dass Sie dafür irgendeine Anerkennung erhalten?

3.1.1 Grundprinzip: Intrinsische Motivation statt extrinsischer Zwang

Diese Gedanken leiten direkt über zum Thema *Motivation*. Dabei ist es aufschlussreich, das System der Hochschule anhand der Motivationsforschung zu betrachten und die eingangs gestellte Frage nach Ihrer Lernmotivation anhand der Kategorien *intrinsisch* und *extrinsisch* zu analysieren. Dieser kleine Exkurs in die Psychologie zeigt Ihnen auf, an welchen Zielen Sie Ihre Lern- und Studiermotivation ausrichten können und welche Konsequenzen dies zeitigt.

Doch zunächst zur Begriffsoperationalisierung, also zur Klärung, was die Begriffe *Motivation*, *intrinsisch* und *extrinsisch* bedeuten. Laut Deci und Ryan (1993, S. 224) gelten Sie als Person im theoretischen Sinne erst dann als motiviert, wenn Sie mit Ihrem Verhalten einen bestimmten Zweck verfolgen. Ihre Intention zielt dabei auf einen in Zukunft liegenden Zustand, gleichgültig, ob er wenige Stunden (z. B. Lesen eines interessanten Fachartikels) oder mehrere Semester (Bestehen des Studiums) entfernt liegt. Intentionale und somit motivierte Handlungen gehen also stets von Ihnen aus und richten sich entweder auf eine unmittelbar befriedigende Erfahrung (wenn Sie z. B. einen Sachverhalt interessant, spannend und bereichernd empfinden) oder sie zielen auf ein längerfristiges Handlungsergebnis (z. B. sehr guter Studienabschluss).

Manche Verhaltensweisen hingegen gehen nicht auf Intentionen zurück, folglich können diese auch nicht motiviert genannt werden, sondern sie werden als amotiviert bezeichnet. Als amotivierte Handlungsweisen gelten Tätigkeiten, die kein erkennbares Ziel verfolgen, wie Dösen, Tagträumen oder sich im Internet treiben lassen, oder solche, die einem unkontrollierten Handlungsimpuls, etwa bei einem Wutanfall, entspringen (auch zum Folgenden vgl. ebd., 224 ff.). Wenn Sie, statt eine Hausarbeit zu schreiben, unsystematisch im Internet surfen, dann ist dies natürlich auch eine energetische Verhaltensweise, die psychologisch ggf. als Abwehr- oder Verdrängungsmechanismus erklärbar ist, aber sie wird nicht als motiviert bezeichnet, weil die Intention fehlt. Das Gleiche gilt für Aufgaben, deren Sinn Sie nicht verstehen bzw. wenn Sie nicht erfassen können, was von Ihnen gefordert und erwartet wird.

Intrinsisch, also von innen heraus motivierte Verhaltensweisen können dabei als rein interessensbestimmte, selbstzweckliche und freudvolle Handlungen definiert werden, deren Aufrechterhaltung keine über das Handlungsgeschehen hinausgehende Konsequenzen erfordert, d.h. keine externen Anstöße, Versprechungen oder Drohungen. Der Prototyp einer intrinsisch motivierten Handlung, also eines selbstbestimmten und frei gewählten Verhaltens, kann im kindlichen Spiel gesehen werden. Intrinsische Motivation beinhaltet Neugier, Erkundungsdrang, Spontaneität und Interesse an den unmittelbaren Gegebenheiten und Herausforderungen.

Sichtbar wird intrinsische Motivation in dem Bestreben, eine Sache voll und ganz beherrschen bzw. ein Thema in Gänze durchdringen zu wollen. Und genau dieses intrinsisch motivierte Verhalten fordert ein Studium von Ihnen: Keine Anwesenheitspflicht, eine nur lockere soziale Verantwortung oder Legitimationspflicht den Dozenten gegenüber oder das Fehlen von eng geführter, komprimierter und portionierter Schulbuchliteratur, die ein schnelles Erfassen des „richtigen" Stoffes vielleicht noch während der morgendlichen Bahnfahrt zur Hochschule ermöglicht, stellen hohe Anforderungen an Ihre Selbstdisziplin. Gleichzeitig können Sie in dieser strukturellen Offenheit aber gerade die enormen Freiheitsgrade Ihres Studiums entdecken und sich dem sehr reichhaltigen Themenbuffet der Erziehungswissenschaft in der Intention nähern, Ihre inhaltlichen Interessen zu stillen, sich im wissenschaftlich fundierten, forschenden Lernen zu üben und sich für Ihre spätere Tätigkeit mit und für Menschen bestmöglich zu qualifizieren.

Andererseits, wenn Sie anstreben beispielsweise Gymnasiallehrkraft zu werden, weil Ihnen vor allem Verbeamtung und viele Ferientage als erstrebenswerte Ziele erscheinen, spricht man von extrinsischer als einer von außen kommenden Motivation. Extrinsische Motivation wird in Verhaltensweisen sichtbar, die mit instrumenteller Absicht geschehen, um eine von der Handlung abgekoppelte Konsequenz zu erreichen, so etwa ausgedehnte Ferienzeiten und einen sicheren Arbeitsplatz (vgl. Deci und Ryan 1993, S. 225).

An dieser Stelle sind Sie mit Rückbezug auf unsere Ausgangsfrage, warum und wofür wir lernen, herzlich eingeladen zu reflektieren, ob Sie während Ihrer Schulzeit nun vorwiegend intrinsisch oder extrinsisch motiviert waren, sich mit den vorgegebenen Themen zu beschäftigen. Gleichzeitig empfehle ich Ihnen die Lektüre der über zwölf Jahre ausgedehnten Längsschnittstudie mit dem Titel „Im Studium wenig engagiert, im Beruf schnell überfordert" (vgl. Rauin 2007), in welcher deutlich wird, dass Studierverhalten und der spätere (risikovolle) Karriereverlauf im Lehrerberuf schon in den ersten Semestern prognostizierbar ist. So zeigte sich, dass „[e]twa 60 Prozent derer, die sich den Anforderungen des Berufs nicht gewachsen fühlten, […] auch schon im Studium überfordert und wenig engagiert [waren]" (ebd., S. 64). Insofern lohnt ein Blick in die Studie, um abzuschätzen, ob Ihre Studienmotivation mit Blick auf ein glückendes und zufriedenstellendes Berufsleben zielführend und zukunftsträchtig ist.

„Niemand wird wohl so naiv sein und glauben, Studierende sind ausschließlich intrinsisch motiviert, das Studium sei reiner Selbstzweck und den extrinsischen Druck etwa der Prüfungen könne man vernachlässigen", könnten Sie kritisch einwerfen. Richtig. Intrinsische und extrinsische Motivation sind auch nicht als Gegensätze aufzufassen. Vielmehr können extrinsisch motivierte Verhaltensweisen, etwa das aufwändige Vorbereiten einer Seminarsitzung oder das Büffeln auf eine Klausur, durchaus die intrinsische Motivation steigern, wenn die von außen gestellten Anforderungen von Ihnen als sinnvoll, verstehbar und machbar eingeschätzt werden und Sie die Möglichkeit haben, sich als selbstwirksam und kompetent zu erleben (vgl. Antonovsky und Franke 1997). Dass eine Art Hochschulsozialisation stattfindet, die einen Wechsel von einer zunächst eher extrinsischen Studienmotivation hin zu einer intrinsisch motivierten Lern- und Studienhaltung erzeugt, konnte u. a. Voss (2012, S. 173 f.) nachweisen: Während die Studienanfänger vornehmlich den Wunsch nach einer gesicherten Existenz haben – vielleicht als Grund für die Aufnahme ihres Studiums –, haben die angehenden Absolventen ihren Beruf klar vor Augen: Sie möchten ein guter, erfolgreicher Pädagoge sein sowie Kindern und Jugendlichen etwas beibringen, damit diese einen Arbeitsplatz finden und einen Beitrag zu einer besseren Welt leisten können; eine sicherlich erfreuliche Entwicklung, die aufzeigt, dass Studieren eben auch Persönlichkeitsbildung ist.

Schließlich, so resümieren Deci und Ryan (1993, S. 236) im Rahmen ihrer Forschung zur Lernmotivation, fördern „Umwelten, in denen wichtige Bezugspersonen Anteil nehmen, die Befriedigung psychologischer Bedürfnisse ermöglichen, Autonomiebestrebungen des Lerners unterstützen und die Erfahrung individueller Kompetenz ermöglichen, die Entwicklung einer auf Selbstbestimmung beruhenden Motivation. Die Erfahrung, eigene Handlungen frei wählen zu können, ist der Eckpfeiler dieser Entwicklung." Eine derartige Umwelt bzw. einen entsprechenden lernorganisatorischen Rahmen bereitzustellen, dies ist die Aufgabe von Hochschulen.

3.1.2 Erwartungen

Insofern heißt Studieren zunächst selbstständig, mündig und (selbst)verantwortlich zu werden und somit ein hohes Maß an Überzeugung, Leidenschaft und intrinsischer Motivation aufzubauen, denn das Studium erfordert von Ihnen, dass Sie:

- mit einem im Vergleich zur Schule wesentlich höheren Lerntempo klarkommen,
- die Inhalte und die Zeitplanung Ihrer Vorlesungen und Seminare managen,
- regelmäßig an Vorlesungen, Seminaren und Übungen teilnehmen,
- sich eigenständig in Themengebiete einarbeiten und Inhalte aufbereiten,
- geeignete Prüfer selbst finden und Ihre Prüfungen organisieren und absolvieren,
- Projekt- und Forschungsarbeiten planen, durchführen und präsentieren,
- sich in kleinere Forschungsteams integrieren, organisieren und effektiv arbeiten,
- (Auslands)Praktika organisieren und absolvieren,

- das Thema Ihrer Abschlussarbeit frühzeitig klären und eine geeignete Betreuerin finden (vgl. Stickel-Wolf und Wolf 2013, S. 1).

Neben der Klärung der eigenen Studienmotivation ist eine zentrale Gelingensbedingung für Ihr erfolgreiches Studium die Klärung Ihrer eigenen Erwartungen, die Sie an die Hochschule und die dort tätigen Dozentinnen und Dozenten haben. So ist, wie Voss (2012, S. 165) ausführt, hinreichend belegt, „dass Erwartungen, die Studierende an ihr Studium hegen, Einfluss auf die Zufriedenheit mit dem Studium sowie die Studienleistung nehmen. (…) Zu Unzufriedenheit sollte es bei Studierenden dann kommen, wenn die eigenen allgemeinen Erwartungen und Wertvorstellungen nicht mit denen der wahrgenommenen Hochschulumwelt übereinstimmen (…), was z. B. zum Abbruch eines Studiums führen kann."

Dass keine allzu enge Betreuung und Begleitung zu erwarten und ein hohes Maß an Selbstorganisation erforderlich ist, dies wurde im Bisherigen bereits deutlich. Eine enge Betreuung durch Dozenten der Hochschule beispielsweise wird interessanterweise von den Studierenden auch gar nicht erwartet. Vielmehr richten sich die Erwartungen an die Fähigkeiten von Hochschuldozenten, wie Voss (2012, S. 169) in einer explorativen Studie mit Studierenden der Erziehungswissenschaft feststellt. Die erwarteten Eigenschaften und Fähigkeiten eines Dozenten sind sonach „Fachkompetenz, Didaktische Kompetenz, Engagement, Empathie, Arbeitstechniken, Fairness, Humor, Kommunikationsfähigkeit, Offenheit und Zuverlässigkeit."

3.1.3 Zusammenfassung: Aristoteles reloaded

Das pädagogische Bemühen, einen lernorganisatorischen Rahmen sowie didaktische Materialien zu schaffen, die Menschen zu einer intrinsisch motivierten, selbstzwecklichen Bildung anregen, dies ist nicht erst seit Wilhelm von Humboldts Denkschrift „Über die innere und äußere Organisation der höheren wissenschaftlichen Anstalten in Berlin" (1809/10) eine pädagogische Daueraufgabe.

Schon vor mehr als 2200 Jahren entstand eine ganz spezielle Literaturgattung – die Protreptik –, deren dezidiertes Ziel es war, durch einfach geschriebene Texte Menschen an philosophische Themen, humanistische Argumentationen und politische Sichtweisen heranzuführen, sie zu begeistern und so intrinsisch motivierte Bildungsprozesse in Gang zu setzen. Die wohl bekannteste Werbeschrift für zweckfreie Bildung stellt „Der Protreptikos des Aristoteles" dar. Diese Einführung in die philosophische Reflexion menschlicher Existenz gehört zu den am häufigsten gelesenen philosophischen Büchern der Antike. Diese allgemeinverständliche Hinführung zum philosophischen Denken kann als eine leidenschaftliche, zeitlose Werbung für das Denken überhaupt verstanden werden, wie dies Schneeweiss (2005, S. 16; H. i. O.) untermauert: „So ist sein Protreptikos ein Aufruf an alle Menschen zu eigentlicher ‚Selbstverwirklichung' und Sinnerfüllung ihres Lebens. Der Protreptikos darf als erstes Zeugnis für den uneingeschränkten Preis des Lebens der Erkenntnis um der Erkenntnis willen bezeichnet werden." Es zeigt sich also, dass die tragende Grundlage wissenschaftlichen Arbeitens zunächst nicht Techniken und Methoden bilden, sondern der Ursprung liegt im eigenen, intrinsisch motivierten Erkenntnisinteresse.

Vielleicht sind Sie jetzt neugierig geworden, denn die durchaus leichte und angenehme Lektüre des Protreptikos des Aristoteles könnte auch Ihren Blick öffnen für den Sinnhorizont eines intrinsisch motivierten, lust- und freudvollen Studiums: „Wenn wir das Sehvermögen um seiner selbst willen lieben, so ist dies ein hinlänglicher Beweis dafür, dass alle Menschen das Denken und das Erkennen in höchstem Maße lieben" (Düring 2014, S. 67).

3.2 Typen und Arten wissenschaftlicher Arbeiten

Im Unterschied zur Schule, wo Sie hauptsächlich vorgegebenes Wissen reproduziert haben, sind Sie im Studium aufgefordert, zudem neues Wissen zu produzieren. Besonders für Studienanfänger bedeutet die Aufgabe, eine wissenschaftliche Arbeit zu verfassen, eine zunächst schwer überwindbare Hürde. Denn ohne Vorerfahrung ist es natürlich sehr schwierig einzuschätzen, welche Erwartungen und Anforderungen mit dem wissenschaftlichen Arbeiten verbunden sind. Wissenschaftliches Arbeiten können Sie vereinfacht als einen Prozess verstehen, der stets mit einer Fragestellung beginnt, welche strukturiert, gegliedert, systematisch untersucht und intersubjektiv nachvollziehbar gelöst wird.

So werden Sie im Laufe Ihres Studiums mehrfach die Gelegenheit haben, sich verschiedene Typen (Literatur- oder Forschungsarbeit) und Arten wissenschaftlicher Arbeiten (Hausarbeit, Projektarbeit u. a.) anzueignen und zu vertiefen. Darüber hinaus haben Sie mündliche und schriftliche Leistungen in Form von Prüfungen und Klausuren einerseits und schriftlichen wissenschaftlichen Arbeiten andererseits zu erbringen.

Wenn Sie einen Blick in das Modulhandbuch Ihres Studiengangs werfen, werden Sie eine gewisse Bandbreite an Prüfungsformen vorfinden, so beispielsweise Hausarbeit, Referat, Klausur, Portfolio, Essay oder am Ende des Studiums die Bachelor- oder Masterarbeit, die Ihnen die Möglichkeit bieten, Ihre Befähigung zum wissenschaftlichen Arbeiten auf unterschiedliche Weise unter Beweis zu stellen. Vor diesem Hintergrund zielt der folgende Abschnitt nach einer kurzen Skizze der Typen wissenschaftlicher Arbeiten hauptsächlich darauf ab, Ihnen einen ersten Überblick über die Vielfalt wissenschaftlicher Arbeiten zu gewähren, so dass Sie von Anfang einschätzen können, was von Ihnen erwartet wird bzw. was Sie erwartet.

3.2.1 Zugänge zum wissenschaftlichen Arbeiten

Zum Einstieg ein Beispiel:
Als Sie mit der Bahn zur Hochschule fahren, erregt im Wissenschaftsteil einer Tageszeitung ein kurzer Hinweis auf eine aktuelle Studie Ihr Interesse, die von der Nonprofit-Organisation *Common Sense Media* zum kindlichen Mediengebrauch durchgeführt wurde. Schon öfter haben Sie sich gefragt, ob es pädagogisch vertretbar und sinnvoll ist, wenn schon die Kleinsten mit Tablets und Smartphones ausgerüstet sind. Schnell haben Sie die Studie im Netz gefunden und hoffen, dass Sie nun darin eine fundierte Antwort finden werden. Obschon die Studie nicht die Wirkung, sondern ‚nur' das Nutzungsverhalten von Kindern im Alter von 0 bis 6 Jahren untersucht, lesen Sie neugierig weiter. Als Sie auf Seite 20 ankommen, sind Sie von der explosionsartigen Entwicklung der Medienausstattung und -nutzung vor allem bei den Unterzweijährigen schockiert:

„The past two years have seen an explosion in the use of mobile media platforms and applications ('apps') among young children. (…) Use of mobile media starts young: more than a third (38 %) of all children under 2 have now used a mobile device for any media activity compared to 10 % two years ago; among 2- to 4-year-olds, the rate has gone from 39 % to 80 %; and among 5- to 8-year-olds it has gone from 52 % to 83 %" (Rideout 2013, S. 20).

Für Sie als angehende Erziehungswissenschaftlerin ist es evident, dass Sie zu diesem wichtigen pädagogischen Thema eine klare und vor allem wissenschaftlich fundierte Stellung beziehen müssen, weshalb Sie dieses Thema wissenschaftlich weiter bearbeiten wollen. Da Sie sich diesem neuen und spannenden Thema nicht als kulturpessimistische Bewahrpädagogin nähern wollen, sondern als eine pädagogisch nach vorne gerichtete Kulturoptimistin, interessieren Sie speziell die positiven Lerneffekte, die sich vielleicht durch eine pädagogisch sinnvoll angeleitete Nutzung von Tablets und Smartphones bei Zweijährigen nachweisen lassen.

Wie würden Sie in einem solchen Fall weiter verfahren? Es bieten sich Ihnen zwei grundlegende Zugänge an (vgl. Stickel-Wolf und Wolf 2013, S. 95; Voss 2014, S. 22):

1. Die Sekundäranalyse bzw. der passiv-rezipierende Zugang: Sie greifen auf bereits bekannte Quellen und Daten zu, die Sie mit einer ggf. neuen oder abgewandelten Fragestellung oder Methode bearbeiten. Bezogen auf unser Beispiel stoßen Sie bei Ihrer Recherche auf das Verbundforschungsprojekt der Harvard Universität mit dem Titel *Families and Digital Media in Young Children's Learning* (vgl. Harvard Family Research Project 2014). Aus diesem riesigen entwicklungs- und sozialpsychologischen Fundus an Forschungsdaten zur Mediennutzungswirkung greifen Sie nur auf Befunde zu, die Zweijährige betreffen. Diese Befunde wollen Sie aus einer pädagogischen Perspektive reflektieren und für die Praxis fruchtbar machen. Zudem werden Sie staunend auf das bereits 1965 gegründete Internationale Zentralinstitut für das Jugend- und Bildungsfernsehen (IZI) in München aufmerksam, das auf seiner Homepage eine Menge wissenschaftlich valider Studien und fundierter medienpädagogischer Handreichungen zur Verfügung stellt. In Kombination mit ihren psychologischen Studien, ihren medienpädagogischen Praxiskonzepten und auf der Grundlage von medienpädagogischen Standardwerken können Sie sich nun strukturiert an die Beantwortung Ihrer Forschungsfrage machen und nachweisen, dass Sie wissenschaftlich belastbare Quellen aus-

wählen können und sich erfolgreich mit den von anderen Personen präsentierten Stoffgebiet und Datenmaterial vertraut gemacht haben, das eine aktuelle medienpädagogische Praxis bereichern kann. Zudem wollen Sie sich in diesem Bereich weiter vertiefen und planen, in Ihrer Abschlussarbeit verschiedene medienpädagogische Bildungstheorien zu vergleichen und auf ihre Aktualität hin zu überprüfen.

2. Die Primäranalyse bzw. der aktiv-produzierende Zugang:
Bei der Primäranalyse erschließen Sie aktiv-produzierend neue Quellen, Daten oder Fragestellungen. So stellen Sie während der Bearbeitung des von Ihnen recherchierten Materials zur Wirkung kindlichen Medienkonsums verwundert fest, dass Sie keine Studien zum Ausmaß und zur Wirkung frühkindlicher Medienförderung im Umgang mit Tablets und Smartphones in Gruppen für Unterdreijährige in Tagesstätten für Kinder finden können. Da Sie auch nach intensivem Recherchieren nicht fündig werden, beschließen Sie auch vor dem Hintergrund, dass über ein Drittel der Kinder unter drei Jahren in Deutschland eine Tagesstätte besucht, dieses pädagogisch hochrelevante Thema zu beforschen. Aufbauend auf den Ergebnissen Ihrer Sekundäranalyse werden Sie mittels Beobachtung in der Tagesstätte für Kinder, strukturierten Interviews der pädagogischen Fachkräfte sowie mit einer Befragung der Eltern mittels standardisiertem Fragebogen Ihrer Forschungsfrage auf den Grund gehen.

In der Regel werden Sie während Ihres Studiums beide Zugänge kennenlernen. Während Klausuren, schriftliche Prüfungen sowie Seminar- oder Hausarbeiten zumeist auf einer Sekundäranalyse basieren, wird für Arbeiten im Kontext des Forschenden Lernens oder bei Abschlussarbeiten häufig die Primäranalyse angewandt.

3.2.2 Typen wissenschaftlicher Arbeiten

Neben den beiden grundsätzlichen Zugängen, durch welche neue wissenschaftliche Erkenntnisse gewonnen werden können, lassen sich drei Typen wissenschaftlicher Arbeiten unterscheiden: die Literaturarbeit, die Theoriearbeit sowie die empirische Arbeit. Alle drei Typen sind gleichwertig, aber nicht gleichartig, wie im Folgenden gezeigt wird.

3.2.2.1 Die Literaturarbeit

Die Literaturarbeit wird Ihnen im Studium am häufigsten begegnen. Im Zentrum steht hier die Auseinandersetzung mit einschlägiger Fachliteratur zu einem Thema, welche Sie (1) entweder nur beschreiben, darstellen und zusammenfassen, etwa durch einen Überblick zu aktuellen Studien über die Medienwirkung bei Kleinkindern. Oder (2) Sie vergleichen zwei oder mehrere medienpädagogische Ansätze auf ihre Eignung hin, frühkindliche Bildungsprozesse zu unterstützen; oder (3) Sie diskutieren im Sinne der Dialektik die Frage, ob Smartphones in den ersten beiden Lebensjahren pädagogisch empfehlenswert sind. Auch können Sie (4) bestimmte Konzepte systematisch ordnen, so etwa die Ordnung medienpädagogischer Konzepte in der Frühpädagogik nach Zielgruppen für Fachkräfte, Eltern oder die Kinder selbst. Oder (5) Sie analysieren bestimmte Strukturen, etwa die Verankerung medienpädagogischer Inhalte in der institutionalisierten Ausbildung kindheitspädagogischer Fachkräfte.

‚Handwerklich' weisen Sie in einer Literaturarbeit nach, dass Sie fähig sind:

- eine wissenschaftlich adäquate Fragestellung zu entwickeln,
- auf verschiedenen Wegen belastbare Literatur zu recherchieren, zu akquirieren, zu bewerten und zu reflektieren,

- korrekt zu zitieren, zu paraphrasieren, zu belegen sowie ein formal korrektes Literaturverzeichnis anzulegen,
- eine in Sprache und Form den Regeln entsprechende Arbeit zu erstellen sowie
- die Einzelergebnisse zu einer ‚neuen' wissenschaftlichen Argumentation zu verdichten.

Literaturarbeiten oszillieren zumeist um die Aus- und Bewertung von (Forschungs)Literatur mit der Intention, zunächst den gesellschaftlichen und pädagogischen Problemhorizont aufzuzeigen, diesen dann theoretisch zu reflektieren, um die Ergebnisse dann auf die entsprechenden pädagogischen Praxen hin zu perspektivieren.

3.2.2.2 Die Theoriearbeit

Reine Theoriearbeiten sind in der Erziehungswissenschaft keine Seltenheit und weisen mit Blick auf die Literaturarbeit einen auch begrifflich wesentlich höheren Abstraktionsgrad auf. Aus dem Griechischen – mit der Bedeutung der unbeteiligten Beobachtung von Festspielen – kommend steht der Begriff *Theorie* für grundsätzliche Überlegungen zu einer Fragestellung. Theorien sollen durch die Überprüfung von Hypothesen (also Vorannahmen) Struktur, Eindeutigkeit und Ordnung in einem vorher unübersichtlichen und unstrukturierten Phänomenbereich schaffen, so dass Gesetzmäßigkeiten erkannt, Wirkungszusammenhänge benannt und Prognosen erstellt werden können. Theorien sind stets vorläufig und müssen daher permanent auf den Stand der jeweiligen Forschung und Wissenschaft gebracht werden. Gerade bei unserem medienpädagogischen Beispiel zeigt sich, wie schnell der technologische Fortschritt Theorien altern lässt. In einer Theoriearbeit weisen Sie, neben den schon dargestellten ‚handwerklichen' Fähigkeiten zum wissenschaftlichen Arbeiten, nach, dass Sie in der Lage sind, entweder:

- eine Theorie einer intensiven Prüfung zu unterziehen, um diese entweder zu bestätigen (Verifikation) oder diese zu widerlegen (Falsifikation) oder
- verschiedene Theorien vergleichend gegenüberzustellen, sie in ihrer Tragweite und Belastbarkeit zu überprüfen und ihre Praxistauglichkeit einzuschätzen oder
- verschiedene Ansätze, Konzepte und Thesen zu einem Thema zu sammeln, zu analysieren, kategorial zu systematisieren, um auf Basis dieser Ergebnisse zu einer neuen Theorie zu gelangen.

Eher selten kommt es vor, dass eine grundlegend eigene und neue Theorie entwickelt wird.

Anspruchsvolle theoretische Arbeiten sind eher gegen Ende Ihres Studiums anzuraten, da Sie durch Ihre Dozenten dann bereits eine Vielzahl theoretischer Zugänge zu erziehungswissenschaftlichen Themen kennengelernt haben und Sie durch das Anfertigen von Literaturarbeiten (Hausarbeiten) wahrscheinlich für Sie persönlich hochinteressante Themen gefunden haben, denen theoretisch auf den Grund zu gehen dann auch sehr spannend ist.

3.2.2.3 Die empirische Arbeit

In empirischen Arbeiten steht eine konkrete Forschungsfrage im Zentrum, die anhand von Hypothesen differenziert und so methodisch überprüft werden kann. Wählen Sie diese Form, dann werden von Ihnen Daten erhoben, gesammelt, systematisiert, ausgewertet, interpretiert. Empirische Arbeiten basieren auf einem theoretischen Fundament, das durch die Ergebnisse untermauert, erweitert oder falsifiziert werden kann. Methodisch können zwei verschiedene Verfahrensgruppen unterschieden werden: quantitative Verfahren und qualitative Verfahren. Diesen Verfahrensgruppen wird eine Vielzahl von einzelnen empirischen Methoden zugeordnet, die im Sinne eines multimethodischen Forschungszugangs durchaus miteinander kombinierbar sind. Die einzelnen Methoden können an dieser Stelle lediglich exemplarisch entfaltet werden (für einen zusammenfassenden Gesamtüberblick erziehungswissenschaftlicher Forschungsmethoden siehe Luchte und König 2008):

1. Quantitative Verfahrensgruppe

Quantitative Verfahren zielen auf das Erklären und somit auf das standardisierte, strukturierte Messen festgelegter Inhalte, um vorab formulierte Hypothesen zu überprüfen. Mittels statistischer Verfahren werden die erhobenen Daten ausgewertet, so dass Modelle zur Erklärung von Verhalten wissenschaftlich fundiert und für eine erziehungswissenschaftliche Praxis aufbereitet werden können. Beispielsweise die vom *Medienpädagogischen Forschungsverbund Südwest* regelmäßig durchgeführten, repräsentativen Studien zur Mediennutzung von Kindern (KIM) und Jugendlichen (JIM) zeigen überdeutlich (vgl. http://www.mpfs.de), dass sich das Mediennutzungsverhalten von Mädchen und Jungen schon früh teils stark unterscheidet, woraus u. a. die theoretische Forderung nach einer geschlechtersensiblen Medienpädagogik resultiert.

Trotz einer erheblichen forschungstechnischen und -methodischen Vielfalt lassen sich innerhalb der quantitativen Verfahrensgruppe drei zentrale Erhebungsmethoden identifizieren: Befragung, Beobachtung, Experiment.

2. Qualitative Verfahrensgruppe

Qualitative Verfahren zielen auf das Verstehen und Deuten umfassender Zusammenhänge, „weshalb ein Forschungsdesign offen, flexibel und umfassend angelegt ist. Der Untersuchungsprozess ist eher als eine Form der Kommunikation und der Interaktion zwischen dem Forscher und dem zu Erforschenden zu interpretieren" (Voss 2014, S. 39). Hermeneutische bzw. qualitative Verfahren versuchen zu erfassen, welche Bedeutung Situationen (1) für Einzelpersonen ‚subjektiv' haben sowie (2) welche Bedeutung viele Personen ‚objektiv' in dieser Situation teilen. Für Sie beispielsweise mag die Vorlesung zur Kritischen Theorie in der Erziehungswissenschaft eine inhaltlich hochspannende Veranstaltung sein, für Ihren Mitbewohner ist sie ziemlich langweilig und eine dritte Person besucht sie nur, um ein passendes Prüfungsthema zu finden (subjektive Bedeutung). Eine Vorlesung hat aber zugleich für alle Studierenden eine gemeinsame objektive Bedeutung: Jeder weiß, dass es sich um eine Vorlesung handelt, die nach bestimmten Regeln abläuft: Die Dozentin trägt vor, die Studierenden hören zu und stellen ggf. Fragen. Gemäß geltender Regeln ist aber nicht damit zu rechnen, dass die Dozentin während der Vorlesung eine Pause macht, um öffentlichkeitswirksam bei Ebay etwas zu ersteigern oder mit Handwerkern telefoniert, die gerade ihre Wohnung renovieren; auch ist es nicht zu erwarten, dass Studierende während der Vorlesung ein Fahrrad reparieren oder eine Party starten (vgl. Luchte und König 2008, S. 153).

Hermeneutische Verfahren ermöglichen, wichtige, vom Forscher vorab nicht zu erfassende Themen zu identifizieren, die beispielswiese als Basis für eine nachfolgende quantitative Fragebogenerhebung genutzt werden können. Sie bilden eine wichtige Quelle zum Verständnis etwa der Kulturen von Kindern und Jugendlichen, des Wertewandels und der Ausweitung der Lebenswelt ins Digitale. Qualitative Verfahren sind mittlerweile sehr ausdifferenziert, wobei unterschiedliche Formen des qualitativen Interviews für Einzelpersonen oder Gruppen, die sog. Objektive Hermeneutik, zur Erfassung objektiver Bedeutung sowie die teilnehmende Beobachtung zu den am meisten verbreiteten Verfahren zählen.

Ungeachtet, welche Methoden Sie wählen, bei empirischen Arbeiten ist es stets geboten, das Forschungsdesign klar und vollständig darzustellen. Der Leser muss darüber informiert werden, welche Methoden Sie verwendet haben, wie die Datenerhebung und -auswertung abgelaufen ist und auf Basis welcher theoretischen Rückbezüge Sie Ihre Daten interpretieren.

Nutzen Sie im Studium jede Chance, empirisch zu arbeiten und diese wertvollen Erfahrungen und Kenntnisse zu sammeln. Gerade mit Blick auf Ihre spätere Berufstätigkeit ist die Forschungskompetenz im Kontext einer angewandten Praxisforschung nicht zu unterschätzen. Egal ob Tagesstätte für Kinder, Schule, außerschulische Jugendarbeit, Erwachsenenbildung oder in der Arbeit mit Senioren: Damit Sie sich selbst und damit auch Ihr Handlungsfeld entsprechend professionalisieren, ist eine wissenschaftlich fundierte Reflexion des eigenen Tuns unerlässlich. Selbst eine kurze schriftliche Fragebogenerhebung, deren quantitative Auswertung Sie mit einem nachfolgenden qualitativen Auswertungsgespräch, der sog. Kommunikativen Validierung, kombinieren, ermöglicht Ihnen, mit Ihrer Klientel auf einer sachlichen Ebene in ein konstruktives Gespräch zu kommen, so dass vormals gleichgültige Betroffene ggf. sogar zu verantwortungsvollen Beteiligten werden.

3.2.3 Forschendes Lernen

Im Unterschied zu psychologischen oder soziologischen Studiengängen, in denen seit Jahrzehnten Forschungsaktivitäten als immanenter Teil des Studiums von den Studierenden eingefordert werden, wird Ihnen in erziehungswissenschaftlichen

Studiengängen seit der sog. bildungswissenschaftlichen Wende in den Nullerjahren zwar vermehrt, aber nicht zwingend empirisches Arbeiten abverlangt. Neben kleineren, empirisch orientierten Projektarbeiten oder Studienarbeiten, die auch empirisches Arbeiten ermöglichen, findet empirisches Arbeiten vor allem in Form des sog. Forschenden Lernens Eingang in die Studiengänge.
Die Forderung nach einer Forschenden Haltung im Studium ist indes schon wesentlich älter. Schon die geistigen Väter der ‚Idee der Universität' wie Johann Gottfried Fichte, Friedrich Schleiermacher oder Wilhelm von Humboldt forderten zu Beginn des 19. Jahrhunderts eine Hochschule, die nicht nur Wissen generiert und dieses an Studierende weitergibt. Vielmehr fordern sie eine neue Hochschule, an der sich der ganze Mensch bilden kann und aktiv am Geschehen der Forschung und Diskussion beteiligt ist. Im Unterschied zum ‚geschlossenen Schulwissen' ist wissenschaftliches Wissen stets nur vorläufig und unabgeschlossen. In diesem Sinne weist Wilhelm von Humboldt im Jahre 1809 der Hochschule folgende Aufgaben zu, an der sich Professoren und Dozenten noch heute messen lassen müssen: „Es ist ferner eine Eigenthümlichkeit der höheren wissenschaftlichen Anstalten, dass sie die Wissenschaft immer als ein noch nicht ganz aufgelöstes Problem behandeln und daher immer im Forschen bleiben, da die Schule es nur mit fertigen und abgemachten Kenntnissen zu thun hat und lernt. Das Verhältniss zwischen Lehrer und Schüler wird daher durchaus ein anderes als vorher (…) Denn nur die Wissenschaft, die aus dem Innern stammt und in's Innere gepflanzt werden kann, bildet auch den Charakter um" (Humboldt 2010, S. 230) und ermöglicht einen ganzheitlichen Bildungsprozess.

Nicht der Fundus überlieferbaren Wissens und dessen Reproduktion macht folglich das Fundamentale der Bildung durch Wissenschaft aus. Vielmehr, wie dies Ludwig Huber

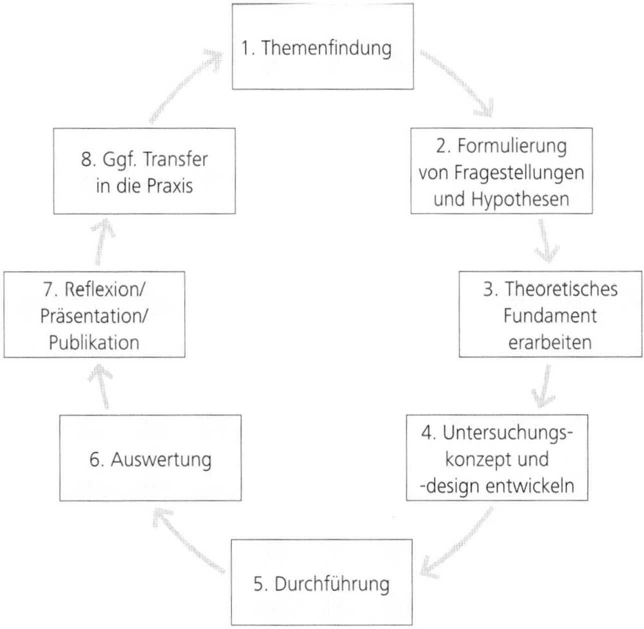

Abb. 3: Acht Prozessschritte im Forschenden Lernen
Quelle: Eigene Darstellung

(2009, S. 13) betont, liegt es im eigenen Suchen und Finden, Problematisieren und Einsehen, im Staunen und Erfinden, im Untersuchen und Mitteilen. Durch diese aktiv-produzierende Tätigkeit erfahren und erleben Sie Wissenschaft als etwas Lebendiges, Sinnvolles, Bereicherndes, das zudem richtig Freude und Spaß machen kann. Wenn Bildung an Ihrer Hochschule ermöglicht wird (und nicht nur schulischer Unterricht oder Training für den Beruf), dann geht dies nur über den Weg der Erfahrung eines Forschungsprozesses, der durch das Konzept des Forschenden Lernens in Gang gesetzt wird: „Forschendes

Lernen zeichnet sich vor anderen Lernformen dadurch aus, dass die Lernenden den Prozess eines Forschungsvorhabens, das auf die Gewinnung von auch für Dritte interessanten Erkenntnissen gerichtet ist, in seinen wesentlichen Phasen – von der Entwicklung der Fragen und Hypothesen über die Wahl und Ausführung der Methoden bis zur Prüfung und Darstellung der Ergebnisse in selbstständiger Arbeit oder in aktiver Mitarbeit in einem übergreifenden Projekt – (mit)gestalten, erfahren und reflektieren" (ebd., 11).

Ein kurzes Praxisbeispiel soll die wesentlichen Aspekte des Forschenden Lernens illustrieren:
Bereits im 1. Semester erhalten die Studierende der Erziehungswissenschaft den Auftrag, für die Dauer von zwei Semestern kleine Forschungsgruppen zu bilden, ein Thema zu finden (1. Schritt) und dazu eine Fragestellung zu entwickeln (2. Schritt). Die Rolle der Dozenten ist eine begleitende und unterstützende, keinesfalls eine belehrende oder direktive. Die studentischen Projektideen sind stets sehr vielfältig und reichen von der *Wirkung von diversitätsorientierter Raumgestaltung*, zu Fragen des *geschlechtsspezifischen Verhaltens von Lehrkräften* über die Untersuchung der *Effekte einer auditiven Sensibilisierung von Kindergartenkindern* bis hin zur *Analyse der Modellwirkung von pädagogischen Fachkräften auf das Verhalten von Kindern*. Anschließend werden die Hypothesen, so etwa *Weibliche Lehrkräfte verhalten sich Jungen gegenüber rigider.* oder *Je sensibler die auditive Wahrnehmung von Kindergartenkindern ist, desto niedriger ist der Geräuschpegel im Gruppenraum.* gebildet und mit den entsprechenden Theorien untermauert (3. Schritt). Nach Klärung der tragenden Begriffe, der damit korrespondierenden Theorien sowie des Standes der Forschung zu diesem Thema wird ein Untersuchungskonzept entwickelt (allgemeine Vorgehensweise)

sowie das konkrete methodische Vorgehen, also das Untersuchungsdesign, erstellt (4. Schritt), so dass die tatsächliche Datenerhebung erfolgen kann (5. Schritt). Die Forschungsgruppe mit dem Thema *Auditive Wahrnehmung* zum Beispiel konzipiert eine zehnteilige Übungsreihe anhand einer Klanggeschichte zum Buch *Der Grüffelo*. Dazu bilden sie eine Experimentalgruppe sowie eine Kontrollgruppe, die keine Schulung erhalten soll. Als Erhebungsinstrument wählen sie den Anamnesebogen zur Erfassung Auditiver Verarbeitungs- und Wahrnehmungsstörungen der Deutschen Gesellschaft für Phoniatrie und Pädaudiologie. Die Datenauswertung erfolgt über das Programm SPSS (Statistical Package für Social Sciences) und bestätigt eine signifikante Verbesserung der Geräuschwahrnehmung der Kinder der Experimentalgruppe (6. Schritt). Gegen Ende des zweiten Semesters werden die Forschungsergebnisse präsentiert, intensiv diskutiert und reflektiert (7. Schritt). Drei der vier am Forschungsprojekt beteiligten Tagesstätten für Kinder werden die theoriegeleitete Schulung der auditiven Wahrnehmung der Kinder nun dauerhaft in ihr Einrichtungskonzept aufnehmen. Der Grund: Es wird wesentlich leiser.

Und schließlich werden am Ende der Veranstaltungsreihe die teilnehmenden Studierenden mittels standardisiertem Fragebogen zu ihren Erfahrungen der letzten beiden Semester befragt (quantitativer Zugang). Die Ergebnisse der anonymen Befragung werden im Anschluss von den verantwortlichen Dozenten mit Studierenden im Sinne einer hermeneutisch-qualitativen Methode kommunikativ validiert. Insofern wird deutlich, dass Forschendes Lernen:

- theoriegeleitet,
- praxisorientiert,
- biografisch orientiert,

- forschungsorientiert und
- didaktisch reflektiert ist – ganz im Sinne Humboldts.

3.2.4 Arten wissenschaftlicher Arbeiten

Das Spektrum an Aufgaben, das Sie im Laufe Ihres Studiums bearbeiten, dürfte sich wohl kaum im Halten von Referaten, dem Schreiben von Klausuren und dem Anfertigen von wissenschaftlichen Hausarbeiten erschöpfen. Vielmehr wurde der Hochschuldidaktik in den letzten Jahrzehnten vermehrt Aufmerksamkeit geschenkt, so dass Sie sich zumeist über eine bunte Vielfalt verschiedenartiger wissenschaftlicher Arbeiten freuen können, die vom Précis über ein Essay oder eine Rezension bis hin zum Auftrag, einen Wörterbuchbeitrag zu erstellen, reicht. Zudem bleibt zu hoffen, dass Sie auch nach dem erfolgreichen Abschluss Ihres Studiums weiterhin wissenschaftlich tätig sein werden, vielleicht sogar den wissenschaftlichen Weg einschlagen wollen und nach der Masterarbeit noch eine Doktorarbeit und später eine Habilitation anfertigen wollen. Ohne Anspruch auf Vollständigkeit erhalten Sie im Folgenden einen ersten Einblick, was sich hinter der jeweiligen Art wissenschaftlicher Arbeit verbirgt und worin die Herausforderungen bestehen.

3.2.4.1 Précis

Der Précis stellt eine Kurzzusammenfassung eines Textes dar, ohne Interpretation und Wertung des Inhaltes. Der Ursprungstext wird entlang seiner Kernaussagen auf etwa ein Drittel seines Umfangs gekürzt, wobei sichergestellt sein muss, dass es stets möglich ist, die wesentlichen Inhalte schnell aus dem Précis zu erfassen und auf den Originaltext zurückzuführen.

Deshalb bleiben die kompletten Literaturangaben erhalten. Der Begriff Précis stammt aus dem Französischen (précis = genau, bestimmt) und meint im übertragenen Sinn *Abriss*, *Hauptinhalt*. Der Précis ist ein sprachlich eigenständig zu verfassender Text, der sich exakt und eben präzise entlang des Originals orientiert. Um das Verhältnis zum Original in Balance zu halten, achten Sie auf gleichmäßige Kürzung. Natürlich können Sie Stellen des Originaltextes zitieren, jedoch nur mit Quellenangabe. Diese Form der Textzusammenfassung eignet sich auch hervorragend für die spätere Verwendung als Baustein in Ihrer Bachelorarbeit, beispielswiese bei der komprimierten Entfaltung einer Theorie.

3.2.4.2 Exposé

Ein Exposé ist im allgemeinen Sinne eine erläuternde Darstellung. Gleichermaßen kann es aber auch ein Plan bzw. eine Skizze für ein Projekt in der Zukunft sein, zum Beispiel die Fragestellung Ihrer erziehungswissenschaftlichen Haus- oder Bachelorarbeit, die im Vorfeld erläutert wird. Wenn Sie sich auf die Suche nach einer Betreuerin Ihrer Arbeit machen, werden Sie des Öfteren hören: „Hmm, klingt interessant, reichen Sie mir bitte ein Exposé ein. Ich melde mich dann."

Das schriftliche Exposé steht also am Ende Ihrer Orientierungs- und Planungsphase beim Verfassen einer wissenschaftlichen Arbeit, damit beurteilt werden kann, ob Ihr Vorhaben in der beabsichtigten Form realistisch ist oder noch wesentlicher Modifikationen bedarf. Exposés sollen konzeptionelle und logische Schwächen einer Vorgehensweise aufdecken und helfen, thematische Sackgassen und unnötige Irrwege zu vermeiden. Sie helfen auch Ihren Betreuern, Ihre Arbeit besser wahrzunehmen. An der Sorgfalt bei der Erstellung können sie auch erkennen, wie ernst es Ihnen mit Ihrer Forschungsabsicht ist.

Zweck eines Exposés ist es daher zum einen, die Fragestellung Ihrer Arbeit zu entwickeln, zum anderen wird es auch dazu dienen, den Rahmen der Arbeit zwischen der betreuenden und der betreuten Person zu vereinbaren (vgl. Esselborn-Krumbiegel 2014, S. 104–108). Abbildung 4 verdeutlicht die wesentlichen Inhalte eines Exposés.

Teilbereich	**Beispiele/Konkretisierung**
Thema	• Titel und Untertitel präzisieren, zentrale Begriffe überdenken • Abgrenzung
Anlass	• Motivation
Forschungsstand	• bisherige Recherche (Literaturrecherche abgeschlossen?) • vorläufiges Fazit
Relevante/ wesentliche Literatur	• wichtige Bücher/Artikel zu ähnlichen bzw. identischen Fragestellungen • wichtige Grundlagenliteratur
Fragestellung	• welcher/n zentralen Frage/n möchten Sie nachgehen?
Methodisches Vorgehen	• grundsätzlich: Literaturrecherche, Befragung, Beobachtung etc.? • im Detail: Quellenzugang? Datenerhebung und Auswertung?
Zeitplan	• zeitlicher Umfang einzelner Phasen (z. B. Recherche, Datenerhebung, Datenauswertung, Abschluss, Korrekturphase)
Weitere Ressourcen	• zusätzliche Kompetenz bzw. Beratung • Finanz- und Sachmittel • technische Ausstattung
Arbeitsgliederung	• Stand der gegenwärtigen Gliederung • geplanter Umfang der einzelnen Kapitel
Mögliche Probleme	• Quellenzugang? Zeitprobleme? Forschungsmethodische Kompetenz?

Abbildung 4: Teilbereiche eines Exposés. Quelle: Bohl 2008, S. 36

3.2.4.3 Haus-, Seminar- oder Studienarbeit

Seminar-, Haus- oder Studienarbeiten sind schriftliche Darstellungen zu begrenzten Themen, die sich in der Regel als zu erbringender Leistungsnachweis an eine Lehrveranstaltung anschließen und in der vorlesungsfreien Zeit angefertigt werden. Diese Arbeiten haben in der Regel einen Umfang von 15 bis 25 Seiten. Schlagen Sie Ihrem Dozenten ein für Sie spannendes Thema vor und erstellen Sie dazu ein Exposé. In Seminar-, Haus- oder Studienarbeiten sind Sie unter Anwendung wissenschaftlicher Arbeitstechniken aufgefordert, ein Thema in einer begrenzten Zeit und unter Verwendung eigenständig recherchierter Quellen und Fachliteratur zu bearbeiten und zu verschriftlichen. Mit einer Hausarbeit stellen Sie unter Beweis, dass Sie die erforderlichen Sach-, Fach- und Methodenkenntnisse besitzen und selbständig wissenschaftlich arbeiten können. Haus-, Seminar- oder Studienarbeiten sind zumeist Literaturarbeiten, selten werden hier komplexere theoretische Fragestellungen verhandelt oder etwas empirisch untersucht. Diese Form von Arbeiten wird von den Dozenten begleitet und auch begutachtet, nutzen Sie also die Unterstützung sowie die Möglichkeit einer Nachbesprechung. Informieren Sie sich deshalb bereits frühzeitig bei Ihrem Dozenten, nach welchen Kriterien bewertet wird. Dies kann Sie vor bösen Überraschungen bewahren. Der in Abschnitt 3.3 aufgeführte exemplarische Bewertungsbogen sowie zwei Beispielgutachten zeigen Ihnen die wesentlichen Bereiche der Begutachtung.

3.2.4.4 Essay

Im Unterschied zum Précis ist ein Essay die kritische Verhandlung eines Themas. Dabei wird eine wissenschaftliche Fragestellung in knapper und anspruchsvoller Form diskutiert und pointiert.

Der oder das Essay (französisch essayer = versuchen) ist ein etwa fünfseitiger Prosatext zu einem beliebigen Thema, der frei, assoziativ und betont subjektiv-reflektierend erörtert und zum Nachdenken und Schmunzeln einlädt. Das Essay muss keine neuen Fakten zutage fördern, vielmehr besticht ein Essay durch das Einnehmen ungewohnter Perspektiven und Positionen. Mit dem Abfassen Ihres Essays weisen Sie nach, dass Sie wissenschaftliche Positionen kennen, diese abstrahieren, kritisch würdigen und/oder gegeneinander abwägen können. Dabei ist viel Selbständigkeit von Ihnen gefordert, zentral ist die Fähigkeit zur wissenschaftlichen Argumentation, zur Entwicklung eigener Überlegungen oder Positionen, die über das reine Wiedergeben der verwendeten Texte hinausreicht.

3.2.4.5 Referat/Sitzungsgestaltung

Woran denken Sie beim Stichwort Referat? Denken Sie an Folienschlachten, Frontalbeschallung, Wachkoma? Oder stellen sich bei Ihnen latentes Lampenfieber, Unwohlsein und schlechte Erinnerungen ein? Es bleibt zu hoffen, dass Sie fachlich fundierte und ansprechende, methodisch reichhaltige, von angeregter Diskussion sowie von Kurzweile geprägte Assoziationen mit dem Begriff Referat verbinden.

Referate sind mündliche Präsentationen von wissenschaftlichen Thesen und einer Fragestellung zu begrenzten Themen im Rahmen von Lehrveranstaltungen. In der Regel gestalten Sie zusammen mit einer kleinen Gruppe Studierender nach inhaltlicher Vorgabe durch die Seminarleitung eine Sitzung. Die konkreten Rahmenbedingungen zur Ausgestaltung eines Referates (Länge und Form des Vortrags, Visuali-

Exposé

Thema:

Namen:

Literatur (bisherige Recherche):

Methodisches Vorgehen (90 min):

Dauer	Aktion	Medien/Material
5 min.	Abschlussreflexion, welche Methode?	

Folgende Materialien und Medien brauchen wir:

Mögliche Stolpersteine:

Abbildung 5: Vorlage Exposé für eine Sitzungsgestaltung
Quelle: Eigene Darstellung

sierung, Umfang der zu bearbeitenden Literatur, Art und Umfang eines Handouts oder einer zusätzlichen Verschriftlichung) variieren von Dozent zu Dozentin, so dass Sie die Vorgaben der jeweiligen Seminarleitung unbedingt erfragen sollten. Und: Vermeiden Sie Pannen und ersparen Sie Ihren Kommilitoninnen unnötigen Zeitverlust. Stellen Sie also sicher, dass alle Materialen, die Sie benötigen, dann auch vorhanden sind, Ihr Computer mit dem Beamer harmoniert, die Audio- oder Videowiedergabe funktioniert und Sie, sofern benötigt, dann auch wirklich im Seminarraum Internetzugang haben. Machen Sie nicht nur einen Probeablauf Ihres Referates, sondern auch einen technischen Check, so gehen Sie wesentlich entspannter in die Situation. Nicht selten bringen derartige Risikosituationen eine Seminarsitzung völlig aus dem Gleichgewicht. Und: Holen Sie sich am Ende der Sitzung Feedback ein. Dazu gibt es mittlerweile eine ganze Menge an Literatur, die Sie mit innovativen und interessanten Methoden inspirieren.

Schließlich, damit Ihre Seminargestaltung auch allen in positiver Erinnerung bleibt, nutzen Sie auch hier die Form des Exposés zur Vorbereitung. Somit legen Sie Verantwortlichkeiten fest, strukturieren die Sitzung zeitlich, inhaltlich und methodisch und Sie können effektiv in das vorbereitende Dozentengespräch gehen. Die Vorlage in Abbildung 5 soll Ihnen eine Hilfestellung sein.

3.2.4.6 Veranstaltungsportfolio – Studienportfolio

Eine kurze Darstellung, was es mit der Arbeitsform *Portfolio* auf sich hat, fällt nicht leicht, denn in der Auseinandersetzung mit dem Thema werden verwirrend viele unterschiedliche Begrifflichkeiten verwendet: Lernportfolio, Prozessfolio, Kompetenzportfolio, Studienportfolio, teaching-Portfolio, ePortfolio,

Bewertungsportfolio, Entwicklungsportfolio, Sprachenportfolio, um nur einige zu nennen. Zudem findet die Portfolioarbeit in nahezu allen gesellschaftlichen Bereichen Anwendung, weshalb hier lediglich der hochschulische Bereich behandelt wird (vgl. Lenzen und Pietsch 2005).

Hochschulen führen die Arbeit mit dem Portfolio aus verschiedenen Gründen ein: Selbstorganisation, Selbstbestimmung und Selbststeuerung sowie Reflexion des Lernens, die Subjektorientierung, die Kompetenz- und Handlungsorientierung statt Wissensorientierung sowie die Prozess- statt Produktorientierung werden als zentrale Motive zur Einführung von Portfolios benannt. Aber noch ein weiterer Aspekt soll Ihnen als Hintergrundinfo die Portfolioarbeit verständlich machen: Die klassische Rolle des Professors (lat. profateri = bekennen, öffentlich verkünden, aufzeigen, zugänglich machen) hat sich lange Zeit darauf beschränkt, Wissen lediglich zu präsentieren und zu überprüfen. Ihre Rolle als Studierende (lat.: studere = sich um etwas bemühen) war lange Zeiten mit dieser Vorstellung von Lehren und Lernen verbunden, zumal Wissen in der Offline-Gesellschaft auf andere Art und Weise nur schwer zugänglich war. Nun aber verschiebt sich die Rolle der Hochschuldozierenden hin zu einer Lehrauffassung, die sich als Lernförderung und Prozessbegleitung versteht und eigenverantwortliches und aktives Lernen in den Mittelpunkt stellt. Dies geschieht unter anderem in Form von Portfolios.

Das Portfolio ist jedoch keine weitere Form einer wissenschaftlichen Hausarbeit, vielmehr können Sie das Portfolio als eine Sammlung von selbstgewählten Dokumenten verstehen, die Ihren Bildungsprozess dokumentieren und anhand derer Sie Ihre wissenschaftliche Bildungsbiografie reflektieren, bewerten und mit Zielsetzungen versehen. Zumeist finden Veranstaltungs- oder Studienportfolios Anwendung.

In einem Veranstaltungsportfolio sind diejenigen Leistungen zusammengestellt, die sich auf eine einzelne Veranstaltung (Seminar, Vorlesung) beziehen. Das Studienportfolio beinhaltet eine Auswahl der Arbeitsergebnisse und Leistungsnachweise, die sich auf das gesamte Studium beziehen. Obschon Sie letztlich jeden Impuls, der bei Ihnen einen Bildungsprozess angeregt hat, in Ihr Portfolio aufnehmen können, ist nachfolgende Auflistung (vgl. Lenzen und Pietsch 2005, S. 50), welche ‚Artefakte' in Ihr Portfolio aufgenommen werden können, lediglich exemplarisch zu verstehen:

- Lerntagebuch
- ausgewählte Seminar- oder Vorlesungsmitschriften
- Protokolle
- Buchbesprechung oder Vorstellung einer Zeitschrift
- kommentierte Diskussionsprotokolle
- Kurzreferate
- Werkstücke (CD-Produktion, Hörspiel, Video u. a.)
- didaktische Entwicklungen (z. B. Förderkonzepte)
- Interviews, Recherchen, kleine empirisch orientierte Studien
- Semesterhefte (zur Reflexion und Planung eigener Lernprozesse)
- kommentierte Liste der Bücher, die bisher im Studium wichtig waren
- Dokumentation außeruniversitärer Bildungserfahrungen
- Klausurtexte
- Dokumentationen (z. B. Fotodokumentationen, Videos)
- Schaubilder, Grafiken, Diagramme, Mindmaps mit Erläuterungen
- Projektarbeiten
- Auszug aus einem Praktikumsbericht (mit Reflexion)
- Referat oder Lehrexperiment (Gestaltung einer Seminarsitzung) mit Reflexion
- Hausarbeiten (mit Einschätzung)
- Beurteilungen

Mit dem Material, das Sie nutzen können, mit den Berichten und Selbsteinschätzungen, die Sie vornehmen, und mit den Nachweisen, die Sie sammeln, können Sie Ihr persönliches Portfolio erstellen und pflegen. Sie entscheiden selbst, was Sie sammeln und dokumentieren möchten. Sie entscheiden ebenso selbst über die Auswahl der Inhalte und die Reflexion von Veranstaltungen. Die ganz konkreten formellen Vorgaben werden natürlich individuell von den jeweiligen Dozenten geregelt, wenngleich folgende Grobgliederung eines Studien- oder Veranstaltungsportfolios üblich ist:

1. Titelblatt ohne Seitenangabe
2. Inhaltsverzeichnis (Seite 2)
3. Zusammenfassung mit Vorstellung und Begründung der gewählten Artefakte (1–2 Seiten)
4. Ausführliche Darstellung der fünf ausgewählten Dokumente/Artefakte
5. Selbsteinschätzung
6. Bewertung des eigenen Lernfortschritts und Benennung von Lernzielen (1–2 Seiten)
7. Ggf. Literaturverzeichnis
8. Eidesstattliche Erklärung

Zur Erstellung Ihres persönlichen Studien- oder Veranstaltungsportfolios gibt es mittlerweile eine unüberschaubare Fülle an Literatur, so dass an dieser Stelle auf das Projekt „Wachstum und Qualität. Professionalisierung für Studium und Lehre" der Universität Kassel hingewiesen wird, das sich seit 2012 im Rahmen des Bund-Länder-Programms um bessere Studienbedingungen und mehr Qualität in der Lehre bemüht. Unter http://www.uni-kassel.de/projekte/studienportfolio/startseite.html finden Sie eine üppige Auswahl hochwertiger Materialien rund um das Thema Portfolio.

3.2.4.7 Rezension

Was machen Sie, bevor Sie ins Kino, ins Restaurant oder auf ein Konzert einer Ihnen unbekannten Band gehen? Sie lesen wahrscheinlich eine Rezension. Auch im Kontext Ihres Studiums ist es ratsam, Rezensionen zu lesen. Diese kritischen Besprechungen von Neuerscheinungen finden Sie in einschlägigen pädagogischen Fachzeitschriften. Auch das Internet kann Ihnen hierzu hilfreich sein: Die Seite socialnet.de versammelt mehr als 15.000 Kritiken zu erziehungswissenschaftlicher Fachliteratur. Obschon Sie sich des Reizes des Unbekannten berauben und einem Buch dann nicht unvoreingenommen begegnen können, spart Ihnen eine gute Rezension viel Zeit und Mühe.

„Gut aber selbst eine Rezension verfassen, ist das nun nicht etwas weit herbeigeholt?", könnten Sie nachfragen. Keineswegs, das Verfassen von Rezensionen ist in vielen Studiengängen sowohl als Prüfungs- wie auch als Studienleistung möglich oder sogar vorgeschrieben. Durch das Anfertigen einer Rezension, die der Kurzdarstellung, Würdigung und Kritik einer wissenschaftlichen Veröffentlichung hinsichtlich Inhalt, Stringenz und Dichte der Argumentation dient, zeigen Sie die Fertigkeit, eine wissenschaftliche Publikation einzuordnen, zu charakterisieren und anhand fundierter Argumente begründet und sachlich Kritik zu üben.

3.2.4.8 Protokoll

Im Studium werden Ihnen Protokolle in zwei Zusammenhängen begegnen: Einerseits kann die Form des Protokolls im Rahmen von Modulprüfungen festgelegt sein, so dass Sie ein ‚Stundenprotokoll" einer Seminareinheit anfertigen sollen. Andererseits, wenn Sie im Team beispielsweise im Rahmen des Forschenden Lernens zusammenarbeiten, sichern Protokolle den inhaltlichen Zusammenhang. Denn zu einer guten Planung Ihres Projektes gehört die Festlegung eines verbindlichen Dokumentationsstandards. Das wussten übrigens schon die alten Ägypter, deren in Stein gemeißelten Protokolle noch heute Auskunft über die damalige Form des Projektmanagements geben. Protokolle verhindern, dass Ihre Gruppentreffen in die Unverbindlichkeit abdriften, denn sie erzwingen, dass Ziel- und Zeitvereinbarungen getroffen werden. Dies kann in einfacher Form durch die schriftliche Erfassung der typischen „W's" geschehen: Wer macht was, wieso, wo, mit wem, bis wann?

Protokolle sind ein Mittel der Prozess-Dokumentation. Protokolle haben Urkundencharakter und sind somit amtliche Dokumente. Protokolle sollen völlig neutral und ohne Interpretationen abgefasst werden, vollständig und wahr sein. Grundsätzlich können Sie vier Formen des Protokolls unterscheiden: Das Verlaufsprotokoll informiert chronologisch über Ablauf und Ergebnis einer Sitzung, das Ergebnisprotokoll enthält in komprimierter Form alle wesentlichen Ergebnisse, Ereignisse und Beschlüsse. Wird von Ihnen im Rahmen einer Modulprüfung gefordert, ein Protokoll anzufertigen, so ist dies in der Regel eine Mischung aus Ergebnis- und Verlaufsprotokoll mit einer Länge von etwa fünf Seiten. Achten Sie aber darauf, nicht jedes Detail zu protokollieren. Das Gruppenprotokoll hingegen wird Ihre Teamarbeit strukturieren und organisieren helfen, während Ihnen das Gedächtnisprotokoll als persönliche ‚Erinnerungskrücke' dient, wie es Tabelle 5 verdeutlicht.

Ungeachtet der Form des Protokolls sollte Ihr Protokoll:

- in der Kopfzeile über alle wesentlichen Strukturdaten informieren (Zeit, Ort, Teilnehmende, Abwesende, Funktionen und Rollen).

Tabelle 5: Funktionen und Formen des Protokolls
Quelle: in Anlehnung an Homberg und Obermaier (2011, S. 52)

<table>
<tr><th colspan="4">Funktionen des Protokolls</th></tr>
<tr><th>Information</th><th>Dokumentation</th><th>Organisation</th><th>Kontrolle</th></tr>
<tr><td>z. B. Abwesende, Nachschlagemöglichkeit</td><td>Juristischer Beweis, Urkundencharakter</td><td>Aufgabenverteilung</td><td>Überwachung der Durchführung von Beschlüssen</td></tr>
<tr><th colspan="4">Formen des Protokolls</th></tr>
<tr><th colspan="2">Verlaufsprotokoll</th><th colspan="2">Ergebnisprotokoll</th></tr>
<tr><td colspan="2">• hält wesentliche Schritte fest
• stellt dar, wie es zum Ergebnis gekommen ist
• gibt Kern der Inhalte, Fragen, Diskussionen, Einwände wieder
• nennt Ergebnisse
• fixiert, wer welche Aufgaben übernommen hat</td><td colspan="2">• beschränkt sich auf Informationen über Ergebnisse und Ereignisse
• nennt wesentliche Abschnitte einer Sitzung, Abstimmungsergebnisse
• fixiert, wer welche Aufgaben übernommen hat</td></tr>
<tr><th colspan="2">Gruppenprotokoll</th><th colspan="2">Gedächtnisprotokoll</th></tr>
<tr><td colspan="2">• hält Arbeitsergebnisse fest
• dokumentiert Problemlösungen
• fixiert den Fortgang von Gruppenprozessen</td><td colspan="2">• dient als Erinnerungshilfe
• hält strittige Punkte fest
• braucht als persönliche Aufzeichnung keine bestimmte sprachliche Form</td></tr>
</table>

- abwesenden Personen eine nachvollziehbare und vollständige Information bieten.
- eine klare Gliederung aufweisen.
- eine Balance zwischen Ergebnis (was sind die wesentlichen Diskussionsergebnisse der Sitzung) und Verlauf (welche Argumente wurden diskutiert) halten.
- deutlich machen, falls mehrere Personen das Protokoll abfassen, wer ab wann was dokumentiert hat.
- am Ende mit Datum und Unterschrift versehen sein.

Gewöhnlich werden Protokolle zu Beginn der nachfolgenden Sitzung zur Abstimmung gestellt, um Ergänzungen zu ermöglichen. Anschließend wird das Protokoll rechtsgültig.

3.2.4.9 Projektarbeit

Projekte gibt es, seit Menschen größere Vorhaben gemeinschaftlich durchführen: Der Bau der Chinesischen Mauer, der Flug zum Mond oder die Einführung der Bachelor- und Masterstruktur auf europäischer Ebene sind Beispiele für herausfordernde Leistungen mit Projektcharakter. Doch geschah dies lange Zeit formlos, allein aufgrund der Erfahrungen, Kenntnisse oder Intuitionen der Verantwortlichen. Erst im 20. Jahrhundert wurden diese informellen Verfahren zusammengetragen, systematisiert und in eine wissenschaftlich aufbereitete Form gebracht, unter der heute Projektarbeit betrieben wird (vgl. Homberg und Obermaier 2011, S. 14). Die wissenschaftlich fundierte Form der Projektarbeit während des Studiums soll Ihnen den Erwerb wichtiger Kenntnisse und Fertigkeiten vermitteln, denn selbst eine Hausarbeit oder Ihr Studium kann als Projekt begriffen werden, das am besten glückend endet.

Mit dem Begriff Projekt (lat. proiacere = vorstrecken) wird umgangssprachlich ein besonderes Vorhaben bezeichnet, das Entwurfscharakter besitzt. Fachlich präziser ist ein Projekt (vgl. Boy et al. 2003, S. 20) durch folgende sieben Merkmale definiert:

1. Komplexes, neuartiges Vorhaben mit Risiko und einer gewissen Einmaligkeit (keine Routinetätigkeit; Sie studieren wahrscheinlich das erste Mal)
2. Eindeutige Aufgabenstellung, Verantwortung und überprüfbare Zielsetzung für ein Gesamtergebnis (klarer Studienverlauf mit zu erbringenden Leistungsnachweisen)

3. Verschiedenartige, untereinander verbundene, wechselseitig voneinander abhängige Teilaufgaben (Ihre Aufgaben als Person in Studium, Familie, Freizeit und ggf. Job, die koordiniert werden müssen)
4. Zeitliche Befristung (Regelstudienzeit)
5. Begrenzter Ressourceneinsatz (finanziell, zeitlich, personell)
6. Besondere, auf das Vorhaben abgestimmte Organisation (bei hoher Arbeitsbelastung im Studium werden andere Aktivitäten in den Hintergrund treten)
7. Nachhaltige Wirkung (der erfolgreiche Studienabschluss wird Ihr Leben nachhaltig verändern)

Die Projektarbeit ist eine fachlich wie sozial äußerst anspruchsvolle, aufgabenreiche und zeitintensive Arbeitsform, die hier nur skizziert werden kann.

Bei der hochschulischen Projektarbeit, wo Zeit ein sehr knappes Gut ist, findet das leider häufig zu vernehmende Motto *Der Weg ist das Ziel!* keine Beachtung. Vielmehr bestimmt das Ziel den Weg, und dieser ist in klare Teilstrecken gegliedert. Genauso wie eine große Bergtour in einzelne Etappen aufgeteilt wird, sollten Sie Projekte stets in Phasen unterteilen. Als erste Strukturierungshilfe, um die Komplexität einer Projektidee systematisch zu reduzieren und damit handhabbarer sowie überschaubarer zu machen, dienen folgende Grundprinzipien:

1. Strukturierung des Projekts in Phasen (=zeitliche Gliederung)
2. Problemlösungszyklus (=inhaltliche Erarbeitung einer Phase)
3. vom Groben zum Detail (=deduktives Vorgehen)

Der sog. Projektlebenszyklus, also die Laufzeit Ihres Projekts von Anfang bis zum Ende, ist in fünf Arbeitsphasen unterteilt, die Sie von Anfang an nach o.g. Kriterien bearbeiten sollten (vgl. Homberg und Obermaier 2011, S. 20):

1. Vorprojektphase
2. Planungsphase
3. Realisierungsphase(n)
4. Abschlussphase
5. Nachprojektphase

Abschließend sei an dieser Stelle nachdrücklich darauf verwiesen, dass Sie für einen erfolgreichen Abschluss Ihres wissenschaftlichen Projektes unbedingt das grundlegende Fachwissen im Projektmanagement benötigen, um der Fülle an Anforderungen, Risiken und Ansprüchen gerecht zu werden.

Also: Arbeiten Sie nicht härter, arbeiten Sie intelligenter!

3.2.4.10 Wissenschaftliches Poster

Sicherlich haben Sie sie schon gesehen, aufgehängt in fensterlosen Fluren, meistens in vermeintlich seriös wirkenden blau-grauen Tönen gehaltene und in einen minimalistischen DIN-A0-Kunststoffrahmen eingesperrte Balkendiagramme, Formeln, Zahlenreihen und Schwurbelsätze in einer viel zu kleinen Schrift, die einen sofortigen Schwindel erzeugt, sollten Sie tatsächlich noch motiviert sein zu versuchen, die kryptischen Inhalte dieses wissenschaftlichen Monstrums zu dechiffrieren. Richtig. Die Rede ist vom wissenschaftlichen Poster. Und zwar von einem Poster, wie es nicht gestaltet sein soll, leider aber oft die Flure der Hochschulen aufhübscht. Sollten Sie nun im Rahmen Ihres Studiums die spannende und kreative Aufgabe erhalten, ein Poster zu entwickeln, dann machen Sie als Warm-up zuerst einen Spaziergang durch die oben beschriebenen Flure und sammeln Impressionen, hoffentlich auch Inspirationen.

Ein wissenschaftliches Poster ist ein Plakat im Format DIN A0. Ein wissenschaftliches Poster ist keine Sammlung von

PowerPoint-Folien, auch kein vergrößerter Précis, kein reines Textmedium und auch kein schrilles Werbeplakat. Ein wissenschaftliches Poster ist vielmehr ein optisches Medium, mit dem wissenschaftliche Inhalte so visualisiert werden, dass die Betrachterin eine geschlossene Information erhält, es ist in diesem Sinne selbsterklärend. Ein wissenschaftliches Poster ist aber auch immer ein Gesprächsanlass, sofern Ihr Poster dazu anregt und einlädt.

Zudem stellt das Poster „eine attraktive und effiziente Möglichkeit der Ergebnispräsentation und zugleich eine wirksame Form der Prozessunterstützung im Dienste des selbstgesteuerten Lernens an Universität und Hochschule dar" (Pauli und Buff 2005, S. 371). Die größte Herausforderung in der Postergestaltung liegt für Sie im Zwang zur Reduktion. Der auf dem Poster sehr beschränkt verfügbare Raum nötigt Sie zu einer starken Beschränkung der Darstellung auf die wichtigsten Inhalte. Damit Sie aber entscheiden können, was wirklich zentral ist und was zur Reduzierung des ‚poster noice' weggelassen werden kann, und um das wirklich Wichtige möglichst kurz und verständlich darzustellen, ist eine tiefgehende und gründliche Verarbeitung der Inhalte notwendig. Eine weitere Herausforderung bei der Posterpräsentation liegt darin, dass Sie in der Lage sein müssen, auf Fragen der Betrachter im Gespräch kompetent und spontan zu antworten. Auch dieser Aspekt wird Sie zu einer gründlichen und tiefen Verarbeitung des Wissens motivieren. Anders als bei einem Referat kann die Präsentation nicht ausschließlich von Ihnen selber gesteuert werden, sondern eine Posterpräsentation ist (hoffentlich immer) eine interaktive, lebendige Veranstaltung, in der Sie aktiv in die Diskussion gehen (vgl. Pauli und Buff 2005, S. 374).

Neben der inhaltlichen Herausforderung ist natürlich der ästhetisch-technische Aspekt zu nennen. Vorab: Es gibt kein Patentrezept für das gute Poster. Vielmehr gibt es einige

Grundregeln bei der Gestaltung zu beachten und es gilt, guten Geschmack zu beweisen. Ihr Poster soll eine Botschaft vermitteln, das Thema fokussieren, etwa durch eine exponierte Kernaussage, die Aufmerksamkeit erregt, im Wortsinne ins Auge springt, zum Nähertreten animiert, neugierig macht und zur Diskussion anregt. Denken Sie auch daran, die Inhalte Ihres Posters in einer kurz gehaltenen, eingängigen ‚Take-Home-Message' zu bündeln. Zudem macht es Sinn, wenn Sie einen Flyer, eine Kurzzusammenfassung oder ein Handout zu Ihrem Poster entwerfen und verteilen. Vergessen Sie Ihre Kontaktdaten nicht.

Ihr Poster planen Sie im DIN-A4-Format, das Sie später auf DIN A0 vergrößern. Hauptüberschriften sollten im DIN-A4-Format 22–26 pt, Untertitel 11–13 pt und der Fließtext 6–8 pt groß sein. Formal sollten Sie folgende Minimalstandards beachten:

- Kurze, präzise und informative Sätze (must have oder nice to have?)
- Abkürzungen und Füllwörter vermeiden
- Aufzählungen sparsam einsetzen
- Schriftgröße: Überschriften und Hauptthesen sollten aus etwa drei Metern Abstand lesbar sein (80 bis 100 pt bei DIN A0), der übrige Text aus etwa einem Meter Entfernung (40 bis 50 pt bei DIN A0)
- Sans-Serife-Schriftarten, also Schriftarten ohne verschnörkelte Zierabschlüsse, sind besser lesbar (Arial, Helvetica, Tahoma)
- Wörter in Großbuchstaben sowie Kursivsetzungen vermeiden
- Dunkle Schrift auf hellem Untergrund ist besser lesbar als umgekehrt
- Auf dezente, harmonische und für Sehgeschädigte optimale Farbgebung achten (Inklusion!)
- Tabellen, Formeln und zu komplexe Abbildungen vermeiden

- Maximal die Hälfte des Posters für Text verwenden
- ‚Poster Noice', also störende und ablenkende Elemente vermeiden
- Angabe von Name, Studiengang, Semester und betreuendem Dozenten

Und schließlich ist noch die ökonomische Seite wichtig. Ein qualitativ wertiger Posterdruck im Copyshop liegt zwischen 40 und 60 Euro. Viele Hochschulen betreiben eine hausinterne Druckerei, in welcher Sie ggf. das Poster kostenfrei drucken lassen können. In der Regel aber haben diese Druckereien eine lange Vorlaufzeit, weshalb Sie sich schon frühzeitig über kostendämpfende Alternativen informieren sollten.

3.2.4.11 Bachelorarbeit

Die Bachelorarbeit oder Bachelor-Thesis markiert das letzte Modul Ihres Bachelorstudiums. Mit max. 20 Prozent Anteil an der Gesamtnote zeichnet sich die Bachelorarbeit – im Unterschied zu den bisherigen schriftlichen Arbeiten – durch ein höheres Anspruchsniveau aus. Mit einem je nach Prüfungsordnung variierenden Umfang von 30 bis 70 Seiten stellen Sie unter Beweis, dass Sie in einem Zeitraum von ca. drei (für Literaturarbeiten) bis sechs Monaten (für empirische Arbeiten) eine wissenschaftliche Fragestellung eigenständig und wissenschaftlichen Maßgaben entsprechend bearbeiten können. Für Ihre Bachelorarbeit benötigen Sie eine Betreuerin, die zusammen mit einem Zweitgutachter Ihre Arbeit bewertet.

3.2.4.12 Masterarbeit

Wie Voss (2014, S. 24) ausführt, handelt es sich bei der Masterarbeit um die komplexeste Arbeit innerhalb Ihres Studiums, die Ihnen ein hohes Maß an wissenschaftlicher Selbständigkeit und Originalität abverlangt. Im Rahmen Ihrer Masterarbeit sind Sie aufgefordert, ein wissenschaftliches Gebiet differenziert zu behandeln, den Problemhorizont nachhaltig zu durchdringen, diesen theoretisch zu fundieren und möglicherweise – vorzugsweise bei forschungsorientierten erziehungswissenschaftlichen Masterstudiengängen – mit einem entsprechenden Forschungsansatz zu untersuchen. Grundsätzlich berechtigt Sie der Masterabschluss zum Promotionsstudium, in dem Sie die Gelegenheit zum Erstellen einer Doktorarbeit bzw. Dissertation erhalten.

3.2.5 Zusammenfassung: Wissen ist Haben, Bildung ist Sein.

Im zurückliegenden Unterkapitel haben Sie zunächst die Primär- und die Sekundäranalyse als zwei Zugänge kennengelernt, um auf Wissen zuzugreifen und neues Wissen – in Form einer Literatur-, Theorie- oder empirischen Arbeit – auf wissenschaftlichem Niveau zu erzeugen. Dass Studieren nicht nur passives Rezipieren bedeutet, sondern ein hohes Maß an Eigenaktivität, Selbstverantwortung und Motivation erfordert, aber auch den entsprechenden Raum dafür benötigt, diese Aspekte verdichten sich insbesondere im Prinzip des Forschenden Lernens. In gleicher Weise ermöglichen Ihnen die verschiedenen Arten wissenschaftlicher Arbeiten, sich wissenschaftlichem Wissen auf mannigfaltige Weisen zu nähern, dieses aufzubereiten und letztlich auch zu präsentieren, sei es in Form einer Hausarbeit, einer Rezension oder eines wissenschaftlichen Posters.

All diese didaktisch begründeten und technisch-methodologisch hochentwickelten Formate dienen indes nicht nur dazu, Sie mit Techniken, Methoden und Verfahrensweisen auszustatten, um Wissen zu erschließen, anzuhäufen und zu besitzen. Wäre nur dies der Zweck, hätte der hochschulische Auftrag, der auch ein gesellschaftlicher ist, seine Bestimmung verfehlt: Nämlich eine ganzheitliche Bildung für alle Studierenden zu ermöglichen.

Bildung ist dabei wesentlich mehr als Wissen zu haben, zu besitzen. Bildung ist vielmehr ein prozessualer Seinszustand, der sich durch Wissen anreichern lässt, aber nicht muss – dann ist die Rede von trägem Wissen, da wir es uns nicht einverleiben bzw. inkorporieren. Bildung in einem lebensnahen, sozialökologischen Sinne dagegen meint den eigenaktiven, verantwortungsvollen und nicht immer freudvollen Prozess, durch den Sie ein erweitertes, differenzierteres und verlässlicheres Wissen über sich selbst und Ihre Umwelt erwerben. In diesem Prozess, der vor allem durch ein erziehungswissenschaftliches Studium angeregt werden soll, werden Sie zu Aktivitäten und Tätigkeiten motiviert und befähigt, die es Ihnen ermöglichen, die Eigenschaften Ihrer Umwelt auf wissenschaftlichem Niveau zu erkennen, zu erhalten oder auf nach Form und Inhalt ähnlich komplexen oder komplexerem Niveau umzubilden (vgl. Obermaier 2015, S. 36). Ein derartiges Verständnis von Bildung besitzt ein ganz großes Potential dafür, dass sich das von Wilhelm von Humboldt (1809) eingeforderte Grundverständnis von Bildung in den aktuellen hochschuldidaktischen Rahmenbedingungen realisiert: Die Entscheidung darüber liegt bei Ihnen.

3.3 Prüfungsvorbereitung

Neben dem oben beschriebenen Ziel der Bildung durch Wissenschaft streben Sie sicherlich auch an, dass das von Ihnen verarbeitete Wissen schließlich auch zertifiziert wird – und dazu sind Prüfungen nötig. Der hochschulische Alltag zeigt, dass gerade dieser Bereich stark mit Unsicherheiten und Ängsten belegt ist, die häufig zu einer lähmenden Prüfungsangst führen. Das Thema Prüfung indes, wie dies Dany et al. (2008, S. 5) aufzeigen, ist ein besonders wenig erforschtes und insgesamt nur stiefmütterlich behandeltes Thema der Hochschuldidaktik. Dies mag erstaunen, weil Prüfung als Härtetest angesehen werden kann, bei dem die Leistungen der einzelnen Studierenden wie auch des Systems der Hochschulbildung zum Vorschein gebracht werden. Dabei ist im Grundsatz seit den frühen Analysen der 1970er Jahre bekannt, dass über Prüfung gesellschaftliche Chancen verteilt, Übergänge innerhalb des Bildungssystems und zwischen Bildungs- und Beschäftigungssystem gesteuert werden, wissenschaftliches Wissen formatiert und kodifiziert wird. In Bildungs- und Studienbiographien markieren Prüfungen Wendepunkte und Krisen.

Um damit geschickt umzugehen, sollen Ihnen im Folgenden einige Hinweise rund um das zentrale und zumeist mit negativen Emotionen besetzte Thema *Prüfung* einen unaufgeregten Zugang ermöglichen. Dazu wird zunächst besprochen, welche grundlegenden Aspekte Sie bei der strukturellen und organisatorischen Prüfungsvorbereitung beachten sollten, damit Sie eine möglichst überschaubare Situation für Ihre mündlichen und schriftlichen Prüfungen schaffen. Danach erhalten Sie Hinweise, wie Sie Ihre Lernmotivation einerseits und Ihren ‚Denkmuskel' andererseits auf einem hohen Niveau sowie Ihre Prüfungsangst im Zaum halten können. Tipps für mündliche und schriftliche Prüfungen, zwei Beispielgutachten sowie Hinweise zur Benotung und den Leistungspunkten sollen auch diesen sensiblen Bereich transparent und handhabbar machen.

3.3.1 Prüfungsvorbereitung

Hochschulen fokussieren ihre Aktivitäten hauptsächlich auf Inhalte. Die Vermittlung von Techniken, Strategien und Methoden für ein prüfungsbezogenes Lernen ist, wenn überhaupt, eine marginale Nebenbaustelle und deshalb für Sie eine zentrale Baustelle. Prüfungen werden Sie Ihr ganzes Studium über begleiten, einerseits in Form schriftlicher und mündlicher und andererseits in Form handlungsbezogener Prüfungen, so etwa durch Lehrproben. Ihr Prüfungserfolg ist in allen drei Prüfungsformen maßgeblich von vier zentralen Aspekten abhängig:

1. Dem Schwierigkeitsgrad der Aufgabe
2. Ihrer Kompetenz im jeweiligen Erkenntnisbereich
3. Ihrer Routine in Prüfungen
4. Ihrem Stress- und Angstniveau

Da Sie einen relativ geringen Einfluss auf die Schwierigkeit der Prüfungsaufgaben haben und Sie wohl erst gegen Ende Ihres Studiums eine gewisse Prüfungsroutine entwickelt haben werden, werden im Folgenden in Anlehnung an Stickel-Wolf und Wolf (2013, S. 315–366) förderliche Maßnahmen, Techniken und Methoden aufgeführt, die Ihre Prüfungsvorbereitung optimieren und das Stress- und Angstniveau reduzieren.

3.3.1.1 Überblick verschaffen

Ungeachtet davon, welche Prüfungen anstehen: Eine gründliche Planung ist unerlässlich, um unnötige Stresssituationen, unerträgliche Überlastungen und schlechte Zensuren zu vermeiden. Folgende zehn Schritte helfen Ihnen dabei:

1. Erstellen Sie zu Semesterbeginn eine Liste der Lehrveranstaltungen, in denen Sie eine Prüfung ablegen wollen.
2. Klären Sie das Niveau, den Anspruch und die Schwerpunkte der anstehenden Prüfungen. Gerne stehen Ihnen Dozenten, deren Assistenten sowie Kommilitoninnen oder die Fachschaft zur Seite. Natürlich ist es ein Unter-

schied, ob von Ihnen eine 25-seitige Hausarbeit gefordert wird oder eine Kurzrezension. Zudem betreiben Sie im persönlichen Kontakt ‚Gesichtspflege' und lernen so Ihre Prüfer kennen. Vermeiden Sie Anfragen per E-Mail oder Telefon.

3. Priorisieren Sie die anstehenden Prüfungen und erstellen Sie eine Reihenfolge.
4. Legen Sie den Zeitpunkt fest, an dem Sie mit der Prüfungsvorbereitung beginnen wollen und schaffen Sie frühzeitig förderliche Umstände, etwa durch Reduzierung der Jobbelastung oder Organisation einer Kinderbetreuung.
5. Teilen Sie Ihre prüfungsvorbereitenden Aktivitäten in lang-, mittel- und kurzfristige Ziele ein und terminieren Sie diese Ziele. So haben Sie stets im Blick, ob Sie noch im Plan sind.
6. Schaffen Sie Rituale, Rhythmen und Räume, d.h., Ihr prüfungsvorbereitendes Lernen sollte stets nach dem gleichen Muster und rhythmisch-zyklisch ablaufen, analog zu einem regelmäßigen Training, bei dem Sie Ihren Denkmuskel stählen.
7. Legen Sie sorgfältig Ihre persönliche tägliche Lernzeit fest, also wann und wie lange Sie lernen. Achten Sie dabei auf eine ausgewogene Study-life-balance, damit das Lernen nicht zur Qual wird, sondern anreichert.
8. Achten Sie auf regelmäßige Pausen, am besten nach Abschluss eines Arbeitsschrittes.
9. Klären Sie die Ansprechbarkeit Ihrer Prüfer, so wissen Sie bei spontan auftretenden Fragen, wie Sie in einer sozial erwünschten Weise eine schnelle Klärung erzielen.
10. Schließen Sie die Prüfungsvorbereitung spätestens am Vortag der Prüfung ab. Nutzen Sie die Stunden vor der Prüfung keinesfalls zur Wiederholung der Inhalte, sondern ausschließlich zur Entspannung.

3.3.1.2 Motivation erhöhen

Wie an anderer Stellen bereits ausgeführt, müssen Sie grundsätzlich von Ihrem Vorhaben überzeugt sein, Sie müssen es wollen, nur dann stellt sich intrinsische Motivation ein, Voraussetzung, dass Sie Ihr Können auf- und ausbauen. Nachfolgende Maßnahmen fördern Ihre Motivation:

1. Wie aus der Gesundheitsforschung bekannt ist (vgl. Antonovsky und Franke 1997), steigt die Selbstwirksamkeit enorm, wenn Sie die Prüfungsvorbereitung als sinnhaft, verstehbar und handhabbar erleben. Teilen Sie deshalb den Lernstoff in klare Pakete, die Sie gut bewältigen können.
2. Legen Sie fest, welches Lernpaket Sie an welchem Tag bearbeiten wollen.
3. Verstärken Sie sich selbst, indem Sie Ihre Lernaktivitäten in kurzen Abständen kontrollieren.
4. Konditionieren Sie sich, indem Sie sich für erbrachte Leistungen belohnen.
5. Seien Sie gütig mit sich selbst und arbeiten Sie vorwiegend mit positiven Verstärkern und weniger mit Sanktionen. Belohnen Sie sich bei Erfolg und orientieren Sie sich bei einer Verfehlung an Ihren Erfolgen.
6. Reflektieren Sie die Ursachen von eventuellem Ausweichverhalten und machen Sie sich die Inhalte des Ausweichverhaltens klar. Vielleicht können Sie die ausweichenden Aktivitäten dann als positive Verstärker bei erreichtem Lernerfolg einsetzen.
7. Lernen Sie in Gruppen. Achten Sie jedoch auf die Auswahl der Gruppenmitglieder, auf deren Stress- und Angstniveau.

3.3.1.3 Gedächtnis trainieren

Gewiss, Ihr Prüfungserfolg ist nicht nur eine Frage der Motivation und des Wollens, sondern auch eine Frage des Könnens.

Damit Sie eine effektive und somit auch zufriedenstellende Lernstrategie entwickeln können, brauchen Sie entsprechende Methoden und Techniken. Deshalb sind Sie gut beraten, sich frühzeitig und intensiv mit Ihrem Lerntyp zu beschäftigen und zahlreiche Lerntechniken auszuprobieren. Die Literatur zu den Schlagwörtern Merkfähigkeit, Mnemotechniken, Gehirntraining, Brainjogging usf. ist üppig, weshalb an dieser Stelle ganz konkret auf das von Heinz Mandel und Helmut Friedrich 2006 herausgegebene Handbuch Lernstrategien verwiesen wird. Die bibliografischen Angaben finden Sie im Literaturverzeichnis.

3.3.1.4 Stress- und Angstniveau reduzieren

Gerade Prüfungen, bei denen Ihr Gestaltungsspielraum relativ gering und der Unsicherheitsfaktor hoch sind, haben schon im Vorfeld eine besonders unangenehme Aura. Dass hier die Anspannungs- und Stressqualitäten besonders hoch anzusiedeln sind, dies ist normal und dürfte bei Beachtung der bisher vorgestellten Maßnahmen zur Prüfungsvorbereitung auf ein erträgliches Niveau zu bringen sein. Diese durch anstehende Prüfungen ausgelösten Zustände des Unwohlseins, vielleicht auch der Angst, zeigen sich in vielerlei Gestalt, etwa in Konzentrationsstörungen, psychosomatischen Beschwerden, sozialen Auffälligkeiten oder in allergischen Reaktionen. Ihr Ziel muss es sein, diese Zustände des Unwohlseins zu registrieren, zu reflektieren und so in den Griff zu bekommen, dass bei Ihnen keine Prüfungsangst entstehen kann. Und dies sollten Sie keinesfalls auf die leichte Schulter nehmen, denn Pekrun und Götz (2006, S. 248) zeigen in Ihren Studien auf, „dass leistungsbezogene Angst die von Studierenden am häufigsten berichtete Emotion ist."

Bei Prüfungsangst handelt es sich um Angst, die sich auf Prüfungen bezieht und somit auf Situationen einer zielgerichteten Überprüfung und Bewertung Ihrer Leistungen. Prüfungsangst hat negative Folgen für Lernprozesse, Prüfungsleistung, Persönlichkeitsentwicklung und Gesundheit. Die Angst vor Prüfungen und Bewertungen kann vor, während und auch nach einer Prüfung erlebt werden und umfasst vor allem folgende vier Emotionskomponenten (vgl. ebd.):

1. Affektive Komponente: unlustvolles, nervöses Gefühl der affektiven Erregung, das physiologische Auswirkungen hat, so etwa auf den Magen-Darm-Trakt.
2. Kognitive Komponente: Sorgen um einen drohenden Misserfolg und seine möglichen Folgen in verschiedensten Hinsichten wie soziale Bedeutungslosigkeit, ökonomische Verarmung oder irreparable psychische Beschädigung.
3. Physiologische Komponente: periphere physiologische Aktivierung mit Symptomen wie erhöhter Herzfrequenz, Schwitzen, Schlafstörungen, Übelkeit, etc.
4. Motivationale Komponente: Flucht- und Vermeidungstendenzen.

Wenn Sie diese Symptome auch bei sich selbst feststellen, dann sollten Sie umgehend aktiv werden und die angstauslösenden Momente und Aspekte eruieren. Sicherlich bietet die Studienberatung Angebote bei Prüfungsangst an. Daran anschließend sollten Sie geeignete Maßnahmen zur Reduzierung Ihrer Angst einleiten. Folgende Bewältigungswege können differenziert werden, wobei nur die ersten zwei Wege zielführend sind, also zum Bestehen der Prüfung führen:

1. Problemorientierte Bewältigung äußert sich in aktiven Maßnahmen zur Situationsänderung. Eine solch aktive Problembearbeitung umfasst den gezielten, intensiven Einsatz von metakognitiven (Lernstrategien), kognitiven (bewussten) und ressourcenorientierten Strategien des Lernens in Phasen der Prüfungsvorbereitung sowie während der Prüfung. Dazu zählen die ab Abschnitt 3.2.1.1 vorgestellten Maß-

nahmen, Methoden und Techniken. Zudem ist die aktive Hilfesuche bei Freunden, der Studienberatung oder Ärzten bewältigungsförderlich und führt zu einem Aufbau einer möglichkeitsorientierten Sichtweise, die nicht Gründe des Scheiterns, sondern Möglichkeiten des Erfolgs fokussiert.

2. Emotionsorientierte Bewältigung zielt auf eine direkte Veränderung der emotionalen Erlebensqualität und umfasst alle Verhaltensweisen, die auf eine Modifikation der Symptome und/oder der Bedingungen von Prüfungsangst ausgerichtet sind, ohne dass der Prüfungssituation ausgewichen wird. Beispiele sind (a) die Reduktion emotionaler Spannung durch ein Zulassen und Akzeptieren von Angst und der Möglichkeit eines Scheiterns. Der Aufbau dieses Muts zum Scheitern wird als ‚sekundäre Kontrolle' bezeichnet. Eine weitere Möglichkeit (b) besteht in der Erzeugung angstinkompatibler positiver Emotionen durch Humor, Musik oder emotionsbezogene soziale Unterstützung oder (c) darin, dass die Situation einfach uminterpretiert wird und so als weniger bedeutsam, kontrollierbar, normal etc. erlebt wird. Und schließlich (d) kann der Einsatz angstreduzierender Entspannung durch Entspannungstechniken, Medikamenten-, Alkohol-, Nikotin- oder Drogeneinnahme eine Reduzierung der Prüfungsangst bewirken, wobei allerdings bei einigen der nicht empfehlenswerten Strategien mit gesundheits- und leistungsreduzierenden Nebenwirkungen zu rechnen ist.
3. Die sog. meidensorientierte Bewältigungsform ist durch eine verhaltensmäßige oder mentale Flucht aus der Situation bzw. durch die Vermeidung der Konfrontation mit der Situation charakterisiert. Sicherlich können Sie durch intensive Ablenkung (z. B. intensiver Sport), Konzentration auf prüfungsirrelevante Inhalte (z. B. Wohnung komplett renovieren), durch chronisches Aufschieben (Prokrastination), überlange Pausen oder Fernbleiben Ihre Angst reduzieren,

eine konstruktive Lösung stellt die meidensorientierte Bewältigungsform keinesfalls dar (vgl. Pekrun und Götz 2006, S. 253; ähnlich Stickel-Wolf und Wolf 2013, S. 326).

Sie sehen, durch eine aktive Beschäftigung mit dem Thema Prüfung in struktureller, organisatorischer, inhaltlicher sowie psychologischer Hinsicht beugen Sie diesen Belastungen bereits vor und schaffen so eine positiv besetzte Lernatmosphäre, wesentliche Bedingung für ein optimales Prüfungsergebnis. Und schließlich müssen Sie wissen, dass Prüfer keine auf Prüfungsangst spezialisierten Therapeuten sind, weshalb sie in dieser Angelegenheit für Sie keinesfalls die richtigen Ansprechpartner sind, ganz im Gegenteil.

3.3.2 Prüfungen

Prüfungen sollen mehrere Funktionen erfüllen. Sie dokumentieren und bewerten im Sinne einer Selektionsdiagnostik Ihren Leistungsstand, geben Ihnen im Sinne einer Leistungsdiagnostik (hoffentlich verstehbare) Rückmeldung zu Ihren Fähigkeiten und Fertigkeiten und informieren Dritte – insbesondere Arbeitgeber und andere Hochschulen – über Ihre Leistungsfähigkeit und ökonomische Verwertbarkeit (vgl. Hochschulrektorenkonferenz 2012, S. 7).

Somit werden Sie während Ihres erziehungswissenschaftlichen Studiums zahlreiche Prüfungen absolvieren: mündliche Prüfungen etwa in Form von Referaten, Posterpräsentationen, ‚klassische' mündliche Prüfungen sowie schriftliche Prüfungen in Form von Klausuren oder schriftliche wissenschaftliche Hausarbeiten, worunter Sie alle Arbeiten subsummieren können, die nicht unter einer kontrollierten Prüfungssituation anzufertigen sind. Zudem werden in manchen Studiengängen auch handlungsorientierte Prüfungen etwa in Form von Lehrproben oder Praxisvisitationen abgenommen, die im Weiteren jedoch nicht vertieft werden.

Mündliche und schriftliche Prüfungen benötigen das bereits dargestellte strukturelle, organisatorische und inhaltliche Management, fordern Sie jedoch in unterschiedlichen Bereichen heraus: Während Sie in schriftlichen Prüfungen Raum und Zeit haben, Ihre Argumentation allmählich und reiflich überlegt zu entfalten und so zu der (selbstgewählten) Prüfungsfrage fundierte Antwortmöglichkeiten anzubieten, müssen Sie in einer mündlichen Prüfung ad hoc, also unmittelbar, reagieren. Ganz im Sinne von Stickel-Wolf und Wolf (2013, S. 329; H. i. O.) wird Ihnen an dieser Stelle uneingeschränkt empfohlen, „dass Sie während der Prüfungsvorbereitung jeweils vorrangig jene Informationskanäle nutzen sollten, die Sie auch in der Prüfung selbst zu wählen haben. Dies bedeutet, dass Sie im Vorfeld der schriftlichen Prüfung vorwiegend schreibend und bei der mündlichen Prüfung vorwiegend sprechend (durch *lautes* Sprechen) lernen sollten."

3.3.2.1 Mündliche Prüfungen

Mündliche Prüfungen umfassen ein weites Spektrum, das von der charakteristischen mündlichen Einzelprüfung über Referate oder mündliche Posterpräsentationen bis hin zu Gruppenprüfungen reicht. Insofern werden im Folgenden nur wesentliche Aspekte rund um mündliche Prüfungen angesprochen, die für alle mündlichen Prüfungsformen gelten, zur spezifischen Vertiefung sei an dieser Stelle auf das Buch von Nina Meister (2015) verwiesen, die bibliografischen Angaben finden Sie im Literaturverzeichnis. Bevor jedoch auf Tipps und Hinweise für Ihre mündliche Prüfung eingegangen wird, wollen wir die Perspektive wechseln und mündliche Prüfungen aus der Perspektive der Prüfer betrachten.

Für Prüferinnen bedeuten mündlichen Prüfungen zunächst eines: enorm viel Zeitaufwand. Die Dauer der Prüfung ist durch die Prüfungsordnung festgelegt, so dass hier keine Abkürzungen möglich sind, das obligatorisch zu führende und zu unterschreibende Protokoll, welches dem Prüfungsamt als amtliches Dokument eingereicht werden muss, stellt dies sicher. Insofern wünschen sich Prüfer zuvorderst eines: eine mit angenehmen Menschen und interessanten Themen verbrachte Zeit. Häufig werden sog. Prüfungsphasen organisiert, also Zeiträume von ein bis drei Wochen Dauer, in denen täglich bis zu zehn Einzelprüfungen abgenommen werden. Für Prüfer ist dies ein grenzwertiger Marathon, was zu wissen für Sie wichtig ist. Besonders in erziehungswissenschaftlichen Studiengängen ist neben der fachlichen Kompetenz stets auch die Fähigkeit, einen angenehmen zwischenmenschlichen ‚pädagogischen Bezug' herzustellen, ein teils gewichtiger Bewertungsstandard. Ihre Note erhalten Sie in der Regel sofort nach einer mündlichen Prüfung, nachdem der oder die Prüfer und ggf. der Protokollant sich ausgetauscht haben. Gerade in Abschlusskolloquien fallen in den nachfolgenden Bewertungsgesprächen nicht selten Entscheidungen nach dem Strickmuster „Promovieren sehe ich den Kandidaten nicht, das Zeug zu einem guten Pädagogen hat er allemal, weshalb ich für eine 1,7 plädiere", obwohl die Leistung eher im befriedigenden Bereich anzusiedeln wäre.

Aber nicht nur das Prüfungsgespräch selbst kostet den Prüfer Zeit, schon die organisatorische Vorbereitung ist ziemlich aufwändig, besonders für Prüferinnen ohne Personal und Sekretär. Vorgespräche mit Ihnen, endgültige Klärung des Themas und der Literatur, Dokumentation des gesamten Vorgangs und Akquise von Protokollanten und ggf. Zweitprüfern, Organisation der Unterlagen und die eigene thematische Vorbereitung nehmen sicherlich nochmals das Doppelte bis Dreifache der eigentlichen Prüfungszeit in Anspruch. Sie ahnen es schon, mündliche Prüfungen sind super aufwändig, anstrengend und zeitintensiv und werden deshalb nur von einer absoluten Minderheit des prüfungsberechtigten Personals an Hochschulen als wünschenswerte Abwechslung zum Hochschulalltag begrüßt. Gerne begrüßt werden demgemäß Studierende, die durch ihre Prüfungskompetenz, durch ihre gute Vorbereitung in inhaltlicher, formaler und persönlicher Hinsicht sowie durch ihre Schlagfertigkeit bei der gängigen Dropout-Frage „Weshalb wollen Sie sich gerade von mir prüfen lassen?" überzeugen. Insofern sollten Sie folgende Hinweise beachten, damit Ihre Prüferwahl eine glückende und zufriedenstellende sein wird:

- Belegen Sie Seminare und Veranstaltungen bei Ihren potentiellen Prüfern, um die Möglichkeit des gegenseitigen Kennenlernens zu haben. Vor allem die Chemie muss stimmen.
- Informieren Sie sich in einem von Ihnen vorstrukturierten Gespräch über die Prüfungsmodalitäten. Zu klären sind Inhalt, Literatur, Verlauf, anwesende Personen, Art der Präsentation und Bewertungskriterien. Häufig bieten Prüfer an, dass ein gemeinsam besprochener Gesprächsleitfaden als verbindlicher Verlauf möglich ist. Fragen Sie unbedingt danach – das Gespräch wird für Sie und Ihren Prüfern wesentlich planbarer. Reichen Sie diesen als Ausdruck in dreifacher Version (1 × für den Prüfer, 1 × für die Zweitprüferin und 1 × für den Protokollanten) möglichst frühzeitig mit allen wichtigen Informationen zu Ihrer Person ein.
- Wählen Sie die Prüferin so früh wie möglich und entscheiden Sie klug, wen Sie wählen. In der Regel sind die Kapazitäten von ‚renommierten' Prüfern, die Ihnen zudem als wertvolle Reputation für Ihren weiteren Werdegang dienen, gering.
- Fragen Sie nach einem eventuell vom Prüfer angebotenen Prüfungskolloquium, in dem alle Detailfragen geklärt, Kon-

takte aufgebaut und Belastungen abgebaut werden. Die Teilnahme ist eigentlich obligatorisch.

- Beachten Sie die übliche Kleidungskultur in Ihrem Fachbereich. Besonders Abschlussprüfungen werden – von Prüferseite – als etwas Besonderes, als Initiationsritus in die Gilde der Pädagoginnen betrachtet, so dass passende Kleidung geboten ist.
- Seien Sie menschlich. Eine Nachfrage, wie es den Prüfern geht, lockert das Gespräch ebenso auf wie Ihr Statement, dass Sie sich sehr freuen, von Prof. Musterfrau geprüft zu werden und jetzt hoffen, Ihr Lampenfieber bald abzulegen, für die Nachsicht aber schon jetzt dankbar sind.
- Bedenken Sie, dass Prüfer anregende Momente mit Ihnen verleben wollen und keine Lust zum Verteilen schlechter Zensuren haben, zeigen Sie sich von Ihrer freundlichen Seite.
- Für Prüfer ist es sehr anstrengend, Themen ‚abzufischen', wo keine Fische sind. Wenn Sie also zu einem Themengebiet kein Wissen vorweisen können, ist dies eigentlich kein Problem, wenn Sie dies sofort artikulieren und sprachlosen Situationen entgegenwirken. Galant können Sie überleiten mit „Interessant, das ist nicht mein Spezialgebiet, fundiert aber kann ich mein Wissen präsentieren in folgenden Bereichen …, so dass ich mich freue, darüber mit Ihnen zu diskutieren."
- Wenn Sie eine Fragestellung nicht verstanden haben, haben Sie keine Scheu zu bitten, diese in einer anderen Formulierung nochmals zu stellen, schließlich ist dies ein Gespräch zwischen erwachsenen Personen.
- Wissenschaftlichkeit zeigt sich darin, eigene Standpunkte fundiert, also theoretisch rückgebunden zu vertreten. Insofern sollten Sie Ihre durchaus auf die erziehungswissenschaftliche Praxis zielenden Ausführungen theoretisch rückbinden und fundieren. Versuchen Sie nicht, dem Prüfer das Wort zu reden, sondern stellen Sie kritische Nach-

fragen, ggf. auf der Basis von Rezensionen seiner Publikationen.

3.3.2.2 Schriftliche Prüfungen

Genauso wie mündliche Prüfungen weisen auch schriftliche Prüfungen eine große Bandbreite auf, die im foucaultschen Sinne von ‚überwachten' Prüfungen in Form von Klausuren (Foucault 1994) über Protokolle bis hin zu ganz autonom von Ihnen anzufertigenden Haus- oder Abschlussarbeiten reichen (vgl. Abschnitt 3.2). Deshalb gilt für überwachte Prüfungen, also Klausuren (lat. claudere = (ab-, ver-)schließen), Folgendes:

- Klären Sie vorab alle wesentlichen Rahmenbedingungen.
- Lesen Sie die Prüfungsfragen gründlich, ggf. mehrfach durch.
- Legen Sie nicht sofort los, sondern entwerfen Sie eine Gliederung Ihrer Argumentation, die es auch Ihren Prüfern einfacher machen wird nachzuvollziehen, was Sie intendieren.
- Diskutieren Sie Ihre Argumente und vermeiden Sie spiegelstichartige Aufzählungen.
- Fundieren Sie Ihre Argumente durch den Rückbezug auf Wissenschaftlerinnen und belastbare Studien.

3.3.2.3 Noten und Leistungspunkte

Natürlich gibt es auch an Hochschulen Noten, jedoch sind sog. Leistungspunkte und Noten getrennt auszuweisen. Neben der Note auf der Grundlage der deutschen Notenskala von 1 bis 6 ist bei Ihrer Abschlussnote zusätzlich auch eine relative Note auszuweisen, die Sie im Verhältnis zu Ihren Kommilitoninnen der gleichen Absolventenkohorte einstuft. Somit wird ersichtlich, dass Ihre Abschlussnote beispielsweise zu den besten 10 Prozent zu rechnen ist. Da dieses EU-weit Transparenz schaffende System ‚im Fluss' ist, wird an dieser Stelle auf die entsprechend des ECTS Users' Guide jeweils gültige Fassung verwiesen, die Sie im Internet schnell finden. Die ECTS-Note ist als Ergänzung der deutschen Note für Studienabschlüsse obligatorisch und wird auf Ihrer Abschlussurkunde stehen. Für einzelne Module kann sie – soweit dies möglich und ein entsprechender Bedarf gegeben ist (z. B. bei Wechsel in eine ausländische Hochschule) – auch fakultativ von den Hochschulen ausgewiesen werden (vgl. Beschluss der Kultusministerkonferenz, vom 04.02.2010, S. 3 des Anhangs). Hierzu werden Sie in der Studienberatung oder bei den Prüfungsämtern beraten.

Doch auch das Notensystem ist ‚im Fluss' und verändert seine Wertigkeit. Noch im Jahre 2015 beschreiben Moennighoff und Meyer-Krentler (2015, S. 128) die Wertigkeit der Noten folgendermaßen:

1 = sehr gut (hervorragende Leistung)

2 = gut (erheblich über den durchschnittlichen Anforderungen liegende Leistung)

3 = befriedigend (den durchschnittlichen Anforderungen entsprechende Leistung)

4 = ausreichend (trotz ihren Mängeln den Anforderungen noch genügende Leistung)

5 = mangelhaft (wegen erheblicher Mängel den Anforderungen nicht genügende Leistung)

6 = ungenügend (völlig unbrauchbare Leistung)

Obschon im akademischen Betrieb nur Leistungen benotet werden, die über 4,3 liegen, zeigt eine repräsentative Studie

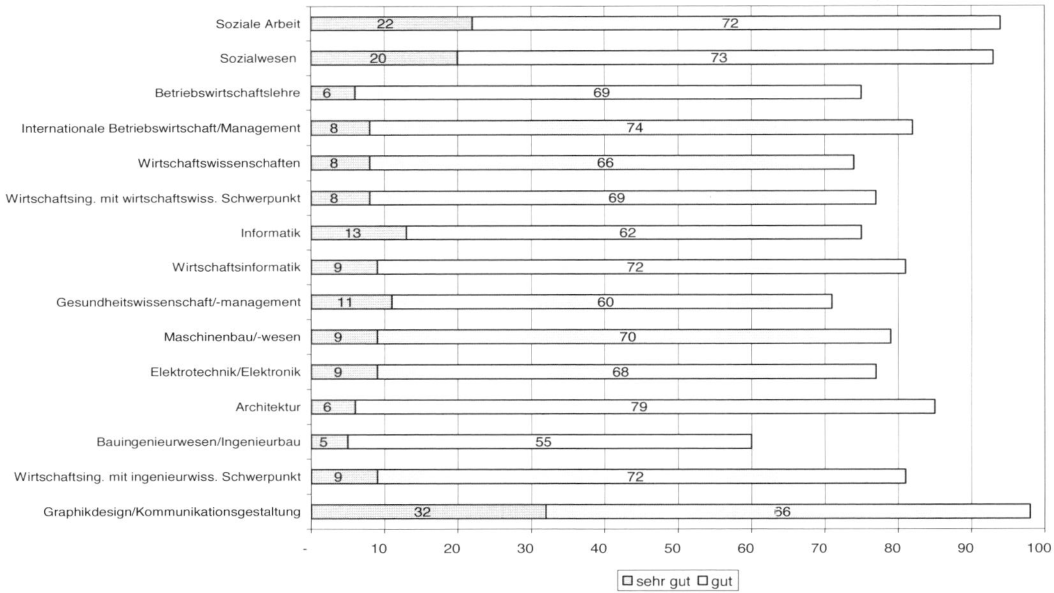

Abbildung 6: Anteil der Noten „sehr gut" und „gut" in ausgewählten Bachelorstudiengängen
Quelle: Hochschulrektorenkonferenz 2012, S. 55

der Hochschulrektorenkonferenz, dass das Notensystem einer Inflation unterworfen ist, wovon besonders Absolventinnen der Erziehungswissenschaft betroffen sind: 96 Prozent von ihnen haben die Note 1 oder 2 auf Ihrem Abschlusszeugnis stehen, weisen also zu 24 Prozent eine hervorragende und zu 72 Prozent eine erheblich über den durchschnittlichen Anforderungen liegende Leistung aus. Hier wäre zu fragen, ob die Note 3 nun die neue Note 5 ist.

3.3.2.4 Beurteilungskriterien

Die Benotung von schriftlichen Arbeiten wird vor allem bei einer weniger guten Zensur, die ja mittlerweile in erziehungswissenschaftlichen Studiengängen ab der Note 2,3 anzusiedeln ist, als intransparent und ungerecht erlebt. Diese Intransparenz dürfen Sie jedoch nicht unreflektiert Ihren Dozenten unterstellen, vielmehr ist zu beobachten, dass Studierende kaum Kenntnis der Qualitätskriterien und Bewertungsstandards für schriftliche Arbeiten haben. Beugen Sie deshalb vermeidbaren Überraschungen vor und erkundigen Sie sich vor der Bearbeitung einer schriftlichen wissenschaftlichen Arbeit, welche Bewertungskriterien zugrunde gelegt, welche Formalia und lehrstuhlspezifischen Vorgaben gemacht werden.

Zudem verwenden viele Dozenten Bewertungsraster, welche Sie als Grundlage für die Bewertung, aber auch als Reflexionsinstrument für ein etwaiges Feedbackgespräch mit ihren Studierenden nutzen. Das unten aufgeführte Bewertungsraster ist in vier Qualitätsbereiche unterteilt (1. Aufbau, Struktur, Vorgehensweise; 2. Inhalt; 3. Formalia; 4. Sprache, Text, Stil), die durch zahlreiche Indikatoren differenziert werden und Ihnen eine Vorstellung über den Erwartungshorizont bieten.

Tabelle 6: Bewertungskriterien für schriftliche Hausarbeiten
Quelle: Eigene Darstellung

	Trifft voll und ganz zu	Trifft eher zu	Trifft teils, teils zu	Trifft eher nicht zu	Trifft gar nicht zu
1. Aufbau, Struktur, Vorgehensweise					
Der Titel umreißt den Inhalt der Arbeit (Schlüsselwörter).	☐	☐	☐	☐	☐
Die Arbeit ist nach inhaltlichen oder formalen Gesichtspunkten sinnvoll geordnet.	☐	☐	☐	☐	☐
Die Arbeit ist gegliedert in Einleitung, Hauptteil und Schlussteil.	☐	☐	☐	☐	☐
Die inhaltliche Konsistenz wird durch Überleitungen zwischen den einzelnen Kapiteln hergestellt.	☐	☐	☐	☐	☐
Umfang und Inhalt der Arbeit stehen zueinander in angemessenem Verhältnis.	☐	☐	☐	☐	☐
Der Arbeit liegt eine systematische Literaturrecherche/-arbeit zu Grunde.	☐	☐	☐	☐	☐
Die Darstellung des methodischen Vorgehens ist transparent und nachvollziehbar.	☐	☐	☐	☐	☐
Die Argumentation erfolgt in methodisch nachvollziehbaren Schritten.	☐	☐	☐	☐	☐
Zentrale Begriffe werden definiert und alle Begriffe werden konsistent verwendet.	☐	☐	☐	☐	☐
Die Darstellung erfolgt aus einer unvoreingenommenen Perspektive.	☐	☐	☐	☐	☐
Sachverhalte werden nicht nur wiedergegeben, sondern kritisch verarbeitet.	☐	☐	☐	☐	☐

	Trifft voll und ganz zu	Trifft eher zu	Trifft teils, teils zu	Trifft eher nicht zu	Trifft gar nicht zu
2. Inhalt					
Die Fragestellung/das Problem/das Erkenntnisinteresse ist in der Einleitung hergeleitet, klar identifiziert und eindeutig formuliert.	☐	☐	☐	☐	☐
Das Thema ist in einen größeren Zusammenhang eingeordnet und von anderen Themen abgegrenzt.	☐	☐	☐	☐	☐
Die Relevanz des Themas für den fachlich-wissenschaftlichen Diskurs oder die fachliche Praxis ist erläutert.	☐	☐	☐	☐	☐
Der aktuelle Stand der Wissenschaft ist aufgearbeitet.	☐	☐	☐	☐	☐
Sofern ein Bezug zu Theorien, Ergebnissen und Interpretationen anderer Studien hergestellt wird, sind diese ausreichend beschrieben.	☐	☐	☐	☐	☐
Eigene Folgerungen (Perspektiven) sowie zukünftige Fragestellungen und Forschungsperspektiven werden aufgezeigt.	☐	☐	☐	☐	☐
Alle relevanten Ergebnisse sind vollständig dargestellt.	☐	☐	☐	☐	☐
Ergebnisse und Interpretationen/Diskussionen sind klar getrennt.	☐	☐	☐	☐	☐
Die Schlussfolgerungen bzw. die Relevanz der Ergebnisse sind erörtert.	☐	☐	☐	☐	☐

	Trifft voll und ganz zu	Trifft eher zu	Trifft teils, teils zu	Trifft eher nicht zu	Trifft gar nicht zu
3. Formalia					
Die Arbeit ist äußerlich ansprechend gestaltet (Schriftbild, Umbruch, Titelblatt, etc.).	☐	☐	☐	☐	☐
Das Inhaltsverzeichnis bietet Orientierung über den Aufbau der Arbeit und ist vollständig.	☐	☐	☐	☐	☐
Der Umfang der Arbeit entspricht den Vorgaben.	☐	☐	☐	☐	☐
Zitate im Text (wörtliche und sinngemäße) sind kenntlich gemacht und eindeutig referenziert.	☐	☐	☐	☐	☐
Das Literaturverzeichnis enthält alle im Text erwähnten Referenzen mit den korrekten bibliographischen Angaben.	☐	☐	☐	☐	☐
Die Literaturauswahl ist angemessen.	☐	☐	☐	☐	☐
Abbildungen und Tabellen sind beschriftet, selbsterklärend und erläutert.	☐	☐	☐	☐	☐
4. Sprache, Text, Stil					
Der Text ist in einer klaren, verständlichen Sprache abgefasst.	☐	☐	☐	☐	☐
Der Text ist stilistisch und formal sorgfältig ausgearbeitet (Grammatik, Orthografie, etc.).	☐	☐	☐	☐	☐
Die Darstellung der Ergebnisse ist verständlich.	☐	☐	☐	☐	☐

Bemerkung:

____

____

Note: ________________

3.3.2.5 Beispielgutachten Bachelorarbeit (Note 1,3)

Gutachten zur Bachelorarbeit mit dem Titel:

Resilienz und Salutogenese
Wege zur psychosozialen Gesundheit zwischen Chancen und Risiken

vorgelegt von Max Mustermann

Vor dem Hintergrund tiefgreifender gesellschaftlicher Wandlungsprozesse und individueller Umbruchs- und Verunsicherungserfahrungen widmet sich Herr Mustermann in seiner Bachelorarbeit unter Rückgriff auf Überlegungen v. a. von Aaron Antonovsky, Günther Opp, Michael Fingerle sowie Ulrich Beck, Heiner Keupp und Pierre Bourdieu der Frage nach den Perspektiven psychosozialer Gesundheit. Der Fokus der Arbeit liegt dabei „in der Aufschlüsselung der Faktoren einer psychosozial gesunden Entwicklung im Rahmen von Resilienz und Salutogenese und dem Aufzeigen von Modellen und Praktiken zur Umsetzung der Erkenntnisse aus beiden Forschungszweigen für pädagogisches Wirken" (S. 3).

Ausgehend (2) von der Klärung des Resilienzbegriffs, der Einbettung des Konzepts in einen übergreifenden Forschungskontext sowie der Differenzierung von protektiven Faktoren, welche u. a. bindungstheoretisch reflektiert werden, verbindet der Autor die Ausführungen (3) mit dem Konzept der Salutogenese, welches im Weiteren anhand tragender Determinanten theoretisch entfaltet wird. Die bisherigen theoretischen Ausführungen werden (4) sodann mit dem Phänomenbereich einer spätmodernen Risikogesellschaft verschränkt und mit Hilfe der Kapitaltheorie Pierre Bourdieus auf Chancen und Risiken einer gelingenden Identitätsgenese innerhalb dieses Sozialraums hin analysiert. Die bisher aus beiden Konzepten gewonnenen Erkenntnisse (5) werden nachfolgend in das pädagogische

Handlungsfeld überführt und anhand der pädagogischen Unterstützung von sog. Teilkarrieren konkretisiert, welche in einen humanökologischen Verständnishorizont gerückt werden. Eine Bündelung der Kernaussagen (6) rundet die Arbeit ab.

Insgesamt ist Herrn Mustermann im Sinne der Fragestellung und Zielsetzung eine sehr engagierte, kenntnisreiche, klar strukturierte und kritisch reflektierte Arbeit gelungen, die ein hohes Maß an Eigenleistung erkennen lässt. Positiv hervorzuheben ist insbesondere die hoch verdichtete, multidimensional ausgerichtete Argumentation, die jenseits einer reproduktiven Deskription die wesentlichen Bausteine der verschiedenen Theorien zu erfassen vermag sowie in einer kritisch-nüchternen Herangehensweise einem pädagogischen Machbarkeitswahn fundiert entgegensteht. Gleichwohl kleinere formelle Ungenauigkeiten, v. a. hinsichtlich der Zeichensetzung sowie einer manchmal präziser zu wünschenden Verwendung von Sekundärliteratur, berechtigte Monita darstellen, so können diese in Anbetracht der dialektischen Qualität, der Stringenz der Argumentation sowie der theoretischen Tiefe der Arbeit den sehr guten Eindruck nicht schmälern.

Sehr gut (1,3)

3.3.2.6 Beispielgutachten Bachelorarbeit (Note 3,7)

Gutachten zur Bachelorarbeit mit dem Titel:

Die Entwicklung des Selbst – Persönlichkeitsbildung im Kindesalter

vorgelegt von Frau Maria Mustermann

Die Entwicklung des Menschen zu einer mündigen, selbstständigen und verantwortlichen Persönlichkeit kann als das Zentrum pädagogischer Zielsetzungen und Kern entwicklungsförderlicher Bildungsarrangements betrachtet werden. Insbesondere im Kontext elementarpädagogischer Reflexionen und vor dem Hintergrund neuerer wissenschaftlicher Ergebnisse ist das entwicklungspsychologische Wissen für pädagogische Aufgabenstellungen unerlässlich.

Diesem Bereich lässt sich die vorliegende Arbeit zuordnen, insofern danach gefragt wird, „wann die phasenweise Entwicklung des Selbst bei den Kindern zu beobachten ist und ob es überhaupt ein allgemeingültiges Entwicklungsalter gibt" (S. 3) bzw. wie sich das Selbst bei Kindern entwickelt und ob es ab einem bestimmten Alter vollständig entwickelt vorhanden ist (S. 4). Die Beantwortung dieser Leitfragen soll durch die Analyse verschiedener Theorien über die Entwicklung des Selbst bzw. der kindlichen Persönlichkeitsentwicklung erfolgen.

Als Diskursgrundlage wählt die Autorin die theoretischen Konstrukte von Erik H. Erikson (1973; 1988), Daniel Stern (1992) und im Sinne einer empirischen Grundlegung die Experimentalergebnisse von Bertenthal und Fischer (1978), die nach einer kurzen Einführung in das Thema sowie in die Vorgehensweise der Arbeit in Kapitel 2 (S. 8-25) dargestellt werden. Kapitel 3 (S. 26-30) fasst die bisherigen Ergebnisse zusammen und projiziert diese auf die Forschungsfrage der Arbeit mit folgendem Fazit: „Erst die erfolgreich vollendete Entwicklung des eigenen Selbst ermöglicht, so die abschließende Erkenntnis dieser Arbeit, die Bildung der eigenen Persönlichkeit" (S. 29).

Ungeachtet der Strittigkeit obiger Erkenntnis hat Frau Mustermann im Sinne der Fragestellung und Zielsetzung eine nicht unproblematische Arbeit vorgelegt. Gleichwohl die Autorin ein für pädagogische Belange in Theorie und Praxis wichtiges und fruchtbares Thema gewählt hat und dieses anhand fundierter Theorien angegangen ist, so verbleiben die Ausführungen auf einem sehr oberflächlichen und allgemeinen Niveau, so dass die für die Argumentation tragenden Begriffe wie etwa Selbst, Selbstkonzept, Selbstbewusstsein, Persönlichkeit oder Identität weder klar differenziert noch weiterführend definiert werden. Bedauerlicherweise werden auch die eingestreuten Aussagen etwa von Freud oder Piaget in Kapitel 2 weder fundiert noch mit weiteren Quellen belegt. Darüber hinaus hätte man sich in Anbetracht der seither doch enorm fortgeschrittenen Ergebnislage zur frühkindlichen Entwicklung eine zeitgemäßere und dichtere Literaturauswahl sowie eine analytischere Auswertung dieser wünschen können.

Insofern verbleiben die Ausführungen der sprachlich und formal tadellosen Arbeit auf einem deskriptiven, redaktionellen Niveau, so dass es enorm an diskursiver Tiefe und (elementar)pädagogischer Reflexion mangelt, was den ansonsten noch befriedigenden Eindruck nachhaltig schmälert.

Ausreichend (3,7)

3.3.3 Zusammenfassung: E-Mail-Knigge – mit Stil klappt es besser.

Wissenschaftler zu sein bedeutete schon immer, gleichzeitig ein Sisyphos zu sein. Doch der Alltag des Sisyphos von heute ist nicht mehr durch das Wälzen von gedanklichen Felsbrocken oder von empirisch gewonnen Datenmengen bestimmt. Oh nein, der Sisyphos von heute beantwortet den lieben langen Tag E-Mails von Studierenden, die von Minute zu Minute nicht weniger werden. Und ganz der Sage entsprechend hilft auch dem Sisyphos von heute keine List, jede Mail wirkt wie ein Felsbrocken aus Marmor, den es unermüdlich den Berg wieder nach unten zieht. Die Antworten auf all die Fragen der Studierenden zu schreiben, fällt von Mail zu Mail schwerer, insbesondere dann, wenn folgende Schritte der Höflichkeit und die Regeln eines gelingenden Miteinanders nicht eingehalten werden.

Damit Sie es Ihren Dozenten und Professorinnen leichter machen und gleichzeitig einen positiven Kontakt aufbauen, bekommen Sie hier Tipps, die Ihnen die Welt der Wissenschaft ein Stück näher bringen können. Grundlegend gilt: Face-to-face vor inter-face. Nutzen Sie das persönliche Gespräch – vermeiden Sie E-Mails. Jede Professorin und jeder Professor hat Sprechzeiten zum Kennenlernen und zur Klärung Ihrer Fragen – diese sollten Sie nutzen, denn ‚Gesichtspflege' ist enorm hilfreich, vor allem für Sie als Studierende. Häufig aber wird dem klärenden, persönlichen Gespräch wegen der Zeitersparnis und dem geringen Aufwand die Mailanfrage vorgezogen. Klar, denn per E-Mail müssen Sie keine Sprechzeiten einhalten und keinen Termin vereinbaren, die Rechnung geht in der Regel jedoch zugunsten des persönlichen Gespräches auf, weil sich hier schneller etwas klären lässt, lassen sich Missverständnisse vermeiden und Beziehungen aufbauen, keine E-Mail dieser Welt ist dazu in der Lage. Wenn Sie nun eine E-Mail an Ihre Professorinnen und Dozenten schreiben wollen, mit der Sie positiv in Kontakt treten möchten, dann sollten Sie folgende zehn Knigge-Tipps beachten (vgl. Kutter 2012; Rheinische Post Online 2016).

1. Wahren Sie die Form

Auch eine E-Mail sollte eine Anrede und eine Grußformel haben. Vor allem in der Hochschule ist man mit der Anrede „Sehr geehrte Damen und Herren" bzw. bei konkreten Professorinnen und Professoren mit „Sehr geehrte Frau Professor Musterfrau" oder „Sehr geehrter Herr Professor Mustermann" gut aufgehoben. Titel gehören in der akademischen Welt zum Namen. Der Doktortitel übrigens ist ein Namensbestandteil, der auch im Ausweis steht. Die Anrede in der Rückantwort sowie die Grußformel des Professors entscheiden über die Form der weiteren Kommunikation. Absolute NoGos sind saloppe Anreden wie „Hi Prof. Musterfrau", „Hallo Mustermann", „Servus Frau Musterfrau" oder „Tachchen Mustermann". Ebenso sollten Sie als Grußformel „Mit freundlichen Grüßen Maria Musterstudentin" einem „Tschüss Maria" absolut den Vorzug geben.

2. Emailadresse=eigene Werbung
Mails mit juvenil anmutenden, aber suspekten Adressen wie magicmaria@xy.sp, funkyfred@techno.to oder dancing.diana @googlemail.ci haben gravierende Nachteile. Erstens landen sie zumeist automatisch im Spamfilter des Professors und werden nach einer gewissen Zeit ungelesen gelöscht – und Sie erhalten dann auf alle Fälle keine Antwort. Sollte Ihre Mail dennoch den Weg zum Professor schaffen, entspricht sie nicht dem gebotenen Gebaren und wird nicht mit hoher Priorität bearbeitet. Nutzen Sie in allen Studienangelegenheiten Ihre Hochschulmailadresse.

3. Aussagefähige Betreffzeilen
Gern unterschätzt – und doch wichtig: Der Betreff Ihrer Nachrichten ist das Erste, was Ihre Professorin nach Ihrer E-Mailadresse sieht und liest. Ist der Betreff nicht aussagekräftig, geht die Mail schnell in der ohnehin ständig überfüllten Mailbox unter. Niemals mit Smartphone die Betreffzeile als Textfeld nutzen und an den Professor mailen, der wird dann nur ein nicht dechiffrierbares Fragment erhalten. Nennen Sie am besten im Betreff klar Ihr Anliegen sowie die betreffende Veranstaltung mit Veranstaltungsnummer, wie etwa „Betreff: 6523 Musterseminar: Exposé Hausarbeit".

4. Rechtschreibfehler vermeiden
Auch eine E-Mail sollte sorgfältig gelesen und geschrieben werden und hinterlässt einen Eindruck von Ihnen. Deshalb sollten Sie sich die E-Mail vor dem Versenden noch einmal genau durchlesen, schließlich befinden Sie sich an einer Hochschule.

5. Auf die Form achten
Eine E-Mail etwa in Großbuchstaben zu schreiben, kommt gar nicht gut an. Das bedeutet nämlich, dass Sie schreien oder brüllen; ähnlich verhält es sich mit einer halben Zeile voller Ausrufe- oder Fragezeichen. Ebenso erzeugt eine Mail in Kleinschrift ohne jegliche Satzzeichen und mit vielen kryptischen Abkürzungen bei Ihren Dozenten Irritationen – vermeiden Sie also einen SMS-Stil.

6. An die Ewigkeit denken
Telefongespräche verfliegen im Äther, persönliche Begegnungen bleiben körpergebundene Erfahrungen. E-Mails dagegen können jahrelang auf der Festplatte gespeichert werden, sind quasi unsterblich. Also die Mail – auch wenn Sie mal richtig verärgert sind – am besten mit so viel Stil formulieren, dass man sie auch viele Jahre später nicht bereut.

7. Sich kurz fassen
Den Umfang von E-Mails sollten Sie so gut es geht begrenzen. Sie kennen das: In der Kürze liegt die Würze, alles andere wird schnell unübersichtlich und motiviert wenig, Ihre E-Mail bis zum Ende zu lesen.

8. Attachment-Format und Dateinamen beachten
Versenden Sie an Ihre Dozenten und Kommilitonen nur Attachments, wenn Sie sicher sind, dass sie beim Empfänger erwünscht und lesbar sind. In der Regel sind nur Textdateien als pdf oder Bilddateien als jpg sicher lesbar. Sichern Sie die Wiedererkennung, denn den Dateinamen doc1.doc wird Ihr Professor nicht einfach Ihrem Namen zuordnen können. Speichern Sie also beispielsweise Ihre Hausarbeit mit Nennung der Veranstaltungsnummer unter dem Dateinamen 6523Hausarbeit_Musterpädagogik_Maria_Musterfrau.pdf

9. Dauerkommunikation vermeiden
Sofern Sie Ihre Dozentinnen und Professoren nicht ausdrücklich ermuntern, „gerne können Sie mich per Mail anschreiben, wenn Sie eine Frage haben", dann sollten Sie sich aus genannten Gründen die Anfrage per E-Mail überlegen. Ist eine Anfrage dennoch notwendig und Ihre Frage auch nach der zweiten Antwort nicht geklärt, sollten Sie unbedingt einen persönlichen Gesprächstermin erbitten. Zudem muss nicht jede Antwort gleich wieder mit „Vielen Dank!!!!!" beantwortet werden, dies ist wieder eine zusätzliche und unnötige E-Mail.

10. Fragen vor Ort klären
Sollten Sie einmal keine Antwort erhalten, die schriftliche Antwort des Dozenten nicht nachvollziehen können oder eine Ihrer Meinung nach zu kurze Antwort erhalten haben, fragen Sie direkt vor Ort nach. Das ist möglich in der Sprechstunde, in Tutorien oder bei Mitarbeiterinnen. Tunlichst zu vermeiden ist, während der Sprechstunde anzurufen, weil Sie wissen, dass die Dozenten im Büro sind: Genau, dann aber im persönlichen Gespräch und ein Anruf stört.

Mit Sicherheit gibt es sie nicht: die dumme Frage. Es gibt aber leider die vielen Unnötigkeiten im E-Mailaustausch, weshalb Ihnen Ihre Professorinnen äußerst dankbar sein werden, wenn Sie aktiv zur Reduktion dieser lästigen Sisyphosarbeit beitragen.

Überleitendes Fazit: Es geht um Sie!

Nach der Lektüre dieses Kapitels ist Ihnen hoffentlich eines ganz klar: Im Studium geht es um Sie, um Ihre Selbständigkeit, um Ihre Motivation, um Ihre Verantwortung, um Ihre Bildung, um Sinn, den Sie Ihrem Studium geben sowie um spezifische Techniken der Organisation, des Lernens und der Psychohygiene. Neben diesen personalen, fachlichen und methodischen Voraussetzungen ist noch eine zweite, wesentliche Grundvoraussetzung zu nennen, die Sie mitbringen oder dann ganz schnell aufbauen sollten: nämlich Sitzfleisch. Denn Studieren heißt nicht nur während der sog. Kontaktzeit Veranstaltungen zu besuchen und Prüfungen zu bestehen. Vielmehr werden Sie im sog. Selbststudium ausgiebig Zeit mit Lesen von Fachliteratur verbringen, „ein Drittel bis die Hälfte Ihres Studiums" schätzt Rödiger Voss (2014, S. 99). In einem üblichen Bachelorstudium mit einem Umfang von 180 CP bzw. 4600 Stunden Zeitaufwand ergeben sich dann rein rechnerisch 2300 Stunden Lesezeit, was bei einem Pensum von sechs Stunden täglich immerhin volle 383 Lesetage ausmacht. Vor diesem Hintergrund lohnt es sich allemal, sich genauer mit ertragreichen Formen der Literaturrecherche, -bewertung und -verwaltung zu beschäftigen, was Ihnen das nachfolgende Kapitel ermöglicht.

4 Erziehungswissenschaftliche Literatur

Wie denken Sie, gehen Ihre Dozenten vor, wenn Sie Ihre schriftliche Arbeit zur Begutachtung einreichen? Sie werden sich zunächst die Gliederung anschauen, dann Ihr Literaturverzeichnis und dann haben sie eine relativ treffsichere Einschätzung über die wissenschaftliche Qualität Ihrer Arbeit. Denn das Literaturverzeichnis ist nicht nur eine sensible Referenz über das Ausmaß Ihrer Sorgfalt, sondern es ist das zentrale Fundament, auf dem Sie Ihre Argumentation aufbauen. Deshalb zählt zu den wichtigsten Künsten von Studierenden der Erziehungswissenschaft die Fertigkeit, „rasch, sicher und vollständig die prinzipiell existierende und konkret erreichbare Forschungsliteratur zu einem Problem oder Thema zu finden, daraus die tatsächlich für die eigene Fragestellung relevanten Titel und Argumente gezielt auszuwählen und die eigene Problembewältigung dazu ins Verhältnis zu setzen" (Moennighoff und Meyer-Krentler 2015, S. 67).

Zur Recherche und Bewertung von Literatur benötigen Sie ganz konkrete Arbeitstechniken und viel Übung. Um Ihnen einen schnellen und praxisorientierten Einstieg in die Welt der wissenschaftlichen Literatur zu ermöglichen, informieren Sie die Unterkapitel 4.1 und 4.2 über alle wichtigen Grundlagen rund um das Thema Literaturtypen und Literaturbewertung. In 4.3 erfahren Sie die wichtigsten Recherchetechniken, mit denen Sie schnell an geeignete Quellen kommen. Doch Literatur muss auch sorgfältig verwaltet werden, was mittlerweile dank ausgereifter Computersoftware gut zu bewältigen ist, wie Ihnen dies in 4.4 erläutert wird.

4.1 Literaturquellen und Literaturtypen

Das dem römischen Philosophen Seneca zugeschriebene Sprichwort ‚Es gibt keinen günstigen Wind für den, der nicht weiß, wohin er segeln will' bewahrheitet sich besonders bei der Literaturrecherche in mehrfacher Hinsicht. Sicherlich mag es reizvoll und magisch sein, durch die Bibliothek zu streifen, um durch Zufall ein Thema zu entdecken, das Sie begeistert. Der effektivste Weg dürfte dies aber nicht sein. Vielmehr sollten Sie zumindest eine grobe thematische Vorstellung von Ihrem Thema haben, um die Suche nach geeigneter Literatur zu starten. Um Ihre Suche später zu erleichtern, legen Sie von Anfang an eine Liste mit Schlagwörtern zu Ihrem Thema an. Um Ihre Suche dann auch gezielt zu starten, ist es wichtig zu wissen, wohin Sie segeln wollen, also welchen Bedarf Sie haben werden und welche Quellen und Literaturtypen sich dafür anbieten.

4.1.1 Primär-, Sekundär- und Tertiärquellen

Grundsätzlich können Sie zwischen Primärquellen, Sekundärquellen und Tertiärquellen unterschieden. Wenn Sie sich beispielsweise für die Bildungsvorstellungen des renommierten Erziehungswissenschaftlers Wolfgang Klafki begeistern, können Sie Ihre Analyse direkt an seinen eigenen Werken, etwa in der bekannten Publikation mit dem Titel *Neue Studien zur Bildungstheorie und Didaktik. Zeitgemäße Allgemeinbildung und kritisch-konstruktive Didaktik* (vgl. Klafki 2007) vornehmen. Damit werten Sie eine Primärquelle aus, denn dort finden Sie die Gedanken und Argumente Klafkis uninterpretiert und unverfälscht im Original vor. Dieses Vorgehen ist stets auch zu empfehlen.

Zudem aber haben sich schon viele Wissenschaftler mit dem Werk Klafkis auseinandergesetzt, diese Bücher und Beiträge gelten dann als Sekundärquellen. Beispielsweise fragen Meyer und Meyer (2007) in Ihrem Buch mit dem Titel *Wolfgang Klafki: Eine Didaktik für das 21. Jahrhundert?* kritisch nach, inwieweit diese Vorstellungen noch Gültigkeit beanspruchen können. Hier finden Sie eine engagierte Auseinandersetzung mit Klafkis Vorstellungen vor, die jedoch bereits Deutungen, Interpretationen und damit evtl. auch Verzerrungen enthält. Insofern sind auch Sekundärquellen ein unverzichtbarer Fundus, um die Vielschichtigkeit und Polyphonie der wissenschaftlichen Auseinandersetzung wahrnehmen zu können. Ein Thema ausschließlich durch Sekundärquellen zu erschließen, ist hingegen nicht ratsam und wissenschaftlich sehr fragwürdig. Obschon Übersetzungen bereits als Sekundärliteratur einzustufen sind – die Originalwortwahl ist ja nicht mehr gewährleistet – wird es im erziehungswissenschaftlichen Studium in der Regel nicht erforderlich, dass Sie beispielsweise Janusz Korczaks bekanntes Werk *Wie man ein Kind lieben soll* im polnischen Original lesen.

Daneben werden etwa allgemeine Lexika, Nachschlagewerke oder Lehrbücher als Tertiärquellen bezeichnet, da sie weder Forschungsliteratur (Sekundärquellen) noch Primärquellen sind. Wenn Sie im Duden beispielsweise den Begriff Diversität nachschlagen, so kann dies für Sie ein durchaus informativer Einstieg in diesen pädagogisch zentralen Themenbereich sein, wissenschaftlich belastbar ist dies jedoch nicht. Daher wird Tertiärliteratur auch nicht zitiert, paraphrasiert und nicht ins Literaturverzeichnis Ihrer wissenschaftlichen Arbeit aufgenommen (vgl. Daase et al. 2010, S. 194f.).

4.1.2 Literaturtypen

Je nachdem, welche Information Sie suchen, werden Sie auf unterschiedlichen Typen von Literatur zurückgreifen, weshalb im Folgenden die wichtigsten vorgestellt werden (vgl. Abb. 7).

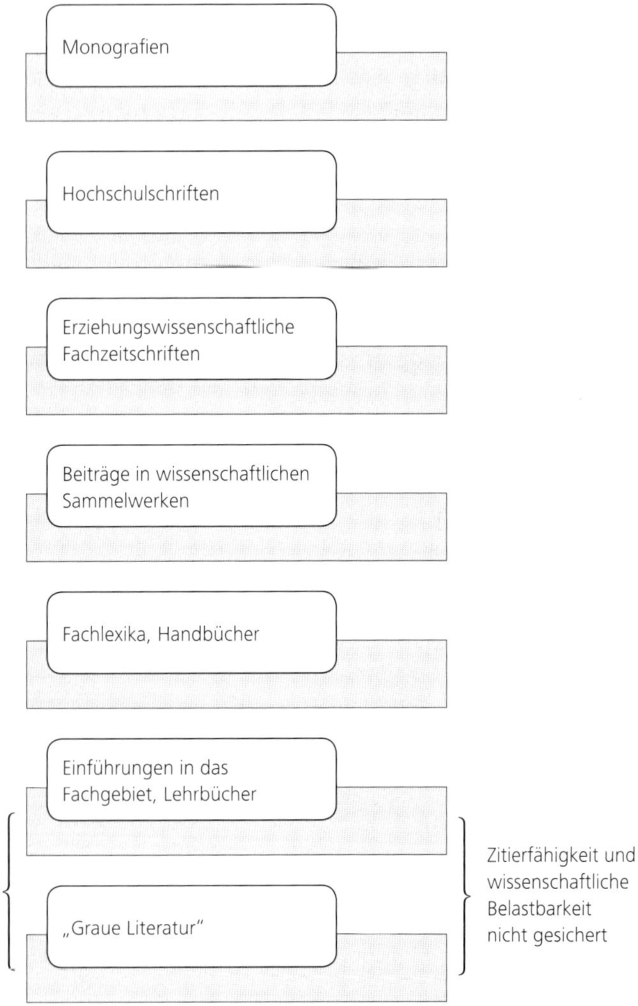

Abbildung 7: Literaturtypen
Quelle: Eigene Darstellung

4.1.2.1 Graue Literatur

Als „Graue Literatur" werden alle Veröffentlichungen genannt, die nicht über den offiziellen Buchmarkt vertrieben werden, z. B. Kongresspapiere, Broschüren, Tagungsberichte, Working Papers oder Institutsschriften. Besitzt eine Publikation keine ISBN (International Standard Book Number) oder ISSN (International Standard Serial Number), dann können Sie diese mit Sicherheit der „Grauen Literatur" zuordnen. Der Wert solcher informellen Schriften ist jedoch unterschiedlich zu beurteilen und kritisch zu betrachten, da keine offiziellen Prüfverfahren wie etwa das Peer-Review-Verfahren oder einschlägige Fachverlage wissenschaftliche Mindeststandards sichern.

4.1.2.2 Einführungen in das Fachgebiet und Lehrbücher

Gerade zu Beginn Ihres Studiums werden Ihnen Lehrbücher und Einführungen eine wertvolle Hilfe sein, um die teils sehr komplexen Themen innerhalb und außerhalb der Erziehungswissenschaft auf dem entsprechenden Niveau zu erfassen. Im Rahmen Ihrer wissenschaftlichen Arbeiten können Sie diese als informative Einstiegsliteratur (Tertiärliteratur) nutzen, keinesfalls jedoch als Grundlage für Ihre Argumentation, dafür sind Lehrbücher nicht geschrieben. Vielmehr geben Ihnen Lehrbücher einen breiten Überblick über das jeweilige Themenfeld, sind eher beschreibend als diskursiv angelegt und greifen in der Regel Argumente und Wissensinhalte auf, die nicht umstritten sind. Für Ihre wissenschaftliche Auseinandersetzung mit einem Thema sind aber gerade differenzierte, diskursive und hochaktuelle Schriften wichtig, so etwa Dissertationen oder Habilitationen.

4.1.2.3 Fachlexika und Handbücher

Im Unterschied zu Lehrbüchern und allgemeinen Nachschlagewerken sind Fachlexika und Handbücher eine gute Quelle für belastbare Informationen. In einschlägigen erziehungswissenschaftlichen Handbüchern und Fachlexika wie etwa dem sechsbändigen Handbuch der Erziehungswissenschaft (Mertens und Frost 2008) oder im dreibändigem Klinkhardt Lexikon Erziehungswissenschaft (Horn et al. 2012) sind in der Regel Beiträge hochkarätiger Autoren versammelt, die Ihnen gezielt zu bestimmten Teilthemen nicht nur einen fundierten Überblick verschaffen und begriffliche Definitionen liefern, sondern auch eine profunde Literaturquelle für Ihre weitere Recherche darstellen.

4.1.2.4 Beiträge in wissenschaftlichen Sammelwerken

Als Sammelwerke oder Sammelbände werden gedruckte Publikationen verstanden, die mehrere abgeschlossene Beiträge verschiedener Autorinnen umfassen. Typische Sammelwerke sind die bereits dargestellten Handbücher, Nachschlagewerke, Kongresspublikationen oder Festschriften. Die Beiträge in einem Sammelwerk zeichnen sich in der Regel durch eine thematische Nähe, eine relativ einheitliche Struktur und Gestaltung aus. Qualitativ hochwertige Herausgeberwerke beispielsweise zu Themen wie Resilienz, Inklusion, Armut oder sozialer Gerechtigkeit eröffnen Ihnen durch die Multiperspektivität einen breiten Zugang, den zu schaffen ein Einzelwissenschaftler nie in der Lage wäre. Es gibt sie aber auch, die Herausgeberwerke mit optimierbarem Qualitätsniveau. Hier werden zumeist nicht die Expertisen führender Wissenschaftler zu einem begrenzten Thema verschränkt, sondern es handelt sich um sog. ‚Zitationskartelle', in denen sich befreundete Wissenschaftler in Herausgeberwerken gegenseitig zu Fachpublikationen einladen, um vielleicht sogar Fachbeiträge, die in einschlägigen Zeitschriften nicht untergebracht werden konnten, trotzdem noch zu publizieren. Deshalb prüfen Sie genau, ob die in einem Herausgeberwerk versammelten Autorinnen auch in wissenschaftlichen Fachzeitschriften zum gleichen Thema publiziert haben. Obschon Fachzeitschriften auch Sammelwerke sind, bilden sie ein eigenes Genre in der Landschaft wissenschaftlicher Publikationen.

4.1.2.5 Erziehungswissenschaftliche Fachzeitschriften

Im Unterschied zu Herausgeberwerken, die maximal mehrere Bände umfassen, erscheinen Fachzeitschriften periodisch, teils bereits über Jahrzehnte. Zeitschriftenartikel stellen eine Ihrer wichtigsten Quellen für die Erstellung Ihrer wissenschaftlichen Qualifikationsarbeiten dar. Zitierfähige Zeitschriftenartikel umfassen zumeist zwischen 5 und 25 Seiten und werden in den Fachzeitschriften nur dann veröffentlicht, wenn sie eine strenge Qualitätsprüfung bestanden haben, die üblicherweise im Peer-Review-Verfahren besteht. Im Double-Blind-Peer-Reviewing begutachten mindestens zwei thematisch ausgewiesene und voneinander unabhängige Gutachterinnen die eingereichten und anonymisierten Artikel ihrer Fachkollegen auf Qualität und Publizierbarkeit; nur bei positivem Befund wird dieser, meist nach einem mehrstufigen Überarbeitungsprozess, freigegeben.

Doch nicht in allen Zeitschriften, in denen pädagogisch relevante Themen besprochen werden, finden Sie auch belastbare und zitierfähige Informationen, wie dies Abbildung 8 darstellt.

Artikel in wissenschaftlichen Fachzeitschriften haben für Sie den großen Vorteil, dass Sie kurz, gehaltvoll und aktuell

Zeitungen

- knappe, aktuelle Berichterstattung
- Zielgruppe: Alle
- keine Quellenverweise
- Autoren sind Autodidakten oder manchmal Journalisten
- wissenschaftlich nicht belastbar

Beispiele: taz, Die Zeit, FAZ, Süddeutsche Zeitung

Publikumszeitschriften

- etwas mehr Hintergrundinformation, jedoch populistische Ausrichtung
- Zielgruppe: Fachpublikum
- kaum Quellennachweise
- Autoren zumeist Journalisten
- wissenschaftlich nicht belastbar

Beispiele: Eltern, Familie & co, Leben & erziehen

Fachzeitschriften

- hohe Praxisorientierung
- Zielgruppe: Fachkräfte
- mittlere Belegdichte
- Autoren oft Fachjournalisten, Experten oder Wissenschaftler
- wissenschaftlich je nach Artikelqualität belastbar

Beispiele: Blickpunkt Jugendhilfe, Kompakt, Kita aktuell

Wissenschaftliche Fachzeitschriften

- hohe Forschungsorientierung
- alle Aussagen werden mit Quellen belegt
- Zielgruppe: Wissenschaftler
- Autoren fast ausschließlich Wissenschaftler
- wissenschaftlich voll belastbar

Beispiele: Vierteljahrsschrift für wissenschaftliche Pädagogik, Zeitschrift für Pädagogik, Pädagogische Rundschau

Abbildung 8: Grade der Belastbarkeit von Zeitungen und Zeitschriften
Quelle: Modifiziert nach Voss (2014, S. 90)

sind. Fragen Sie unbedingt Ihre Dozentinnen danach, welche Zeitschriften ihnen als ‚einschlägige' Fachzeitschriften gelten. Bereits in Kapitel 2.3 haben Sie sich mit der Struktur und enormen Ausdifferenzierung der Erziehungswissenschaft beschäftigt, alle Fachzeitschriften hier zu listen, würde den Rahmen sprengen, weshalb im Folgenden einschlägige und von der Deutschen Gesellschaft für Erziehungswissenschaft gelistete Fachzeitschriften aufgeführt werden. Lassen Sie sich von dem Angebot inspirieren und finden Sie die für Sie fachlich ansprechende Zeitschrift. Verfolgen Sie den wissenschaftlichen Diskurs und bleiben Sie auf dem aktuellen Stand, indem Sie ausgewählte Fachzeitschriften regelmäßig lesen, derer es insgesamt eine ganze Menge gibt, etwa:

1. American educational research journal
2. Archiv für Wissenschaft und Praxis der sozialen Arbeit
3. Aspekte der Freire-Pädagogik
4. Behinderung und internationale Entwicklung
5. Beiträge empirischer Musikpädagogik
6. Bildung und Erziehung
7. bildungsforschung (Online-Zeitschrift)
8. Bildungsgeschichte: International Journal for the Historiography of Education
9. BIOS – Zeitschrift für Biographieforschung, Oral History und Lebensverlaufsanalysen
10. Blickpunkt Jugendhilfe
11. BWP – Berufsbildung in Wissenschaft und Praxis
12. bwp@ Berufs- und Wirtschaftspädagogik – online
13. Comparative education
14. DDS – Die Deutsche Schule
15. deutsche jugend
16. Dialogische Erziehung. Vierteljahreszeitschrift der Paulo Freire Kooperation
17. Die berufsbildende Schule

18. DIE Zeitschrift für Erwachsenenbildung
19. Diskurs Kindheits- und Jugendforschung
20. DUZ Das unabhängige Hochschulmagazin
21. Educational research
22. Educational theory
23. Empirical Research in Vocational Education and Training (ERVET)
24. Empirische Pädagogik
25. Empirische Sonderpädagogik
26. Erziehung und Wissenschaft – Mitgliederzeitung der GEW
27. Erziehungskunst
28. Erziehungswissenschaft – Mitteilungsblatt der DGfE
29. Erziehungswissenschaftliche Revue (EWR) – Rezensionszeitschrift für alle Teilbereiche der Erziehungswissenschaft
30. European Educational Research Journal (EERJ)
31. FGS – Freiburger Zeitschrift für Geschlechterstudien
32. Forschung & Lehre
33. Forum Qualitative Sozialforschung
34. Frühe Bildung
35. Gemeinsam Lernen – Zeitschrift für Schule, Pädagogik und Gesellschaft
36. GENDER – Zeitschrift für Geschlecht, Kultur und Gesellschaft
37. Grundschulmagazin
38. gruppe und spiel
39. Gruppendynamik und Organisationsberatung
40. Health education and behaviour
41. Heilpädagogik online
42. Heilpädagogische Forschung
43. Hochschule und Weiterbildung
44. IAB Kurzberichte
45. Info-Dienst kulturpädagogische Nachrichten
46. Infodienste – Institut der Wirtschaft Köln

47. International Review of Education
48. Journal für Bildungsforschung Online/Journal for Educational Research Online (jero)
49. Journal Hochschuldidaktik
50. Journal of Industrial Teacher Education
51. Journal of Social Science Education – Journal für sozialwissenschaftliche Studien und ihre Didaktik
52. Journal of Technology Education
53. jugendhilfe-netz
54. Kinder- und Jugendschutz in Wissenschaft und Praxis (KJug)
55. Kölner Zeitschrift für Soziologie und Sozialpsychologie
56. Kunst und Unterricht
57. Lernchancen
58. Lernen und Lernstörungen
59. Magazin Schule online
60. Medien und Erziehung
61. MedienPädagogik. Online Zeitschrift für Theorie und Praxis der Medienbildung
62. p@psych
63. Paedagogica Historica
64. Pädagogik
65. PädagogikUNTERRICHT
66. Pädagogische Führung
67. Pädagogische Korrespondenz
68. Pädagogische Rundschau
69. Panorama: Fachinformationen für Berufsbildung, Berufsberatung und Arbeitsmarkt. Newsletter
70. Psychologie in Erziehung und Unterricht
71. Recht der Jugend und des Bildungswesens
72. RELA – European Journal for Research on the Education and Learning of Adults
73. Schulmanagement
74. Schulpädagogik-heute

75. Schweizerische Zeitschrift für Bildungswissenschaften/La Revue suisse des sciences de l'éducation/La rivista svizzera di scienze dell'educazione
76. Schweizerische Zeitschrift für Heilpädagogik
77. Sonderpädagogische Förderung heute
78. Soziale Arbeit
79. Sozialmagazin
80. Tertium Comparationis
81. Transnational Social Review
82. Trends in Bildung international (TiBi)
83. UNESCO-UNEVOC Bulletin
84. Unsere Jugend
85. Unterricht Wirtschaft + Politik
86. Vierteljahresschrift für Heilpädagogik und ihre Nachbargebiete (VHN)
87. Vierteljahrsschrift für wissenschaftliche Pädagogik
88. Welt des Kindes
89. Widersprüche – Zeitschrift für sozialistische Politik im Bildungs-, Gesundheits- und Sozialbereich
90. Wirtschaft und Erziehung
91. WZBrief Bildung
92. Zeitschrift für Bildungsforschung
93. Zeitschrift für Bildungsverwaltung (ZBV)
94. Zeitschrift für Didaktik der Gesellschaftswissenschaften (ZDG)
95. Zeitschrift für Entwicklungspsychologie und pädagogische Psychologie
96. Zeitschrift für Erziehungswissenschaft (ZfE)
97. Zeitschrift für Familienforschung
98. Zeitschrift für Heilpädagogik
99. Zeitschrift für Inklusion – Onlinezeitschrift
100. Zeitschrift für interpretative Schul- und Unterrichtsforschung (ZISU)
101. Zeitschrift für ökonomische Bildung (ZfÖB)

102. Zeitschrift für Pädagogik
103. Zeitschrift für Sozialpädagogik
104. Zeitschrift für Soziologie der Erziehung und Sozialisation
105. ZEP – Zeitschrift für Internationale Bildungsforschung und Entwicklungspädagogik. Mit: Mitteilungen der DGfE-Kommission Vergleichende und Internationale Erziehungswissenschaft
106. ZFHE Zeitschrift für Hochschulentwicklung
107. ZQF – Zeitschrift für Qualitative Forschung
108. Zweiwochendienst (zwd): Bildungsdienst

4.1.2.6 Hochschulschriften

Hochschulschriften umfassen Dissertationen, also Doktorarbeiten, und Habilitationen, also die höchste hochschulische Prüfung, die bei Bestehen zur uneingeschränkten Lehrbefähigung (venia legendi) im Rahmen einer Professur berechtigt. Obschon manche Hochschulen auch wertige Abschlussarbeiten auf Bachelor- und Masterebene auf ihren Servern für Hochschulschriften der Allgemeinheit zugänglich machen – rein technisch gehören sie auch dazu – können Sie diese nicht den zitierbaren und belastbaren Hochschulschriften zuordnen. Das in Dissertationen und Habilitationen verhandelte Thema ist nicht selten sehr eng gefasst, dafür aber nach allen Regeln der Wissenschaft ausge- und durchleuchtet. Diese Qualifikationsarbeiten sind für Sie eine wahre Fundgrube für aktuelle Literaturhinweise, aber auch ein Referenzrahmen, wie Fragestellungen zu einem Thema spezifiziert, gegliedert und analytisch beantwortet werden. Diese Qualifikationsarbeiten werden zunehmend online publiziert, weil ihre Spezialisierung zumeist nur für einen geringen Fachkreis von Belang ist und deshalb eine Veröffentlichung über den Buchmarkt für Verlage ökonomisch kaum von Interesse ist.

4.1.2.7 Monografien

Wissenschaftliche Monografien sind Schriften einzelner Wissenschaftler zu einem ausführlich dargestellten, spezifischen Thema, die den Anspruch verfolgen, Wissenschafts- und Forschungsstand zum Zeitpunkt der Publikation abzubilden. Monografien stellen für Sie zumeist Primärquellen dar, die Ihnen eine umfassende Basisliteratur liefern, die jedoch aufgrund der teils langen Dauer zwischen Beginn und Veröffentlichung der Schrift häufig schon bald veraltet sind (vgl. Daase et al. 2010, S. 194).

Auch für Monografien gilt, dass Sie unbedingt eine Qualitätsprüfung vornehmen sollten, bevor Sie Ihre Argumentation darauf stützen. Beurteilungskriterien hierfür werden Ihnen im weiteren Verlauf des Kapitels präsentiert.

4.1.3 Zusammenfassung: Sie führen die Regie.

‚Die' wissenschaftlich geeignete Literatur für Ihre Arbeit gibt es nicht. Gute wissenschaftliche Beiträge, sei es in Form von Monografien oder Artikeln in unterschiedlichen Publikationsformaten (Sammelwerke, Fachzeitschriften), weisen stets eine bunte Mischung aller im Bisherigen aufgeführten wissenschaftlich belegbaren und zitierfähigen Texttypen auf. Deshalb sind Sie im Rahmen Ihres erziehungswissenschaftlichen Studiums aufgefordert, eine Selektionskompetenz zu entwickeln, um wichtig von unwichtig und hochwertig von weniger wertig zu unterscheiden.

Sie können Ihre wissenschaftliche schriftliche Arbeit auch unter künstlerischen Aspekten wie eine Theateraufführung betrachten. Dann gleicht Ihre Argumentation einer Dramaturgie, die Sie als Regisseurin inszenieren, choreografieren und mit Spezialeffekten in Szene setzen. So teilen Sie beispielsweise Ihre Bachelorarbeit in mehrere ‚Akte', in denen Sie verschiedene Autorinnen auf ‚Ihrer Bühne' auftreten und in Form von Zitaten zu Wort kommen lassen, in spannende Diskussionen verwickeln und auch wieder abtreten lassen. Manche Autoren sind Ihre Helden, die viel Raum erhalten und entsprechend positiv präsentiert werden können, andere vielleicht erscheinen als kritische Widersacher und wieder andere bereichern Ihre Inszenierung mit Spezialeffekten wie pointierten statistischen Zahlen, genialen Wortschöpfungen oder ungewöhnlichen Bezügen. Nutzen Sie die Ihnen zur Verfügung stehende Vielfalt. Sie führen die Regie. Folgende tabellarische Übersicht fasst die wesentlichen Eigenschaften der verschiedenen Publikationstypen zusammen:

Tabelle 7: Eigenschaften der verschiedenen Publikationstypen

Legende: ▒: trifft voll zu; ■: trifft nicht zu; □: Einzelfallprüfung;

Publikationstyp	**Einführung ins Thema**	**Definitionen, Fakten, Zahlen**	**Spezifischen Vertiefungen**	**Neue wissenschaftliche Erkenntnisse**	**Hinweise auf Literatur**	**Zitationsfähigkeit**
„Graue Literatur"	▒	□	□	□	□	□
Lehrbücher und Einführungen	▒	□	□	□	▒	■
Handbuch	▒	▒	□	□	▒	▒
Fachlexika, Enzyklopädien, Wörterbücher	▒	▒	□	□	□	▒
Wissenschaftliche Fachzeitschriften	□	□	▒	▒	▒	▒
Hochschulschriften	■	□	▒	▒	▒	▒
Sammelwerke	▒	□	▒	□	▒	▒
Monografien	▒	□	□	▒	▒	□

4.2 Literaturbewertung

Und damit Ihre Inszenierung auch eine wissenschaftlich fundierte sein wird, sind Sie gut beraten, sich mit dem Thema Literaturbewertung zu beschäftigen. Denn neben den oben genannten Quellen kommen noch viele weitere Informationsträger hinzu: Statistiken, Jahrbücher, Kataloge, Pressemeldungen, Veröffentlichungen von Ämtern und Ministerien, Verbänden und privaten Bildungsinstitutionen oder journalistische und literarische Texte können Ihnen bei der Erstellung Ihrer Arbeit wichtige Informationen bieten. Zwar sind viele dieser Quellen leicht im Internet verfügbar, jedoch, so mahnen Stickel-Wolf und Wolf (2013, S. 138), ist „deren Qualität weder von einem Verlag noch von wissenschaftlichen Gutachtern geprüft worden."

4.2.1 Qualitätskriterien

Insofern ist eine gewissenhafte Sichtung und kritische Prüfung der von Ihnen recherchierten Literatur unerlässlich. Schon vor der Recherche sollten Sie bestimmte Qualitätskriterien anlegen, um durch die Grobbewertung der Literatur unnötige Leseschleifen zu vermeiden und kostbare Zeit zu sparen. Wie am Beispiel der Fachzeitschriften bereits aufgezeigt, muss jede von Ihnen verwendete Quelle auf Belastbarkeit und Zitierfähigkeit hin überprüft werden. Die in Tabelle 8 aufgeführten Fragen zu verschiedenen Qualitätskriterien helfen Ihnen bei der Evaluierung von Literaturfunden (vgl. Daase et al. 2010, S. 198; Voss 2014, S. 90).

4.2.2 Messung wissenschaftlicher Produktivität

Auch sollten Sie sich fragen, ob die von Ihnen gewählten Autorinnen sowie Ihre Dozenten produktive und in der Scientific

Tabelle 8: Qualitätskriterien zur Evaluierung von Literaturfunden
Quelle: Eigene Darstellung

Qualitätskriterium	Ja	Nein
1. Ist der Autor des Beitrags wissenschaftlich ausgewiesen (akademische Titel und an einer Hochschule beschäftigt)?		
2. Hat der Autor mehrere Beiträge zu diesem Thema veröffentlicht?		
3. Wird der Autor von anderen Autoren zitiert?		
4. Kann der Autor pro Jahr mindestens eine einschlägige Publikation nachweisen?		
5. Ist der Beitrag bei einem wissenschaftlichen Verlag erschienen?		
6. Wenn der Beitrag online verfügbar ist: Ist der Betreiber der Website vertrauenswürdig?		
7. Gibt es direkte Ansprechpartner mit Namen und Telefonnummer?		
8. Wird die Website regelmäßig gepflegt und ist sie auf dem aktuellen Stand?		
9. Stehen Titel und Untertitel des Beitrags mit Ihrem Thema in Verbindung?		
10. Finden sich in der Gliederung der Publikation wissenschaftliche Stichwörter wie Theorie, Methode, Forschungsdesign, Diskussion?		
11. Liegt Ihnen die aktuelle Auflage der Publikation vor?		
12. Werden Quellen benannt und Argumente belegt?		
13. Ist ein umfassendes und sorgfältig angelegtes Literaturverzeichnis vorhanden?		

Community anerkannte Wissenschaftler sind. In diesem Zusammenhang ist die Bewertung wissenschaftlicher Produktivität und Produktion bzw. deren Resonanz gemessen an Zitaten überaus verbreitet. Denn in Zeiten knapper Kassen ist die leistungsorientierte Mittelvergabe dringend auf scheinbar ‚objektive' Feststellung der Leistung der Wissenschaftler angewiesen. Ungeachtet der berechtigten Frage, ob die Qualität wissenschaftlicher Arbeit mit Zahlen in der Erziehungswissenschaft überhaupt angemessen beschrieben werden kann, zeigt sich, dass dies spätestens seit den 1970er Jahren längst Realität geworden ist. So beschäftigt sich die sog. Bibliometrie durch die Anwendung mathematisch-statistischer Methoden mit der Quantifizierung geschriebener Wissenschaftskommunikation. Hier wird also beispielsweise untersucht, wie oft ein Autor Artikel publiziert und anschließend von Kollegen zitiert wird, welche Halbwertszeit diese Zitate haben, welche Koautorenschaften er hat oder mit welchen Institutionen er kooperiert – hochspannend.

So verweisen Jokić und Ball (2006, S. 29 f.) in ihrer detailreichen Studie mit dem Titel *Qualität und Quantität wissenschaftlicher Veröffentlichungen. Bibliometrische Aspekte der Wissenschaftskommunikation* auf interessante und vor allem überraschende Zahlen, anhand derer Sie die wissenschaftliche Produktivität Ihrer Dozenten ins Verhältnis setzen und damit besser einschätzen können. So wurde in der zitierten Studie berechnet, „dass ca. 60 % aller Autoren innerhalb eines bestimmten Gebietes nur eine Arbeit publizieren (…), dass 5 % der Wissenschaftler rund 50 % aller Artikel publizieren (…), dass sogar 76,6 % der Autoren nur eine Arbeit veröffentlichte (…), dass vier Arbeiten in fünf Jahren die maximale Anzahl von Arbeiten für diejenigen Wissenschaftler ist, die entweder als Einzelautor oder mit bis zu zwei Koautoren veröffentlichen. Bei Arbeiten mit mehr als zwölf Mitarbeitern sollte das Minimum in einem Zeitraum von fünf Jahren 14 Publikationen sein. (...) Nur die 15 produktivsten von insgesamt 10.238 untersuchten Autoren veröffentlichten Schlüsselartikel."

Die wissenschaftliche Produktivität Ihrer Dozenten als Indikator von Forschungsaktivität können Sie also anhand der Anzahl publizierter Arbeiten, Artikel, Bücher oder Forschungsberichte sowie anhand der Anzahl von Vorträgen einschätzen. Die wissenschaftliche Produktivität Ihrer Dozenten hängt natürlich aber auch von weiteren individuellen und Umweltvariablen ab, so etwa Elternschaft oder hohe Belastung durch Lehr- und Prüfungsaufgaben.

4.2.3 Zusammenfassung: Das Internet ist (k)eine Wüste

Angenommen, Sie werden im Rahmen einer Seminarsitzung beauftragt, zum Thema Kinderarmut eine Literaturliste zu erstellen, die eine gut recherchierte Auswahl an qualitativ hochwertigen theoretischen Positionen zur Kinderarmut, Studien zu den Folgen von erlebter Kinderarmut sowie didaktische Informationen zu einer armutssensiblen Pädagogik enthält. Vielleicht denken Sie: „Kein Problem, das habe ich mir in wenigen Augenblicken ‚ergoogelt'." Weit gefehlt, ein Online-Ausflug in das frei zugängliche Internet ist weitaus komplexer und anspruchsvoller als ein Offline-Streifzug durch Ihre Bibliothek, wie im Folgenden skizziert wird (vgl. Daase et al. 2010, S. 248):

1. Schätzungen zufolge sind lediglich etwa 5 % der im kostenfrei zugänglichen Internet vorhandenen Texte wissenschaftlich verwert-, belast- und somit auch zitierbar.
2. Die Suchanfrage zum Stichwort *Kinderarmut* über die Suchmaschine Google erzielte mehr als 400.000 Treffer, hier die relevanten 5 % der belastbaren Literatur zu filtern, dürfte im Unterschied zum Durchblättern einer gedruckten Fachpublikation als sehr zeitraubend und eher ineffizient eingeschätzt werden.

3. Vieles wird von Suchmaschinen gar nicht erst gefunden, sie durchsuchen höchstens 30 % des frei zugänglichen Internets, der Rest bleibt für Sie unsichtbar.
4. Das Deep Web, Hidden Web oder Invisible Web wird von den Suchmaschinen aus technischen, lizenz- oder urheberrechtlichen Gründen gar nicht durchforstet, so dass die für Sie interessante wissenschaftliche Literatur, die sich in Datenbanken, Bibliothekskatalogen oder Onlinearchiven befindet, erst gar nicht gefunden werden kann. Hierzu benötigen Sie spezielle Suchstrategien.

Es liegt auf der Hand: Das frei zugängliche Internet ist für Sie als angehende Erziehungswissenschaftlerin zunächst eine ziemlich unfruchtbare und zeitraubende Wüste. Erst die Kenntnis und das Beherrschen von professionellen Strategien des Recherchierens und Auffindens von geeigneter Literatur verwandelt die Wüste Internet dann auch in einen an Information reichhaltigen und für wissenschaftliches Arbeiten fruchtbaren Raum. Diesen Zugängen widmet sich das nachfolgende Kapitel, in dem Hilfen und Strategien zur erziehungswissenschaftlichen Literaturrecherche vorgestellt werden.

4.3 Recherchestrategien

Das Ergebnis Ihrer Literaturrecherche ist das Fundament für Ihre weitere erziehungswissenschaftliche Auseinandersetzung mit einem Thema und entscheidet somit maßgeblich über die Qualität Ihrer wissenschaftlichen Arbeit. Qualität ist hier keinesfalls mit Quantität zu verwechseln. Vielmehr sollten Sie eher nach dem Motto ‚Weniger ist mehr' eine im gegebenen Zeitraum gut zu bewältigende Anzahl von Publikationen nach den bereits vorgestellten Qualitätskriterien zur Evaluierung von Literaturfunden auswählen. Ihre Recherche sollten Sie in folgenden Schritten vollziehen:

1. Erstellen Sie zunächst eine Liste mit Suchbegriffen, die Ihr Thema möglichst präzise umreißen.
2. Beginnen Sie Ihre Suche zunächst nach aktuellen Zeitschriftenaufsätzen und legen Sie die Anzahl der zu recherchierenden Artikel fest. Für den thematischen Anfang ist eine Anzahl von vier bis sieben Artikeln ausreichend.
3. Kombinieren Sie die verschiedenen Suchstrategien, um ein möglichst gutes Ergebnis zu erzielen.

Im Anschluss daran ist es Ihre Aufgabe, die Texte zunächst kursorisch auf Tauglichkeit zu prüfen, dann inhaltlich auszuwerten, um diese darauf in eine Rangfolge zu bringen, die Sie später für Ihr Exposé und das daran anschließende Dozentengespräch verwenden werden.
Grundlegend bieten Sich Ihnen drei Strategien an, die Sie unbedingt kombinieren sollten: Die Suche im persönlichen Umfeld, die Suche nach dem Schneeballsystem und die systematische Recherche.

4.3.1 Suche im persönlichen Umfeld

Ihr persönliches Umfeld bietet sicherlich einen Fundus an Literaturhinweisen mit einer ganz besonderen Note: nämlich der persönlichen. Dozenten empfehlen Ihnen Grundlagenwerke für Ihre eigene kleine ‚Studienbibliothek', Studierende höherer Semester bieten gebrauchte Werke an, in Seminarunterlagen werden Ihnen hoffentlich bestens recherchierte und thematisch einschlägige Literaturhinweise und in Semesterapparaten eine direkt greifbare und handverlesene Auswahl an gedruckten Werken geboten. Zudem können Sie Tutorien, Fachschaften oder Diskursgruppen sowie im Intranet Ihrer Hochschule hinterlegte Unterlagen als wertvolle Informationsinstanzen nutzen. Auch können Sie Experteninterviews führen, um so für Sie unsichtbare Literaturstellen zu entdecken. Üblicherweise sind die Assistenten an den Lehrstühlen gerne zur Weitergabe solcher Informationen bereit. In schriftlichen wissenschaftlichen Arbeiten weisen Sie ihre Fähigkeit zum selbständigen Arbeiten auf akademischem Niveau nach, wozu eben auch die Literaturakquise zählt. Aus diesem Grund sollten Sie davon absehen, Ihre Betreuer nach Literatur zu fragen. Vielmehr macht es Sinn, die von Ihnen zuvor recherchierte, priorisierte und inhaltlich ausgewertete Literatur mit Ihrem Betreuer zu besprechen.

4.3.2 Suche nach dem Schneeballsystem

Erziehungswissenschaftliche Beiträge sind keine losen, unabhängigen Traktate, sondern sie sind fest eingebunden in ein dichtes Referenzsystem, das durch Zitate, Belege und Quellenverweise hergestellt wird. Das Ziel Ihrer Recherche ist, dass Sie die für Ihr Thema tragende Literatur identifizieren. Starten Sie mit einer möglichst aktuellen Publikation und analysieren Sie das Literaturverzeichnis. Dort werden Sie auf weitere, für Ihr Thema interessante Publikationen stoßen, deren Literaturverzeichnisse Sie wiederum auswerten. Achten Sie darauf, dass Sie die Werke antichronologisch auswerten, also mit der aktuellsten Publikation beginnen, dann die nächst aktuelle wählen usw. Auf diese Weise können Sie relativ einfach Schlüsselwerke für Ihr Thema erkennen. Das Schneeballsystem ist eine effektive Methode, Literatur zu recherchieren, hat aber auch Nachteile, denn mit jedem neuen Literaturverzeichnis, wird die gefundene Literatur älter. Auch laufen Sie Gefahr, in Zitationskartelle zu geraten, in denen die Autorinnen, die häufig dieselbe ‚akademische Blutgruppe' haben, sich gegenseitig zitieren und so weitere Sichtweisen ausschließen.

Das ist ebenso zu bedenken wie der Hinweis, dass Sie sich bei dieser Suchmethode auf eine fremde Vorarbeit verlassen. Das Schneeballsystem ist aber nicht nur in die Vergangenheit gerichtet. Über den Zugang Ihrer Hochschulbibliothek ermöglichen Ihnen etwa der *Social Sciences Citation Index* oder der *Arts and Humanities Citation Index* – elektronische Verzeichnisse von zitierten und zitierenden Beiträgen – zu überprüfen, welche Veröffentlichungen Ihr Ausgangswerk zitiert haben und so neueren Datums sind. Obschon diese Indizes, wie an anderer Stelle anhand der Bibliometrik aufgezeigt, enorm an Einfluss gewinnen, sind sie aber noch stark an englischsprachige Literatur gebunden. Der ‚impact-factor' deutschsprachiger erziehungswissenschaftlicher Publikationen indes ist hier noch sehr überschaubar.

4.3.3 Systematische Suche

Systematisch vorzugehen bedeutet, etwas zu einem einheitlichen und wohlgegliederten Ganzen zusammenzufügen (vgl. Schmidt 1965, S. 587). Bezogen auf Ihre Literaturrecherche ist erst dann von systematischer Suche die Rede, wenn Sie „alle verfügbaren Bibliotheks- und Recherchemittel konsequent verwende[n], um sämtliche Erscheinungsformen wissenschaftlicher Information abzudecken" (Daase et al. 2010, S. 202). Damit Sie die zahlreichen Angebote dann auch für Ihre systematische Literaturrecherche nutzen können, werden im Folgenden einige speziell für die Erziehungswissenschaft einschlägige Datenbanken und Kataloge vorgestellt. Dabei kann es nicht das Ziel sein, Sie hier umfassend einzuführen, sondern die Ausführungen sollen Sie für die Wichtigkeit des Themas ‚Recherchehandwerk' sensibilisieren sowie motivieren, die von den Bibliotheken angebotenen Kurse zu besuchen. Wie Abbildung 9 darstellt, finden Sie Möglichkeiten zur systematischen

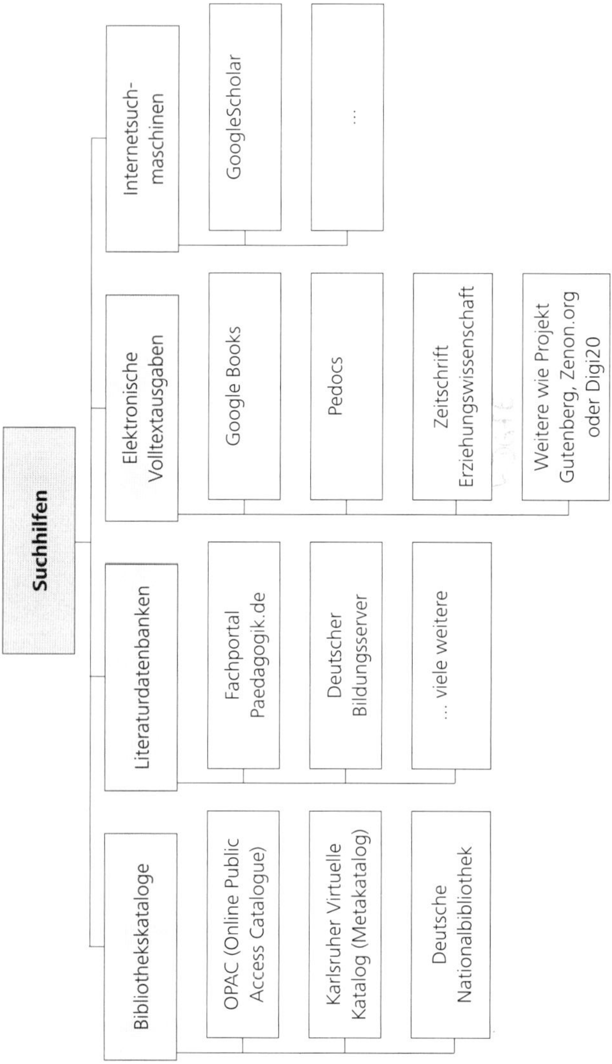

Abbildung 9: Strukturbaum erziehungswissenschaftlicher Suchhilfen. Quelle: Eigene Darstellung

Literaturrecherche in vier zentralen Bereichen: Bibliothekskatalogen, Literaturdatenbanken, elektronischen Volltextausgaben und Internetsuchmaschinen.

4.3.3.1 Bibliothekskataloge

1. Regionale Kataloge

Wissen Sie, was ein Microfiche [mi:krofi:ʃ] ist? Nein, er ist weder ein Kleinstlebewesen im Wasserglas am Schreibtisch noch ist es die Bezeichnung für einen Pollenfilter für Allergiker. Der Microfiche ist eine etwa DIN A4 große Kunststofffolie, auf die in einem Verkleinerungsverhältnis von 1:20 bis 1:96 die Karteikarten der Bibliothek abfotografiert wurden (franz. fiche=Karteikarte). Wollte man bis Mitte der 1990er Jahre die Literatur an Hochschulbibliotheken nach geeigneten Publikationen durchsuchen, so musste man, bewaffnet mit mehreren dieser Folien, die man sich vom Bibliothekspersonal ausgeliehen hatte, auf einem klobigen Lesegerät in minutiöser Kleinarbeit nach Literatur ‚fischen' – von wegen, früher war alles besser.

Wenn Sie hingegen heute nach Literatur in Ihrer Hochschulbibliothek recherchieren wollen, ist dies zu einem damals nicht vorstellbaren, komfortablen Unterfangen avanciert: Mittels der Suchmaske OPAC (Online Public Access Katalog), einem im Internet frei zugänglichen digitalen Katalog Ihrer Hochschulbibliothek, können Sie nicht nur den Standort eines Buches in der Bibliothek ermitteln. Vielmehr, sofern Sie eingeloggt sind, können Sie gezielt in der Kombination mehrerer Schlagwörter nach passenden Publikationen suchen, Bücher bestellen, Merklisten erstellen, Fristen verlängern oder Fernleihen vornehmen. Zudem sind Bibliotheken häufig in regionalen Bibliotheksverbünden zusammengeschlossen, die dann auch einen gemeinsamen Verbundskatalog erstellen. Für Sie birgt dieser Zusammenschluss enorme Vorteile, denn so haben Sie den Zugriff auf alle dort verfügbaren Medien und können diese ganz bequem per OPAC bestellen.

2. Katalog auf nationaler Ebene: Die Deutsche Nationalbibliothek

Die Deutsche Nationalbibliothek mit Sitz in Leipzig und Frankfurt/Main ist eine der weltweit größten Institutionen ihrer Art und hat die Aufgabe, „lückenlos alle deutschen und deutschsprachigen Publikationen ab 1913, im Ausland erscheinende Germanica und Übersetzungen deutschsprachiger Werke sowie die zwischen 1933 und 1945 erschienenen Werke deutschsprachiger Emigranten zu sammeln, dauerhaft zu archivieren, bibliografisch zu verzeichnen sowie der Öffentlichkeit zur Verfügung zu stellen" (Die deutsche Nationalbibliothek 2016). Die gesetzlichen Sammelrichtlinien verpflichten jeden Verleger, zwei Exemplare seiner Neuerscheinungen abzuliefern, gleichgültig ob es sich um Veröffentlichungen in Printform, um Mikroformen, um audiovisuelle Medien oder um sonstige Darstellungen handelt, darunter fallen auch Medienwerke in unkörperlicher Form, d.h. Netzpublikationen (vgl. Deutscher Bibliotheksverband 2016). Aufgrund ihrer Archivfunktion leiht sie nicht aus, sondern stellt ihre Bestände der Allgemeinheit für die Präsenznutzung zur Verfügung.

Für Sie ist die Deutsche Nationalbibliothek von großem Nutzen, denn Sie finden dort die Beiträge von Wissenschaftlern, die sie in Form von Hochschulschriften, Herausgeberschaften oder Monografien veröffentlicht haben. Zeitschriftenbeiträge sind nicht zwingend aufgeführt. Darüber hinaus können Sie entweder nach Personen suchen oder auch nach Stichwörtern. Der Suchbegriff *Kinderarmut* beispielsweise ergab eine Trefferquote von 202 einschlägigen Titeln (im Unterschied zu mehr als 400.000 bei Google). Also: www.dnb.de eingeben und Zeit sparen.

3. Katalog auf weltweiter Ebene: Der Karlsruher Virtuelle Katalog (KVK)

Der KVK ist eine sog. Meta-Suchmaschine zum Nachweis von mehreren hundert Millionen Büchern, Zeitschriften und anderen Medien in Bibliotheks- und Buchhandelskatalogen weltweit. Die eingegebenen Suchanfragen werden an mehrere internationale Bibliothekskataloge gleichzeitig weitergereicht und die jeweiligen Trefferlisten angezeigt. Der KVK verfügt selbst über keine eigene Datenbank, weshalb er von der Verfügbarkeit der Zielsysteme im Internet abhängig ist. Er kann auch nicht mehr Funktionalität bei der Recherche bieten als die einzelnen Zielsysteme selbst. Standardmäßig sucht das System in allen Katalogen, die angehakt sind. Von den Kurztitellisten führen Sie die Links zu den Original-Volltitelanzeigen der einzelnen Systeme. Die Metasuche in insgesamt 20 deutschen, österreichischen und schweizerischen Katalogen zum Schlagwort Kinderarmut ergab 252 Treffer, die nach weiteren Filtervariablen ausgewertet werden können. Auch hier gilt: http://kvk.bibliothek.kit.edu eingeben und noch mehr Zeit sparen.

4.3.3.2 Literaturdatenbanken

Die bisher vorgestellten Bibliothekskataloge geben Ihnen Auskunft über die Verfügbarkeit von Werken zu einem Autor oder Thema, jedoch wissen Sie dadurch nicht, ob Ihre Suchergebnisse bei OPAC oder der DNB erziehungswissenschaftliche, politikwissenschaftliche oder juristische Abhandlungen sind. Damit Sie – wir befinden uns im Feld der systematischen Literaturrecherche – so vollständig und präzise wie möglich Literatur zu Ihrem erziehungswissenschaftlichen Thema recherchieren können, gibt es Literaturdatenbanken oder Fachdatenbanken. Sie geben unabhängig vom Bibliotheksbestand

Aufschluss über verfügbare Literatur im erziehungswissenschaftlichen Bereich. Diese Datenbanken sind zumeist lizensiert und können nur über das Netzwerk Ihrer Hochschule, das Sie vor Ort oder extern via VPN-Client nutzen können, erreicht werden. Die Bandbreite an Angeboten für den erziehungswissenschaftlichen sowie den Bereich der Nachbarwissenschaften Soziologie, Psychologie und Philosophie sind enorm. Exemplarisch werden an dieser Stelle zwei kostenfreie Portale vorgestellt, nämlich das Fachportal Pädagogik sowie der Deutsche Bildungsserver.

1. Fachportal Pädagogik

Das Fachportal Pädagogik ist in der Tat der zentrale Einstieg in die wissenschaftliche Fachinformation für Bildungsforschung, Erziehungswissenschaft und pädagogische Praxis. Mit der kostenfreien Verfügbarkeit dieses Informationsdienstes unterstützt das Fachportal Pädagogik das Prinzip Open Access, die freie Zugänglichkeit zu wissenschaftlichen Quellen, was Ihnen sehr zugute kommt. Im Mittelpunkt des Services, der Ihnen vom Deutschen Institut für Internationale Pädagogische Forschung zur Verfügung gestellt wird, stehen Literaturdatenbanken, Forschungsdatenquellen sowie umfassende Informationssammlungen zu verschiedenen Aspekten der Erziehungswissenschaft und Bildungsforschung, die Ihnen in allen Phasen Ihres wissenschaftlichen Lebens eine wertvolle Hilfe sein werden. Mit seinem Angebot wendet sich das Portal vorrangig an erziehungswissenschaftlich Tätige aus Forschung und Praxis sowie an erziehungswissenschaftlich Interessierte. Maßgeblich für die Dienstleistungen des Fachportals Pädagogik ist der Aspekt der wissenschaftlichen Relevanz der vermittelten pädagogischen Information. Insofern sind Sie gut beraten, wenn Sie sich mit dieser Seite ‚anfreunden', es lohnt sich. Folgende Module sind im Fachportal Pädagogik integriert, die Sie nutzen können:

- die Metasuche über eine Vielzahl von Pädagogik-Datenbanken (kostenfrei)
- die FIS Bildung Literaturdatenbank (kostenfrei)
- der Dokumentenserver pedocs (kostenfrei; siehe nächstes Unterkapitel)
- Forschungsdaten Bildung – ein Angebot an Erhebungsinstrumenten und Forschungsdaten der empirischen Bildungsforschung (kostenfrei, teilweise Anmeldung erforderlich – Datenschutz)
- der Guide Bildungsforschung – ein Angebot an fachsystematischen Kontextinformationen (kostenfrei)
- Wissenschaftliches Arbeiten – eine Quellenauswahl an Materialien, die Sie an das wissenschaftliche Arbeiten heranführt (kostenfrei)

Das Fachportal als ‚one-stop-shop' ermöglicht Ihnen:
- die fachrelevante Recherche nach gedruckter und elektronischer Literatur
- die Abfrage der Elektronischen Zeitschriftenbibliothek (über die FIS Bildung Literaturdatenbank)
- den direkten Zugriff auf kostenfreie elektronische Volltexte
- den Zugriff auf kostenpflichtige Publikationen über Pay-per-view-Angebote und Dokumentlieferdienste
- die parallele Recherche in fachrelevanten Datenbanken zu den Bereichen Literatur, Online-Ressourcen, Fakten, Medienkataloge, Bildungsgeschichte, Internationales
- Linktipps zu weiterführenden forschungsrelevanten Informationen
- einen Informationsdienst mit Nachrichten, Neueinträgen und -veröffentlichungen, Terminen sowie Stellenangeboten
- eine Recherche nach dokumentierten Erhebungsinstrumenten der empirischen Bildungsforschung

- die Heranführung an Methodik und Quellen wissenschaftlichen Arbeitens (vgl. Deutsches Institut für Internationale Pädagogische Forschung 2016a)

Speziell der letztgenannte Aspekt dürfte vor allem zu Beginn des Studiums von besonderer Bedeutung für Sie sein, denn hier werden Ihnen unter www.fachportal-paedagogik.de/lotse/index.html speziell Tipps zum erziehungswissenschaftlichen Arbeiten angeboten.

2. Der Deutsche Bildungsserver
Der Deutsche Bildungsserver, so die Selbstauskunft vom Deutschen Institut für Internationale Pädagogische Forschung (2016b), versteht sich als der zentrale Internet-Wegweiser zum Bildungssystem in Deutschland. Als von Bund und Ländern getragenes nationales Web-Portal stellt er allen mit Bildungsthemen befassten Professionen – so auch Ihnen – sowie einer breiten Öffentlichkeit qualitativ hochwertige, redaktionell gepflegte Informationsangebote zur Verfügung. In seiner Funktion als Meta-Server verweist das Portal primär auf Internet-Ressourcen, die u. a. von Bund und Ländern, der Europäischen Union, von Hochschulen, Schulen, Landesinstituten, Forschungs- und Serviceeinrichtungen und Einrichtungen der Fachinformation angeboten werden, strukturiert diese und präsentiert sie in fachlichen Kontexten. Als Partner für Bildungsforschung, Bildungspraxis, Bildungspolitik und -verwaltung unterstützt der Deutsche Bildungsserver Prozesse des Wissenstransfers durch Bereitstellung geeigneter webbasierter Instrumente und Medienprodukte. Auch hier gilt: www.bildungsserver.de ansteuern und nochmals Zeit sparen.

4.3.3.3 Elektronische Volltextausgaben

Eine Gedankenreise: Stellen Sie sich vor, wir schreiben das Jahr 1994 und Sie können Literatur nur über die schon erwähnten Microfiches [mi:krofi:ʃes] recherchieren, also nur über diese Röntgenbildern gleichenden, von zahlreichen Fingerabdrücken übersäten und völlig unübersichtlichen Plastikfolien. Vielleicht finden Sie die Vorstellung sogar ansprechend, mit techno-nerdiger Hornbrille der 1990er vor riesigen Vergrößerungsapparaten zu sitzen, um Mikrofolien mit einer geringen Auflösung und wenig Informationspotenzial in der Hoffnung auf einen Treffer relativ planlos hin- und herzuschieben. Spätestens aber am Tresen des Bibliothekspersonals wird Ihre Technikromantik ein jähes Ende finden, denn einige der von Ihnen ausgewählten Bücher weisen eine gewaltige Warteliste auf und andere sind auf unbestimmte Zeit gar nicht leihbar, da diese von Professoren entliehen sind.

Wie schön, dass es heute digitale Volltextausgaben gibt – für Sie als Studierende der Erziehungswissenschaft ein ungemeiner Luxus, den zu genießen Sie lernen sollten. Voll zitierbare und deshalb uneingeschränkt verwendbare Literatur finden Sie nicht nur in Form von Artikeln oder Zeitschriften, sondern in zunehmendem Maße auch als Monografien, Nachschlagewerke oder Wörterbücher. All diese Volltextausgaben enthalten (mit Ausnahme von google.books) den kompletten Inhalt der gedruckten Version und somit alle damit korrespondierenden Tabellen, Grafiken und Abbildungen sowie – und dies ist besonders wichtig – die Seitenanordnung der Druckversion; somit ist die Zitierfähigkeit gesichert.

Viele Verlage gehen mittlerweile dazu über, Printpublikationen parallel auch elektronisch als Volltextausgaben in Form von sog. E-Books verfügbar zu machen, das ist praktisch und verhindert lange Ausleihwartezeiten, ist aber zumeist mit Kosten verbunden. Allerdings haben Hochschulen Verträge mit Verlagen, so dass Sie – wenn Sie über Ihre Hochschulbibliothek eingeloggt sind – auf deren Angebote an Volltextausgaben etwa von UTB-studi-e-book, ciando, Digi20 oder Springer-E-Book-Paket kostenfrei zugreifen können. Informieren

Sie sich und nutzen Sie die verfügbaren Quellen. Daneben existieren auch barrierefreie und kostenfreie Angebote, die auch für Erziehungswissenschaftlerinnen von Interesse sind: So stellt Ihnen das gemeinnützige *Projekt Gutenberg* über 36000 E-Books, deren Copyright ausgelaufen ist, kostenlos zur Verfügung. Unter der Adresse www.zeno.org erreichen Sie eine digitale Volltextbibliothek, die Ihnen ein reichhaltiges Angebot an Literatur von Kunst, Geschichte, Philosophie bis hin zu den Naturwissenschaften bietet. Die von der Deutschen Forschungsgesellschaft und der Bayrischen Staatsbibliothek betriebene Plattform *digi20* ermöglicht Ihnen eine Volltextsuche in etwa 6000 digitalisierten Monographien der zweiten Hälfte des 20. Jahrhunderts, vorwiegend aus dem geistes- und sozialwissenschaftlichen Fächerspektrum. Neben diesem erfreulichen kostenfreien Fundus werden Ihnen im Folgenden anhand eines kurzen Steckbriefes drei pädagogisch einschlägige digitale Volltextausgaben vorgestellt.

1. pedocs

Der vom Fachportal Pädagogik betriebene Dokumentenserver *pedocs* ermöglicht Ihnen den Zugriff auf eine Vielzahl von unterschiedlichen Beiträgen zu erziehungswissenschaftlichen Themen. Versammelt sind dort Zeitschriftenaufsätze, Rezensionen, Bücher und weitere Formate, die Sie größtenteils direkt als PDF-Dokument laden und weiter bearbeiten können. Eine sehr differenzierte Suchmaske (siehe Abbildung 10) erlaubt Ihnen schon vorab eine qualitativ hochwertige Recherche. So können Sie nicht nur nach Stichwort (Freitext), Person oder Jahr suchen, sondern Ihre Suche zudem nach Dokumententyp (Aufsatz in Zeitschrift oder Sammelwerk, Buch), nach Art der Begutachtung (Verlags-Lektorat, Peer-Review, Hochschulschrift) sowie nach Sprache spezifizieren. Die Suche unter dem Stichwort (Freitext) *Kinderarmut* ergab 105 Treffer, zwei Klicks später öffnete sich beispielsweise der in der Fachzeit-

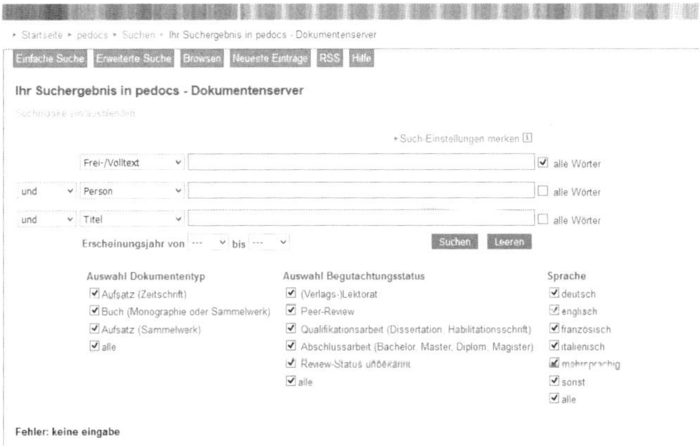

Abbildung 10: Suchmaske des Dokumentenservers pedocs
Quelle: Screenshot von http://www.pedocs.de/

schrift *Pädagogische Korrespondenz* erschienene, peer-reviewte Artikel von Andrea Liesner und Anke Wischmann (2010) mit dem *Titel Kinderarmut. Über ihre Bedeutung für Bildungsprozesse Heranwachsender und die Grenzen der Pädagogik* und ermöglicht Ihnen das sofortige Loslegen.

2. Google Books

Die weltweit größte private Sammlung retrodigitalisierter Publikationen, also eingescannten Printveröffentlichungen, betreibt die Firma Google. Über die Seite www.books.google.de haben Sie kostenfreien Zugriff auf eine Unmenge an Volltexten, Auszügen, Gliederungen sowie Inhalts- und Literaturverzeichnissen, was Sie als wertvolle Erweiterung Ihrer Recherchemöglichkeiten schätzen sollten. Obschon aufgrund urheberrechtlicher Bestimmungen manche Seiten nicht angezeigt werden, Sie die Seiten nicht direkt weiterverarbeiten oder ausdrucken können, so ist aber die Suchfunktion, welche die gefundenen Suchbegriffe nach Seiten auflistet und gelb markiert, von hohem Wert:

Binnen weniger Augenblicke haben Sie ein ganzes Buch nach den von Ihnen gesuchten Stichwörtern durchsucht. Allerdings empfiehlt sich vor dem Hintergrund der erheblichen Trefferanzahl auch hier die erweiterte Suchfunktion zu wählen, um hochqualitative Suchergebnisse zu erzielen.

Rufen Sie zu diesem Zweck die Seite https://books.google.de/advanced_book_search auf und verfeinern Sie Ihre Suche. Wie Abbildung 11 darstellt, kann die Recherche nach Publikationen zum Thema Kinderarmut zum Beispiel auf den Zeitraum 2005 bis 2015 sowie auf die Sprache Deutsch eingeschränkt werden. Die Suche ergibt dann 220 Treffer, von denen mehr als die Hälfte als erziehungswissenschaftlich relevant eingeschätzt werden können.

3. Zeitschrift Erziehungswissenschaft

Die 1990 von der Deutschen Gesellschaft für Erziehungswissenschaft (DGfE) gegründete *Zeitschrift für Erziehungswissenschaft* (ZfE) erscheint seit 2004 im VS Verlag für Sozialwissenschaften, Wiesbaden, der aus der Fusion des Westdeutschen Verlags mit dem Verlag Leske + Budrich hervorgegangen ist. Dieser Fachverlag, so die Selbstauskunft, unterstützt in professioneller Weise die Internationalisierung der Fachinformation und damit insbesondere die Ziele der *Zeitschrift für Erziehungswissenschaft* als Flaggschiff der deutschen Erziehungswissenschaft. Die *Zeitschrift für Erziehungswissenschaft* ist mittlerweile – viermal im Jahr, jeweils zum Ende eines Quartals – ein repräsentatives wissenschaftliches Fachorgan für die gesamte Erziehungswissenschaft. Sie publiziert von Experten begutachtete erstklassige Beiträge über aktuelle wissenschaftliche Entwicklungen und bietet Interessenten an professionellem erziehungswissenschaftlichem Wissen interdisziplinäre Forschungsergebnisse.

Die *ZfE* steht durch die Auswahl der Herausgeber und Herausgeberinnen, des Beirats und besonders durch die Themenwahl für den interdisziplinären Charakter einer umfassenden

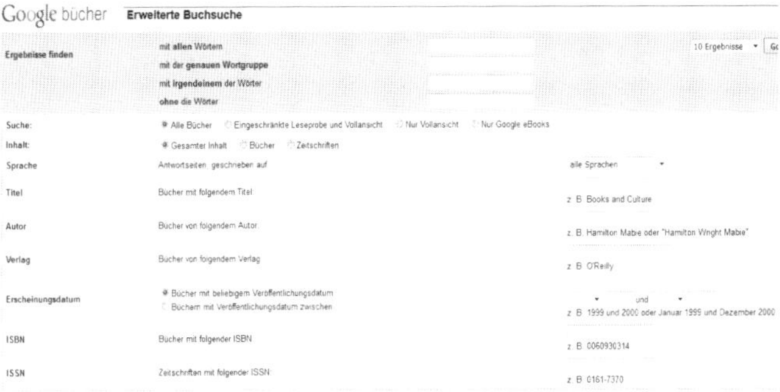

Abbildung 11: Erweiterte Suche bei Google-Books
Quelle: Screenshot https://books.google.de/advanced_book_search

Erziehungswissenschaft, deren Gegenstand der gesamte Lebenslauf des Menschen mit den damit verbundenen Bildungsaufgaben ist. Die Zeitschrift ermöglicht durch die gezielte Aufnahme internationaler englischsprachiger Beiträge einen Anschluss an die wissenschaftlichen Entwicklungen außerhalb Deutschlands. Folgende Leitlinien verfolgt die Zeitschrift für Erziehungswissenschaft:

- Öffnung von qualitativ hochstehender Forschung für breite Rezipientenkreise
- Bekenntnis zur Interdisziplinarität der Erziehungswissenschaft und Verzicht auf pädagogische Provinzialität
- konsequente Öffnung für die internationale Entwicklung von „Educational Research"
- Schaffung eines Forums für divergente wissenschaftliche Beschäftigungen mit Erziehungs-, Bildungs- und Sozialisationsvorgängen im gesamten Lebenslauf des modernen Menschen

Die Leser und Leserinnen der Zeitschrift verfügen somit über ein Periodikum, das ihnen die für Erziehung und Bildung wichtigen internationalen und interdisziplinären Entwicklungen in weiten Bereichen der Erziehungswissenschaft zuverlässig, sachlich und nachvollziehbar präsentiert (vgl. Zeitschrift für Erziehungswissenschaft 2016).

Dank der Open-Access-Bewegung, deren Ziel die größtmögliche Verbreitung wissenschaftlicher Erkenntnisse ist, können Sie wissenschaftliche Literatur durch das nutzerfreundliche Rechtemanagement vermehrt als Volltexte lesen, laden und für Ihre Arbeiten weiterverwenden. Erfreulicherweise hat sich auch die *Zeitschrift für Erziehungswissenschaft* dieser Bewegung angeschlossen, so dass Sie über die Seite der Deutschen Gesellschaft für Erziehungswissenschaft Zugriff auf alle bisher erschienen Ausgaben haben. Also: www.dgfe.de/zeitschrift-erziehungswissenschaft.html ansurfen und stets auf dem aktuellen Stand der Fachdisziplin bleiben. Dies ist keine Option, sondern ein Muss!

4.3.3.4 Internetsuchmaschinen – Google Scholar

Aus dem Bisherigen wird deutlich, dass die Suche nach Fachliteratur mit einer Suchmaschine wie Google, Firefox oder Bing im frei zugängigen Internet nicht die effizienteste Art der Recherche darstellt. Zu viele Treffer, kaum wissenschaftlich relevantes Material sowie eine fragwürdige Priorisierung der Suchergebnisse lassen Ihre Recherche mühsam und zeitintensiv werden. Dass privatwirtschaftliche Anbieter wie beispielsweise Google Einfluss auf die Wissenschaft nehmen, dies ist unbestritten, denn sie bestimmen ja auch maßgeblich mit, was im frei zugänglichen Internet als ‚wertvolles' wissenschaftliches Wissen bewertet und gelistet wird.

Speziell der unter www.google.scholar.de kostenfrei zu nutzende Dienst richtet sich primär an Wissenschaftler, Forscher, Studierende, Hochschuldozierende, wissenschaftliche Mitarbeiter und Doktoranden sowie Schülerinnen. Wie König (2010, S. 25) in seiner lesenswerten Studie mit dem Titel

Goolge, Google Scholar, Google Books in der Wissenschaft ausführt, „handelt es sich bei Google Scholar um eine speziell akademisch ausgerichtete Suchmaschine mit dem Ziel, wissenschaftliche Publikationen auffindbar zu machen. Sie unterscheidet sich jedoch nicht nur hinsichtlich ihrer Zielgruppe von der Universalsuchmaschine Google, sondern auch in ihrer technischen Konzeption: Um auch Inhalte des für Crawler häufig nicht zugänglichen akademischen Webs verfügbar zu machen, wird hier auf zusätzliche Methoden zur Indexierung der gewünschten Inhalte zurückgegriffen." Gleichzeitig werden auch bestimmte Funktionsprinzipien wie die Anzeigeweise der Treffer und einige Suchoptionen aus der Universalsuchmaschine übernommen bzw. adaptiert und erweitert. Zudem sind die Dienste Google Books und Google Scholar eng vernetzt, so dass Ihnen beide einen schnellen und fachlich zumeist fundierten Zugriff auf Literaturhinweise sowie Publikationen erlauben. Die Suchanfrage zum Thema Kinderarmut ergab knapp 5000 Treffer, die Ihnen, wie Abbildung 12 zeigt,

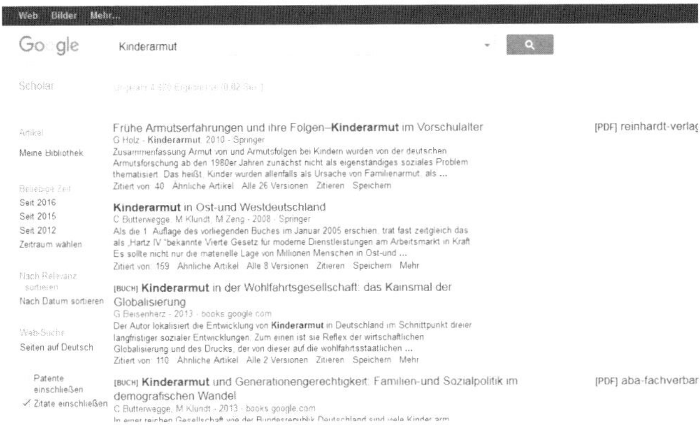

Abb. 12: Ergebnismaske von Google Scholar
Quelle: Screenshot von https://scholar.google.de/scholar?q=Kinderarmut&btnG=&hl=de&as_sdt=1 %2C5

durch die Angabe von Zitationshäufigkeit, Autoren, Kurzbeschreibung, Verlag sowie eine direkte Verlinkung ein effizientes Arbeiten erlauben.

4.3.4 Zusammenfassung: Wikipedia und das Museum of Hoaxes

Wie kam der Philosoph Seneca ums Leben? Wie hieß der Hund von Adolf Hitler? Was bedeutet der Begriff Synkretismus? Oder wann gab der erste Synthesizer einen Ton von sich? Auf all diese Fragen weiß Wikipedia sofort eine Antwort, doch sind nicht alle davon richtig. Viele davon sind sogar mutwillige Fälschungen, die gezielt Falschinformation streuen. Über die Gründe, weshalb Menschen dies tun, können Sie vortrefflich streiten. Nicht aber darüber, dass Wikipedia eine wissenschaftliche NoGo-Area darstellt.

Hinter dem englischen Begriff Hoax verbergen sich all diese mehr oder minder scherzhaften Falschmeldungen, die über das Internet in Umlauf gebracht werden und deren Urheber zumeist anonym bleiben. Die Enzyklopädie Wikipedia hat unter der Adresse https://en.wikipedia.org/wiki/Listofhoaxes eine überwältigend lange Liste dieser Urban Legends ins Netz gestellt, die sich auf Wikipedia selbst befinden. Und Alex Boese hat diesem Phänomen ein ganzes Museum gewidmet, das selbst eine Hoax ist, ein Meta-Hoax der Hoaxes also. Das *Museum of Hoaxes* erreichen Sie unter www.hoaxes.org; dort angekommen lädt es Sie ein, eine kurze Pause vom wissenschaftlichen Arbeiten zu machen, im virtuellen Museum zu verweilen und über den Zusammenhang von Realität und Fiktion zu sinnieren.

4.4 Verwaltung von Literatur

Wie hieß nochmal dieser Autor? Woher habe ich denn nun dieses Zitat entnommen? Wer wissenschaftlich arbeitet, der kennt diese leicht vermeidbaren Fragen, die auf das wichtige Thema Literaturverwaltung verweisen. Neben der Verwaltung von Literatur müssen Sie diese auch den Regeln entsprechend bearbeiten, in den Text integrieren und ein vollständiges und sorgfältiges Literaturverzeichnis erstellen. Noch vor wenigen Jahren war dies ein sehr mühsames und zeitintensives Verfahren, da alles ‚zu Fuß' eingegeben und formatiert werden musste. Ihnen kann dies erspart bleiben, wenn Sie auf eines der mittlerweile zahlreichen Literaturverwaltungsprogramme zurückgreifen.

4.4.1 Software zur Literaturverwaltung

Sie heißen Citavi, RefWorks, EndNote, Mendeley, Zotero, LitLink, Jabref oder Bibliographix und wollen eines: Ihnen die Verarbeitung und Verwaltung von Literatur erleichtern. Und das machen sie auch so gut, dass Sie diese kleinen Helfer von Anfang an in Ihr Studium einbinden sollten. Gründe dafür werden Ihnen im Folgenden aufgeführt. Aber noch eines vorab: Gut sind alle und die Nachteile zeigen sich erst an Ihren Erwartungen und technischen Voraussetzungen, denn manche Programme laufen nicht unter MacOS, andere haben keine ISBN- oder ISSN-Erkennung, wenn Sie im Internet recherchieren usf. Insofern kann an dieser Stelle nicht verhandelt werden, welches Programm für Sie das geeignetste ist. Die Entscheidung können Sie vielmehr davon abhängig machen, welche in der Regel dann auch kostenpflichtige Vollversion Ihnen Ihre Hochschule als für Sie dann kostenfreie Campuslizenz anbietet, denn dann sind die guten Programme wesentlich besser.

4.4.2 Gründe für die Verwendung von Literaturverwaltungssoftware

„Ach nö, ich will mein Leben ohnehin weiter analogisieren, die Literatur werde ich wie in der Schule mittels Karteikarten organisieren", könnten Sie abwehrend anführen. Zudem ist das Sich-Einfinden in eine vielleicht ungewohnte Software mit Zeit und Aufwand verbunden. Sicherlich, das Leben mit mehr analogen Erlebnissen auszustatten und der digitalen Entfremdung entgegenzuwirken, dies ist ein unterstützenswerter Ansatz, den in „Zeiten der industriellen Produktion von Kultur" zu verfolgen uns schon der kritische Denker Theodor Wiesengrund Adorno angehalten hat. Jedoch sollte mithin das Letzte, das Sie analogisieren wollen, Ihre Literaturverwaltung sein, denn digital bietet sie Ihnen, wie in Abbildung 13 dargestellt, ein ganzes Bündel an Vorteilen:

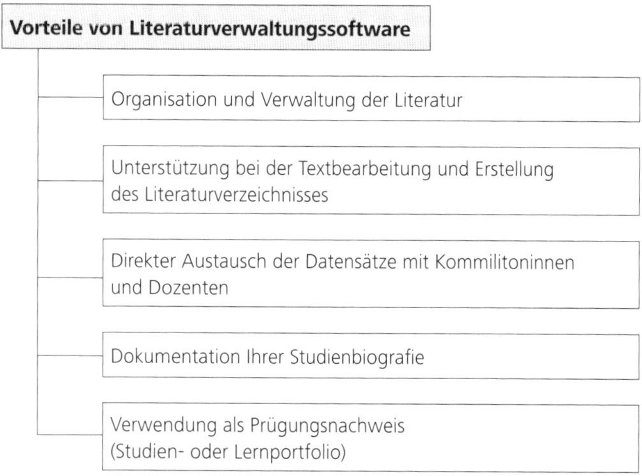

Abb. 13: Vorteile einer Software zur Literaturverwaltung
Quelle: Eigene Darstellung

4.4.2.1 Verwaltung

Wissenschaftlich zu arbeiten bedeutet in erster Linie, Literatur zu verarbeiten. Bei der Verwaltung hilft Ihnen eine Literaturverwaltungssoftware. Da diese in mehr oder minder starkem Maße in Ihr Schreibprogramm sowie Ihren Browser eingebunden ist, haben Sie stets Zugriff auf Ihre Literatur und können diese stets erweitern. So verfügt beispielweise das Programm Citavi über den sog. Picker. Diese Zusatzfunktion erkennt beispielsweise automatisch ISBN, ISSN oder auch andere Identifikationsmerkmale von Literatur und ermöglicht Ihnen, diese mit allen benötigten Angaben in Ihre Literaturdatenbank zu übernehmen.

4.4.2.2 Literaturbearbeitung und Literaturverzeichnis

Wissenschaftliche Texte zu erstellen bedeutet, Literatur auszuwerten, die daraus destillierten Argumente dialektisch anzuordnen und durch eine klare Beleg- und Verweisstruktur für andere nachvollziehbar zu machen. Dies ermöglichen Sie einerseits, indem Sie im Text Kurzverweise der Ihren Argumenten zugrunde liegenden Literatur angeben und andererseits dadurch, dass Sie im Literaturverzeichnis alle im Text bemühten Quellen vollständig anführen. Ein wesentliches Qualitätskriterium wissenschaftlicher Arbeiten liegt gerade in der Konsistenz von der im Text angeführten Literatur mit der im Literaturverzeichnis mit allen Angaben aufgeführten Literatur. Hier ist 100-prozentige Sorgfalt angesagt. Literaturverwaltungssoftware sorgt dafür, dass diese Konsistenz hergestellt wird, es kann nicht mehr passieren, dass Sie eine Quelle übersehen und nicht aufführen. Zudem können Sie in den meisten Programmen aus einer Vielzahl von Zitations- und Literaturdarstellungsarten wählen, so dass Sie – auch bei Spezialwünschen Ihrer Professorinnen – dies auch noch manuell anpassen können.

4.4.2.3 Kommunikation

Während Ihres Studiums werden Sie auch in Teams arbeiten – und auch dort wird die Basis der Zusammenarbeit erziehungswissenschaftliche Literatur sein. Mittels Datensätzen können Sie diese Literaturlisten zusammenführen, optimieren und stets für alle auf dem aktuellen Stand halten. Zudem können Sie Ihre persönliche Literaturliste Ihren betreuenden Dozenten als Gesprächsgrundlage senden.

4.4.2.4 Prüfungsnachweis

An anderer Stelle wurde bereits ausgeführt, dass etwa die Prüfungsform *Portfolio* sich zunehmender Beliebtheit erfreut. So können Sie durch Ihre Literaturverwaltungssoftware einfach formell korrekt dokumentieren sowie nachfolgend reflektieren, auf welcher Literaturbasis Ihre wissenschaftliche Expertise gründet. Und im Rahmen von Abschlusskolloquia stellen Literaturlisten eine hervorragende Gesprächsgrundlage dar, um in einem gemeinsamen Fachgespräch Ihren bisherigen Bildungszuwachs zu reflektieren.

4.4.2.5 Dokumentation Ihrer Studienbiografie

Neben den Veranstaltungen, die Sie besuchen, den Prüfungen, die Sie meistern, den Praktika, die Sie erfolgreich absolvieren, ist die von Ihnen bearbeitete Literatur der vierte und leider meistens vergessene Bereich, der Ihre wissenschaftliche Expertise ausweist. Beginnen Sie also schon gleich am Anfang Ihres Studiums, sämtliche von Ihnen reflektierte Literatur durch ein Verwaltungsprogramm zu organisieren. Nicht nur, dass Sie damit eine vorzügliche Anlage für Bewerbungen zur Hand haben, darüber hinaus kann Sie diese Datenbank über Ihre gesamte berufliche Laufbahn begleiten.

4.4.3 Zusammenfassung: Adorno, Literaturverwaltungsprogramme und das überzeitliche Problem der Halbbildung

Kennen Sie Theodor Wiesengrund Adorno, einen der schärfsten deutschen Denker des frühen 20. Jahrhunderts und Mitbegründer der sog. Kritischen Theorie, welche die Erziehungswissenschaft nach den Ereignissen des Dritten Reiches unter Generalverdacht stellte? Wenn ja: Glückwunsch. Wenn nein, mögen Ihnen folgende Zitate einen ersten Eindruck vermitteln:

„Die Forderung, dass Auschwitz nicht noch einmal sei, ist die allererste an Erziehung. Sie geht so sehr jeglicher anderen voran, dass ich weder glaube, sie begründen zu müssen noch zu sollen. (…) Jede Debatte über Erziehungsideale ist nichtig und gleichgültig diesem einen gegenüber, dass Auschwitz nicht sich wiederhole" (Adorno 1971, S. 88).

Und weiter: „Was heute als Bildungskrise offenbar wird, ist weder bloß Gegenstand der pädagogischen Fachdisziplin, die unmittelbar damit sich zu befassen hat, noch von einer Bindestrichsoziologie – eben der der Bildung – zu bewältigen. Die allerorten bemerkbaren Symptome des Verfalls von Bildung, auch in der Schicht der Gebildeten selber, erschöpfen sich nicht in den nun bereits seit Generationen bemängelten Unzulänglichkeiten des Erziehungssystems und der Erziehungsmethoden. Isolierte pädagogische Reformen allein, wie unumgänglich auch immer, helfen nicht. Zuweilen mögen sie, im Nachlassen des geistigen Anspruchs an die zu Erziehenden, auch in argloser Unbekümmertheit gegenüber der Macht der außerpädagogischen Realität über jene, eher die Krise verstärken. Ebensowenig reichen isolierte Reflexionen und Untersuchungen über soziale Faktoren, welche die Bildung beeinflussen und beeinträchtigen, über deren gegenwärtige Funktion, über die ungezählten Aspekte ihres Verhältnisses zur Gesellschaft, an die Gewalt dessen heran, was sich vollzieht. Ihnen bleibt die Kategorie der Bildung selbst, ebenso wie jeweils wirksame, systemimmanente Teilmomente innerhalb des gesellschaftlichen Ganzen, vorgegeben; sie bewegen sich im Rahmen von Zusammenhängen, die selber erst zu durchdringen wären. Was aus Bildung wurde und nun als eine Art negativen objektiven Geistes, keineswegs bloß in Deutschland, sich sedimentiert, wäre selber aus gesellschaftlichen Bewegungsgesetzen, ja aus dem Begriff von Bildung abzuleiten. Sie ist zu sozialisierter Halbbildung geworden, der Allgegenwart des entfremdeten Geistes" (Adorno 1959a, S. 93).

Unübersehbar ist Adornos Anspruch an eine Bildung, die reflektiert, kritisch hinterfragend und fundiert vonstattengeht. Häppchenweise und unhinterfragt aufgenommene Information, die dann zu einem flachen argumentativen Begründungszusammenhang verbunden wird, ist verachtenswerte Halbbildung, die schließlich leicht zu instrumentalisieren ist.

Einer Ihrer Nachweise über Bildung ist der über die von Ihnen verarbeitete Literatur. Literaturverwaltungsprogramme halten diesen Bildungsprozess – zumindest formell – aktuell und nötigen Sie, sich mit der Qualität der von Ihnen bearbeiteten Literatur zu beschäftigen. Wenn sich Adorno eines von der ansonsten den Menschen entfremdenden, ökonomisierenden und verzwecklichenden Kulturindustrie gewünscht hätte, dann wären es wahrscheinlich Literaturverwaltungsprogramme gewesen; aber nur, wenn Sie auch die Fähigkeit besitzen, die von der Software verwaltete Literatur durch entsprechende Techniken zu bearbeiten, zu bewerten und konstruktiv weiterzudenken, wie dies nachfolgend spezifiziert wird.

Überleitendes Fazit: Recherchieren Sie grün!

Mit Kapitel vier ist die Intention verbunden, Sie über Literaturarten und -typen sowie über deren Bewertung zu informieren, Ihnen Grundlagen und Quellen für eine gelingende Recherche erziehungswissenschaftlicher Literatur näher zu bringen sowie Sie zu überzeugen, dass – frei nach Loriot – ein Studium ohne Literaturverwaltungssoftware prinzipiell möglich, aber sinnlos ist. Ein Aspekt indes ist bisher völlig unerwähnt geblieben, der aber von nachhaltiger Wichtigkeit ist: die ökologische Seite Ihrer Recherche.

Haben Sie sich schon jemals Gedanken darüber gemacht, was eine Suchanfrage im Internet kostet? Und welchen ökologischen ‚Surfabdruck' Sie mit Ihrem Rechercheverhalten hinterlassen? Egal? Keinesfalls, wenn wir hier von bildungsrelevanten Inhalten sprechen wollen. Abgesehen von den Betriebskosten für Ihre elektronischen Endabnehmer wie PC, Laptop und Smartphone fallen natürlich für jede von Ihnen gestellte Suchanfrage energetische Kosten an: „Geht man von den vier Watt pro Stunde aus, entspricht das [eine Suchanfrage bei Google; M.O.] umgerechnet dem Stromverbrauch einer Energiesparlampe mit einer Leistungsaufnahme von vier Watt, die eine Stunde lang brennt. (...) Ein Jahr lang eine Identität in der Parallelwelt Second Life zu pflegen, entspricht dem durchschnittlichen jährlichen Stromverbrauch eines Brasilianers" (Winterschladen 2010) – Facebook & Co dürften kaum günstigere ökologische Werte aufweisen. Schonen Sie unsere Umwelt und verzichten Sie auf unnötige Suchanfragen, recherchieren Sie kompetent und effizient. Und ökologisch nachhaltig organisierte Literatur zu bearbeiten bestätigt und bestärkt Sie in Ihrem akademisch reflektierten Vorgehen, was Inhalt des nachfolgenden Kapitels 5 ist.

5 Lesen, verstehen, verarbeiten

Kennen Sie das: Sie lesen einen Text und überlegen nebenbei, was Sie heute kochen werden und wen Sie noch anrufen wollten? Können Sie sich dabei auf den Text konzentrieren und danach noch an die Inhalte erinnern? Höchstwahrscheinlich nicht. Vielmehr scheint Ihr Gehirn unterfordert zu sein und sucht nach Herausforderungen, weshalb Ihre Konzentration förmlich vom Text in andere Bereiche abwandert. Und vielleicht sind Sie auch noch eine Langsamleserin, die weniger als 150 Wörter pro Minute liest. Schlechte Voraussetzungen, denn im Studium werden Sie sehr viel Zeit mit Lesen verbringen – rein rechnerisch circa 2.300 Stunden Lesezeit, was bei einem Pensum von sechs Stunden täglich immerhin volle 383 Lesetage ausmacht. Vor diesem Hintergrund lohnt es sich allemal, sich genauer mit Techniken des Lesens und der Textbearbeitung zu beschäftigen, denn hier kann richtig viel Zeit vergeudet oder aber auch gespart werden. Allein, wenn Sie Ihre Lesegeschwindigkeit um 25 % steigern, dann sind das volle 25 Tage, die Sie für andere Aktivitäten, beispielsweise eine erholsame Urlaubsreise, verwenden können. Damit Sie diesem Ziel näher kommen, zeigt Ihnen dieses Kapitel zunächst die verschiedenen Lesearten (5.1) und thematisiert zentrale Punkte (5.2), die Sie bei der Literaturbearbeitung beachten sollten. Unterkapitel 5.3 beschäftigt sich mit Methoden, wie Sie Ihre Lesebremsen ausschalten und damit Ihre Lesefähigkeit verbessern und beschleunigen können.

5.1 Lesearten

Im Unterschied zu Schulbüchern und Trivialliteratur sind erziehungswissenschaftliche Texte zumeist weitaus komplexer, schwerer zu lesen und mühsamer zu verstehen. Deshalb müssen Sie Ihr Repertoire an Lesearten ausweiten, um ein effektives Bearbeiten der Texte zu ermöglichen. Wahrscheinlich kennen Sie den Ausdruck des ‚kursorischen Lesens', welcher sich vom lateinische Wort ‚currere' für laufen, eilen oder rennen ableitet. Der Begriff deutet schon darauf hin, dass Sie sich mit unterschiedlichen Geschwindigkeiten durch einen Text bewegen können. Aber es lassen sich noch mehr Arten des Lesens unterscheiden. Je nach Ihrer Zielsetzung werden Sie eine andere Leseart wählen. In Anlehnung an Krings et al. (2011, S. 14) können folgende elf Lesearten differenziert werden:

1. Orientierendes Lesen: Sie blättern einen Text durch und achten dabei auf alles, was Ihnen einen Überblick über den Inhalt des Textes geben könnte, insbesondere Inhalts- und Literaturverzeichnisse, Abstracts, Zusammenfassungen, Überschriften und Zwischenüberschriften, Grafiken und Tabellen, Hervorhebungen im Text und Ähnliches. Sie achten nur auf diese Eye-Catcher, es werden aber keine einzelnen Textpassagen gelesen. Das orientierende Lesen dient Ihnen vor allem dazu, sich einen ersten Eindruck vom Text und von den in ihm vermutlich enthaltenen Informationen zu verschaffen, um dann zu entscheiden, ob sich eine gründlichere Lektüre lohnt.

2. Kursorisches Lesen (auch als ‚überfliegendes Lesen', ‚skimming' oder ‚browsing' bezeichnet): Auch beim kursorischen Lesen geht es nicht darum, den Text als ganzen aufzunehmen, sondern darum, in einem Schnelldurchgang so viel wie möglich vom Textinhalt zu erfassen. Dabei geht das kursorische Lesen weiter als das orientierende Lesen, weil es nicht nur optisch auffällige Textelemente wie Überschriften oder Hervorhebungen im Text wahrnimmt, sondern auch bereits Teile des Fließtextes verarbeitet. Im Englischen heißt diese Technik deshalb auch ‚skimming' (von ‚to skim' = abschöpfen) und in der Tat geht es darum, dasjenige vom Text ‚abzuschöpfen', was sich Ihnen für einen leichten Zugriff anbietet. Wie

erfolgreich das kursorische Lesen ist, hängt vom Geschick in der Auswahl der wahrgenommenen Textpassagen ab. Eine gute Strategie kann z. B. darin bestehen, die ersten und die letzten Sätze von Absätzen kurz zu betrachten, denn diese enthalten oft brauchbare Informationen über den Inhalt des Absatzes. Eine andere kann darin bestehen, im Text nach bedeutungstragenden Schlüsselwörtern Ausschau zu halten. Ein Absatz, in dem ein Wort wie ‚Bildungsreform' oder ‚Pisa-Studie' vorkommt, wird vermutlich eine Aussage zu Bildungsreform oder zu Schulleistungsstudien enthalten. Wörter wie ‚Absicht', ‚Bedeutung', ‚beitragen' oder ‚erhalten' hingegen werden kaum etwas über den Inhalt eines Absatzes aussagen.

3. Vollständiges Lesen (auch ‚totales' oder ‚statarisches' Lesen genannt): Sie lesen den Text vollständig und gründlich mit der Absicht, ihn ganz zu verstehen.

4. Studierendes oder erarbeitendes Lesen: Dies ist eine noch intensivere Form des Lesens. Im Gegensatz zum vollständigen Lesen (das wir z. B. auch bei einem Roman anwenden) steht hier die Aufnahme des im Text vermittelten Wissens noch stärker im Vordergrund. Um das Ziel eines vertieften Verstehens zu erreichen, lesen Sie besonders konzentriert, gehen bei Nicht-Verstehen im Text zurück, halten häufiger inne, um das gerade Gelesene zu ‚verdauen', setzen es bewusst zu Ihrem Vorwissen oder anderen Passagen des Textes in Bezug, machen Notizen oder Exzerpte usw.

Neben diesen vier Grundlesearten gibt es noch eine Reihe von Spezialformen, die für das wissenschaftliche Arbeiten ebenfalls von Interesse sind.

5. Selektives Lesen: Sie lesen nicht den ganzen Text (z. B. nicht ein ganzes Buch), sondern nur einen oder mehrere be-

wusst ausgewählte Teile. Die Entscheidung darüber, welche Teile Sie lesen, wird häufig als Ergebnis eines vorausgehenden orientierenden Lesens gefasst. Das selektive Lesen selbst kann dann wiederum ein vollständiges oder ein erarbeitendes bzw. studierendes Lesen sein. Speziell die Suchfunktion bei digitalen Textversionen erlaubt Ihnen eine schnelle Überprüfung des Textes mittels Schlüsselwörtern, so dass Sie ohne Umwege die Sie interessierenden Textpassagen lokalisieren können.

6. Probelesen: Diese Technik können Sie anwenden, um sich einen Eindruck von einem bestimmten längeren Text zu verschaffen, z. B. von seiner Verständlichkeit oder seinem fachlichen Schwierigkeitsgrad. Am besten wählen Sie dazu einen Textabschnitt aus der Mitte des Textes und wenden dabei die Technik des vollständigen Lesens (Nr. 3) auf ein oder zwei willkürlich gewählte Textabschnitte von einer bis zwei Seiten an.

7. Suchendes Lesen (auch als ‚scanning' oder ‚search reading' bezeichnet): Das suchende Lesen kommt zum Einsatz, wenn Sie in einem Text bestimmte Informationen suchen, ohne sich für den gesamten Text zu interessieren. Dies kann z. B. ein bestimmter Name, ein Fachausdruck, eine einzelne Studie, ein bestimmtes Forschungsergebnis, eine treffende Definition oder dergleichen sein. Auch das erneute Lesen eines bereits früher gelesenen Textes mit dem Ziel, eine bestimmte Information wiederzufinden (z. B. die Erwähnung eines Autors, eines Werks, eines Ereignisses usw.), fällt in diese Kategorie. Das suchende Lesen ist meist eine Kombination aus orientierendem (Nr. 1) und kursorischem Lesen (Nr. 2). In diesem Zusammenhang ist es häufig hilfreich, die entsprechende digitale Version bei Google Books aufzurufen und mittels der Suchfunktion die gewünschte Information zu recherchieren.

8. Inspirierendes Lesen (‚reading for inspiration'): Beim inspirierenden Lesen hingegen wissen Sie noch gar nicht so genau, was Sie eigentlich suchen, außer dass Sie auf Ideen warten, z. B. Ideen für die Art und Weise, wie man sich einem Thema überhaupt nähern möchte, welche Teilaspekte es hat, welche Relevanz für praktische Fragen in ihm steckt oder Ähnliches. Sie verfahren nach dem sog. Serendipity-Prinzip, wonach Sie den Zufall walten lassen und gespannt sind, was Ihnen so begegnen wird. Auf der Suche nach dieser Inspiration ist es weder notwendig noch sinnvoll, ganze Texte detailliert zu lesen. Es ist nicht einmal unbedingt notwendig in einem Text chronologisch zu lesen; Sie können auch hin und her springen. Gelesen wird nur, was Ihre eigenen Gedanken voranbringt.

9. Einprägendes Lesen: Diese Form des Lesens wird angewandt, um bestimmte Inhalte eines Textes in das Langzeitgedächtnis zu überführen. Hier geht es nicht nur um das vollständige Verstehen, sondern zusätzlich um das Memorieren, also die Fähigkeiten, die verstandenen Inhalte bei Bedarf wieder so reproduzieren zu können, wie sie im Text präsentiert wurden. Das einprägende Lesen wird typischerweise zur Vorbereitung von Prüfungen eingesetzt.

10. Evaluierendes Lesen: Bei dieser Form des Lesens geht es darum, zu einer Bewertung des Textes zu kommen. Anders als beim reinen Korrekturlesen, das stark auf punktuelle formale Mängel im Text ausgerichtet ist (z. B. Tippfehler), ist das evaluierende Lesen stärker inhaltlich ausgerichtet. Ihre Dozenten werden Ihren Text später vor allem mit dieser Lesetechnik betrachten. Aber auch für Sie kann diese Lesetechnik wichtig werden, wenn Sie zum Beispiel im Rahmen Ihrer Arbeit Primärtexte selbst bewerten müssen. Dazu müssen Sie aber ein Gefühl entwickeln, was in einem ‚Peer-reading-Tandem' gut geschult werden kann. Treffen Sie mit einer Mitstudierenden

die Abmachung, grundsätzlich füreinander als Probeleserinnen zur Verfügung zu stehen nach dem Motto: „Ich lese alle deine Texte und du meine.“ Solange das Prinzip der Gegenseitigkeit gewahrt ist und die zu lesenden Textmengen nicht völlig ungleich werden, wird dieses Tandem gut funktionieren. Es bietet Ihnen gleich mehrere Vorzüge: Zum einen entfällt das lästige Suchen nach Probelesern, das leicht zu einer Bettelaktion werden kann. Die Tandempartnerin steht vereinbarungsgemäß zur Verfügung. Zudem wird diese sich in der Regel sehr viel mehr Mühe mit ihrem Feedback geben als eine beliebige Probeleserin, denn sie weiß ja, dass sie Gleiches von Ihnen erwartet. Und zum Dritten wird Ihre Tandempartnerin im Laufe der Zeit ihren Blick schärfen gerade für die Mängel, die sich in Ihren Texten häufig finden, z. B. Ihren Lieblingsvertipper, Ihren Hang zu überlangen Sätzen oder die konsequente Nichtbeachtung einer Kommaregel. Wachsende Erfahrung mit Ihren Texten wird sich hier also positiv auf die Qualität des Feedbacks auswirken. Nutzen Sie diese Chance.

11. Korrekturlesen: Diese Sonderform des Lesens wird eingesetzt, um Mängel in einem eigenen oder fremden Text aufzuspüren und zu beheben. Das Augenmerk liegt dabei meist auf Aspekten wie Rechtschreibung und Interpunktion oder den einzelnen Formulierungen. Es ist meist eine spezielle Form des vollständigen Lesens.

Entscheidend für das effiziente Lesen von Texten ist nun die Auswahl der jeweils richtigen Lesestrategie in Abhängigkeit von Ihrem Leseziel. Wenn Sie z. B. gerade erst mit dem Lesen für Ihre schriftliche wissenschaftliche Hausarbeit beginnen und das Thema für Sie noch keine klaren Konturen hat, dann ist wahrscheinlich das ‚inspirierende Lesen‘ die beste Strategie. Für eine erste Einschätzung der Einschlägigkeit bei der Erstellung Ihrer Lektüreliste hingegen ist das ‚überblicksortierte

Lesen' ausreichend. Haben Sie bereits relativ viel Material zusammengetragen und wollen abschätzen, ob in einer weiteren Quelle noch neue Aspekte enthalten sind, dürfte das ‚überfliegende Lesen' die richtige Technik sein. Steht hingegen fest, dass Sie eine Quelle ausführlich referieren werden, wird vollständiges Lesen nötig. Wenn Sie mit Ihrer Hausarbeit in der Revisionsphase angekommen sind, werden Sie das Korrekturlesen einsetzen.

Machen Sie sich vor dem Lesen also immer bewusst, mit welcher der genannten Strategien Sie sich dem Text nähern wollen. Dabei ist es in der Regel nicht sinnvoll, mehrere Strategien unüberlegt miteinander zu vermischen, sondern schrittweise zu kombinieren, wie dies im nächsten Abschnitt erläutert wird.

5.2 Textverständnis

Anhand der in Kapitel 4 dargestellten Recherchemethoden haben Sie eine qualitativ ansprechende Vorauswahl an Literatur gefunden, die nun vor Ihnen am Schreibtisch liegt und bearbeitet werden soll. Dazu müssen Sie entscheiden, welche Monografie Sie gründlich lesen wollen, welchen Aufsatz Sie zunächst nur kursorisch lesen werden und welches Herausgeberwerk ungelesen zurück in die Bibliothek kann. Ihre Aufgabe ist es nun, aus der Fülle an erziehungswissenschaftlicher Literatur das für Sie Brauchbare auszuwählen und weiterführend auszuwerten. Dies soll in einem fünfstufigen Prozess geschehen (zum Folgenden vgl. Esselborn-Krumbiegel 2008, S. 77–88; Abb. 14).

5.2.1 Text überfliegen

Wenn Sie (erziehungs)wissenschaftliche Literatur auf Tauglichkeit prüfen, dann empfiehlt es sich, die eigenen Erwartungen

1. Text überfliegen	• Inhaltsverzeichnis • Durchblättern • Eye-Catcher • Literaturverzeichnis • ==> Orientierendes Lesen
2. Zentrale Aussagen erfassen	• Einleitung • Erste Sätze • Zusammenfassungen • Schlussresümee • ==> Kursorisches Lesen • ==> Probelesen
3. Fragen an den Text stellen	• Was weiß ich schon? • Was will ich wissen? • Zentrale Fragen formulieren
4. Text lesen	• Text bearbeiten (Markierungen) • Eigene Gedanken festhalten • ==> Studierendes oder erarbeitendes Lesen
5. Ergebnis sichern & Exzerpt erstellen	• Zentrale Textstellen vertiefen • Exzerpte verfassen • Anschlussfähigkeit festlegen • ==> Selektives Lesen

Abbildung 14: Textbearbeitung in fünf Schritten
Quelle: Eigene Darstellung in Anlehnung an Esselborn-Krumbiegel (2008, S. 79)

zu klären und streng zu sein. Wie bereits mehrfach betont, bildet die von Ihnen ausgewählte Literatur das Fundament. Nur auf der Basis qualitativ hochwertiger Literatur können Sie auch eine qualitativ hochwertige Arbeit verfassen. In diesem ersten Schritt werden Sie die vor Ihnen liegende Publikation überfliegen, um aus einer gewissen Distanz den kompletten Rahmen zu erfassen; erst später landen Sie und tauchen tiefer ein. Prüfen Sie also zunächst das Inhaltsverzeichnis: Ist es klar, nachvollziehbar, aussagekräftig und schwerpunktmäßig für Ihre Arbeit von Relevanz? Anschließend blättern Sie die Veröffentlichung im Sinne des orientierenden Lesens durch. Achten Sie auch auf die Architektur des Textes, auf Zwischentitel, das Verhältnis von Haupt- und Unterkapitel sowie deren Länge. Dies zeigt Ihnen, welche Schwerpunkte der Autor legt und hilft Ihnen zu entscheiden, ob die Publikation für Ihren thematischen Zugang relevant ist. Achten Sie zudem auf die sog. Eye-Catcher, also grafisch exponierte Darstellungen wie Abbildungen, in Fett- oder Kursivdruck hervorgehobene Schlüsselbegriffe, abgesetzte Zitate und auf Merkmale, die den Text strukturieren. Der vorliegende Text beispielsweise schließt ein Kapitel jeweils mit einem überleitenden Fazit ab. Am Ende sichten Sie das Literaturverzeichnis. Holen Sie sich dabei einen ersten Eindruck ein: Ist es umfänglich, wirkt es gepflegt, ist eine stimmige Auswahl von Monografien, Beiträgen in Zeitschriften und Sammelwerken sowie grauer Literatur gegeben?

Wenn Sie nach diesem ersten Überfliegen – trotz Ihrer strengen Kriterien – einen guten Eindruck haben und Vertrauen in die Belastbarkeit der Publikation gewonnen haben, dann geht es weiter mit dem zweiten Schritt. Sollten Sie aber – auch nur diffuse – Bedenken haben, dann sofort zurück in die Bibliothek.

5.2.2 Zentrale Aussagen erfassen

Nachdem die Publikation den ersten Prüfvorgang bestanden hat, geht es nun darum, auf eine erste inhaltliche Tuchfühlung zu gehen, und zwar mittels des kursorischen Lesens. Dazu werten Sie zuerst die Einleitung aus. Die Einleitung wissenschaftlicher Texte bietet in der Regel folgende Informationen:

Aufbau, Struktur, Leitfrage, (meta)theoretischer Bezugsrahmen, Forschungsmethode, einschränkende Vorbemerkungen – also alles, was der Leser (nicht) zu erwarten hat. Auch können Sie am Schreibstil schon beurteilen, ob es eine ‚harte Nuss' zu knacken gilt, die Ihnen ggf. viel Zeit raubt oder ob Sie eine leserfreundliche Publikation recherchiert haben, die trotz fachlich präziser Ausdrucksweise auf einem verständlichen und somit schnell lesbaren Niveau bleibt. Sollten sich bei Ihnen bereits Bedenken einstellen, dann lohnt das Probelesen weniger Seiten.

Neben der Analyse des Inhaltsverzeichnisses können Sie anhand der ‚Erste-und-letzte-Satz-Methode' einzelne Abschnitte überprüfen. Häufig informieren die ersten und letzten Sätze eines Abschnitts über den gesamten Inhalt. Somit können Sie schnell entscheiden, ob die für Sie zentralen Begriffe, Fragen und Bezüge auftauchen und eine weiterführende Lektüre überhaupt erfolgversprechend ist.

Zusätzlich informieren Sie Zusammenfassungen über die zentralen Aussagen des Textes, die häufig ein Kapitel beschließen. Zudem komprimiert die Zusammenfassung am Ende der Publikation alle wichtigen Ergebnisse auf zwei bis fünf Seiten, die Sie unbedingt lesen sollten. Vor allem bei Hochschulschriften (Habilitation, Doktorarbeit) können Sie die Endzusammenfassung als zentrales Kapitel werten. Auf Basis der bisherigen Überprüfung können Sie nun fundiert entscheiden, ob Sie sich weiterführend mit dieser Publikation beschäftigen werden oder nicht. Ein Vielleicht ist nicht ratsam.

5.2.3 Fragen an den Text stellen

Haben Sie Lust ein Buch zu lesen, dessen Kernaussagen und Ergebnisse Sie schon kennen? Wahrscheinlich nicht. Vielmehr wollen Sie ja Neues erfahren und Ihre Herangehensweise mit weiteren Argumenten fundieren. Deshalb ist es von hoher Wichtigkeit zu klären, was Sie schon wissen und nicht mehr erfahren müssen und was Sie von den von Ihnen recherchierten Publikationen erwarten und erfahren wollen.

Vielleicht erleichtert Ihnen eine kleine Gedankenreise, Fragen an die Publikation zu formulieren. Stellen Sie sich vor, Sie hätten die einmalige Gelegenheit, eine international renommierte Expertin zu Ihrem Thema zu interviewen. Welche Fragen würden Sie ihr stellen? Halten Sie alle Fragen, die Sie bei diesem ersten persönlichen Brainstorming finden, schriftlich fest. Formulieren Sie konsequent in Form von Fragesätzen, nicht in Form von Stichpunkten. Arbeiten Sie nachfolgende Liste von W-Fragen konsequent ab. Schreiben Sie folgende W-Frage-Wörter untereinander und formulieren Sie mit jedem mindestens eine Frage zu Ihrem Thema:

Wer ...?
Was ...?
Warum ...?
Wieso eigentlich ...?
Wo ...?
Wann ...?
Wie ...?
Für wen ...?
Gegen wen ...?
Mit wem ...?
Wessen ...?
Womit ...?
Wofür ...?

Wovor ... ?
Worunter ...?
Worüber ...?
Worin ...?
Worum ...?
Wodurch ...?
Seit wann ...?
Inwieweit ...?
Unter welchen Umständen ...?
In welcher Form ...?
Mit welchem Ziel ...?
Nach welchen Erfahrungen ...?
Mit welcher Wirkung ...?
Für welche Zielgruppe ...?

(vgl. Krings et al. 2011, S. 100).

Je dichter Ihre Anfragen sind, desto intensiver wird der Text von Ihnen ‚ausgepresst' und wird Ihnen dementsprechend mehr Informationen liefern, denn „durch unsere Fragestellungen werfen wir gleichsam beim Lesen ein Netz aus, in dem sich diejenigen Informationen fangen, die Antworten auf unsere Fragen bieten. Wie durch ein Raster filtert so unsere Fragestellung den Ertrag der Forschung für unsere Arbeit" (Esselborn-Krumbiegel 2008, S. 83).

5.2.4 Text lesen

Nun folgt als vierter Schritt, das studierende oder erarbeitende Lesen. Jetzt sind Sie aufgefordert, den Text richtig durchzuackern. Dafür bietet es sich an, den Text mit der Methode des Speed Readings (vgl. Abschnitt 5.3) zunächst vollständig zu lesen, um dann wichtige und für Ihr Thema wesentliche Passagen differenziert zu erarbeiten und zu reflektieren. Ohne hier zu weit vorgreifen zu wollen, so muss doch erwähnt sein, warum Sie erstens unbedingt Lesehilfen verwenden und zweitens Markierungen und Kommentierungen vornehmen sollten. Ihre Augen als primäres Aufnahmeorgane des Textes hat zwei wesentliche Fähigkeiten: Es kann ruhige Objekte fixieren und sich bewegende Objekte verfolgen. Beim Lesen wird aber weder die eine noch die andere Fähigkeit beansprucht, Lesen liegt dazwischen, im Prinzip wird ein ruhiges Objekt in seiner Bewegung verfolgt mit der Konsequenz, dass das Auge permanent zwischen den Zeilen hin und her springt, nicht konzentriert und fokussiert ist und somit den unmittelbaren Text nur fragmentarisch aufnimmt. „Dieses Problem kann gelöst werden, indem das Auge die Möglichkeit hat, beim Lesen ein Objekt, das sich bewegt, zu verfolgen" (Berninger 2012, S. 62). Ihre Augen benötigen also eine Führungshilfe, damit sie ausschließlich die gerade relevante Zeile fokussieren und nicht abschweifen. Geeignete, analoge Führungshilfen sind etwa der Finger, ein Stift oder ein Lineal, am Bildschirm etwa der Mauszeiger.

Bearbeiten Sie den Text intensiv, indem Sie wichtige Aspekte markieren und interessante Argumente oder Thesen kommentieren. Natürlich können Sie keine entliehenen Publikationen mit Ihren Anmerkungen ‚markieren', weshalb Sie zentrale, in den Schritten 1 und 2 als wichtig erachtete Kapitel kopieren sollten. Dabei sind Textkennzeichnungen eine wichtige und effektive Methode, den Text auch später noch nachvollziehbar zu bearbeiten. Tabelle 9 präsentiert Ihnen Zeichen zur schnellen Identifikation von wichtigen Textstellen.

Entwickeln Sie auch eigene Textkennzeichnungen und definieren Sie Farben für bestimmte Aussagen. Markieren Sie so wenig wie möglich und so viel wie nötig. Sie werden sehen, dass Sie mit zunehmender Expertise immer weniger markieren werden, also nur die zentralen Begriffe, Aussagen und Verweise.

Tabelle 9: Textkennzeichnungen
Quelle: Eigene Darstellung

Zeichen	Bedeutung
Def.	Klare Begriffsdefinition
?	Unklarer Sachverhalt
Bsp.	Interessantes Beispiel
∑	Zusammenfassung
→	Weiterführender Aspekt, nachverfolgen
A	Belastbares Argument
☺	Tolle Formulierung
…	…

Wenn Sie Texte lesen, werden Sie hoffentlich inspiriert, angeregt, entführt und motiviert, die Gedanken weiter zu verfolgen. Deshalb müssen Sie unbedingt beim Lesen Ihre Texte kommentieren. Vor allem spontane Gedanken sollten Sie an der entsprechenden Stelle sofort notieren oder mittels selbstklebender Post-its anbringen. Diese Notizen sind fundamental wichtig, um im Nachgang zusammenfassende Exzerpte zu erstellen, wie dies in nachfolgendem Abschnitt 5.2.5 entfaltet wird.

5.2.5 Ergebnisse sichern und Exzerpt erstellen

Sicherlich haben Sie schon eine grobe Vorstellung davon, welche Inhalte in Ihrer schriftlichen Arbeit behandelt werden sollen, die eine oder andere Lektüre, vor allem wenn Sie das inspirierende Lesen anwenden, wird helfen, Ihre Vorstellung immer weiter zu konkretisieren. Diesen Klärungsprozess unterstützen Sie vor allem, indem Sie in Schritt 3 konkrete Fragen an die von Ihnen in den Schritten 1 und 2 überprüften und ausgewählten Texte stellen. Im Zuge Ihrer Arbeit hingegen werden Sie in Ihrer Vorbereitungsphase viele Texte auswerten, die Ihnen dann als konkrete Arbeitsgrundlage zur Verschriftlichung dienen. Insofern müssen Sie Ihre Arbeitsergebnisse sichern, und zwar so, dass Sie diese auch nach Wochen noch nachvollziehen können und nicht rätseln müssen, weshalb Sie gerade diese Zeile markiert, hier einen Verweis auf weiterführende Recherche und dort ein Fragezeichen angebracht haben.

Deshalb müssen Sie einerseits festlegen, welchem Kapitel Ihrer Arbeit der bearbeitete Text zuzuordnen ist. Legen Sie sich dabei für jedes Kapitel einen Ordner an, den Sie mit sauber ausgewähltem und ausgewertetem Material füllen. Damit Sie nach Abschluss der Lesephase dann auch ungehindert losschreiben können, empfiehlt es sich, über die Markierungen und Anmerkungen im Text hinaus sog. Exzerpte anzufertigen. Das Exzerpt(um) (lat. entnehmen) stellt eine eigene Textsorte dar: Es ist ein Textauszug unter einer bestimmten Fragestellung. Diese Methode ist keinesfalls neu: Schon Johann Heinrich Zedlers (1754, S. 2321) 64 Bände umfassendem *Grossen vollständigen Universal-Lexicon der Wissenschafften und Künste (1732–1754)* ist zum Lemma ‚Excerpieren', wie dies Abbildung 15 ins Bild bringt, eine noch heute treffliche Definition zu entnehmen. Der Aufbau eines Exzerpts ist in Tabelle 10 zusammengefasst.

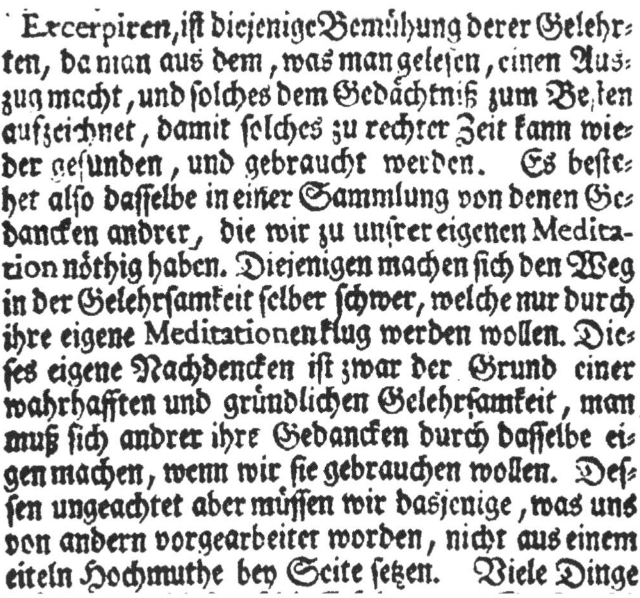
Excerpiren, ist diejenige Bemühung derer Gelehrten, da man aus dem, was man gelesen, einen Auszug macht, und solches dem Gedächtniß zum Besten aufzeichnet, damit solches zu rechter Zeit kann wieder gefunden, und gebraucht werden. Es bestehet also dasselbe in einer Sammlung von denen Gedancken andrer, die wir zu unsrer eigenen Meditation nöthig haben. Diejenigen machen sich den Weg in der Gelehrsamkeit selber schwer, welche nur durch ihre eigene Meditationen klug werden wollen. Dieses eigene Nachdencken ist zwar der Grund einer wahrhafften und gründlichen Gelehrsamkeit, man muß sich andrer ihre Gedancken durch dasselbe eigen machen, wenn wir sie gebrauchen wollen. Dessen ungeachtet aber müssen wir dasjenige, was uns von andern vorgearbeitet worden, nicht aus einem eiteln Hochmuthe bey Seite setzen. Viele Dinge

Abb. 15: Definition der Methode Exzerpieren
Quelle: Zedler (1754, S. 2321)

Tabelle 10: Aufbau eines Exzerptes
Quelle: Eigene Darstellung

Literaturnachweis	Stickel-Wolf, Christine; Wolf, Joachim (2013): Wissenschaftliches Arbeiten und Lerntechniken. Erfolgreich studieren – gewusst wie! 7., aktualisierte und überarb. Aufl. Heidelberg: Springer.
Bibliothek, Standort, Signatur	Hauptbibliothek Universität zu Köln, WA 194/b
Zentrale Fragestellung	Warum muss zitiert werden?
Wörtliche Zitate	„Wissenschaftliches Arbeiten fügt sich aus rezeptiven und kreativen Teilen zusammen; es geht letztlich darum, von anderen Personen erarbeitete Erkenntnisse wahrzunehmen und zu reflektieren sowie auf dieser Grundlage innovative Gedanken zu entwickelnd bzw. umzusetzen. Damit Außenstehende beurteilen können, ob auf der Basis des Bestehenden ein Erkenntnisfortschritt erzielt wurde ist, ist es erforderlich, das fremde Gedankengut als solches kenntlich zu machen" (S. 228). „Das Zitieren von Textstellen ist insb. dann mit äußerster Sorgfalt vorzunehmen, wenn Sie das Exzerpt als Grundlage für die Ausarbeitung einer schriftlichen wissenschaftlichen Arbeit hinzuziehen wollen" (S. 39).
Nicht wörtliche Zitate	Die Autoren heben deutlich hervor, dass neben den Zitierregeln insbesondere darauf zu achten ist, dass das Quellenfundament ausschließlich aus zitierfähiger Literatur besteht (vgl. S. 230).
Eigene Gedanken	Welche Zitierregeln muss ich im Detail beachten? Am Lehrstuhl nachfragen. Ich muss stets genau und präzise arbeiten und meinen Arbeitsprozess von Anfang an gut dokumentieren, das erspart mir viel Mühe und Zeit.

Viele Literaturverwaltungsprogramme enthalten die Möglichkeit, diese Angaben direkt in das Programm einzuspeisen und die Publikationen zu thematischen Gruppen, so etwa kapitelweise, zusammenzufassen. Ungeachtet, ob Sie Ihre Informationen nun in einer von Ihnen erstellten Exzerptvorlage oder im Litertaturverwaltungsprogramm festhalten, achten Sie hier auf Sorgfalt und Präzision, denn diese Arbeitsweise zahlt sich später aus. Sobald Sie ein neues Kapitel beginnen, haben Sie alle bereits erarbeiteten Ergebnisse gut organisiert vor sich liegen und sind sofort arbeitsfähig.

5.2.6 Zusammenfassung: Die Mär von der Behaltensleistung

Wer kennt Sie nicht, die naiven Annahmen über unsere Rezeptionsfähigkeit. Die wohl am meisten verbreitete Annahme ist die, dass Multimedia die Behaltensleistung enorm steigert, da verschiedene Sinneskanäle angesprochen werden. Diese Annahme begegnet Ihnen in den unterschiedlichen Variationen von Abbildung 16. So könnten Sie kritisch nachfragen, welchen Zweck denn eine Vorlesung überhaupt verfolgt; die Behaltensleistung bei den Studierenden liegt ja gerade bei 20 % und Lesen schneidet ohnehin am allerschlechtesten ab. Ein so hoher Zeitaufwand mit so wenig Ertrag! Diese schon zum Allgemeingut avancierte Annahme „ist die wohl populärste in der gesamten Medien- und Instruktionspsychologie. Eine wissenschaftliche Quelle wird man allerdings vergeblich suchen. Ähnliches gilt übrigens für die verbreitete Annahme von auditiven und visuellen Lerntypen", wie Bernd Weidenmann (2009, S. 77) unmissverständlich aufklärt.

Vielmehr ist Ihre Lerneffektivität, wie an anderer Stelle schon erwähnt, maßgeblich von situativen, motivationalen und biopsychosozialen Faktoren abhängig. Und auf das Lesen hin konkretisiert ist Ihr Lern- und Leseerfolg von zwei Kompo-

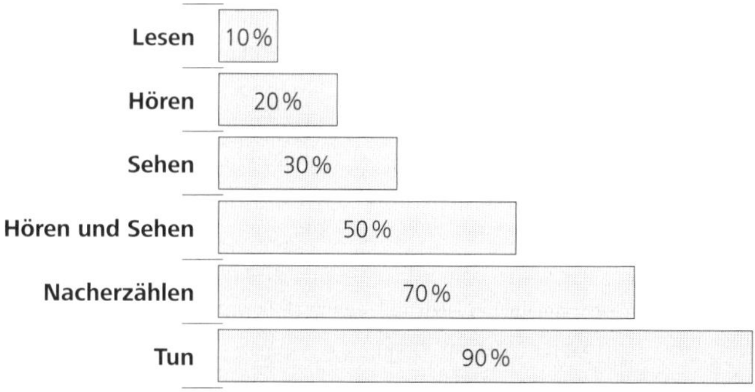

Abbildung 16: Naive Annahmen über die Wirkung von Sinnesmodalitäten und Lernaktivitäten auf das Behalten. Quelle: Weidenmann (2009, S. 77)

nenten abhängig: Ihrer Lesegeschwindigkeit und Ihrer Behaltensquote von Information. Erst wenn Sie beides verbinden, beginnen Sie Zeit zu sparen. Also schalten Sie Ihre Lesebremsen aus und steigern Sie Ihre Behaltensquote. Wie das geht, wird im nächsten Abschnitt erklärt.

5.3 Speed-Reading

Vielleicht wissen Sie, wie schnell Sie im 100-Meter-Lauf sind oder wie lange Sie mit Ihrem Fahrrad von der WG zur Hochschule brauchen, mit großer Wahrscheinlichkeit aber wissen Sie nicht Ihre Lesegeschwindigkeit. Diese wird in Wörtern pro Minute nach folgender Formel berechnet: Anzahl Wörter geteilt durch Anzahl Sekunden multipliziert mit 60. Machen Sie also einen Test und ermitteln Sie Ihre Lesegeschwindigkeit. Nehmen Sie sich dazu einen kurzen, Ihnen unbekannten Text auf mittlerem Sprachniveau und stoppen Sie die Zeit, die Sie dafür brauchen. Zählen Sie anschließend die Anzahl der gelesenen Wörter und berechnen Sie Ihre Lesegeschwindigkeit. Ihr Ergebnis können Sie in folgende Kategorien einordnen:

Tabelle 11: Geschwindigkeitstypen beim Lesen
Quelle: Eigene Darstellung nach Backwinkel und Sturtz (2009, S. 22) und Buzan (2005, S. 33)

Wörter pro Minute	Geschwindigkeitstyp	Behaltensleistung
Unter 100	Besonders langsamer Leser	30-40 %
100 bis 150	Langsamer Leser	40-50 %
150 bis 200	Normaler Leser	50-60 %
400	Schneller Leser	60-70 %
Ab 800	Extrem schneller Leser	Über 80 %

Unabhängig von Ihrem Ergebnis: Eine weitere Steigerung Ihrer Lesegeschwindigkeit ist möglich und auch sinnvoll, denn je schneller Sie lesen, desto mehr werden Sie behalten. Dies gelingt Ihnen, wenn Sie folgende Lesebremsen ausschalten:

Tabelle 12: Lesebremsen und deren Abhilfe
Quelle: Eigene Darstellung in Anlehnung an Backwinkel und Sturtz (2009, S. 20 ff.)

Lesebremse	Abhilfe
1. Stummes Mitsprechen (Subvokalisation): Ihre innere Stimme liest alles mit, Wort für Wort. Dies bremst enorm, da Auge und Gehirn direkt vernetzt sind und wesentlich schneller die Information verarbeiten können, als Ihre Sprechwerkzeuge dies wiedergeben können.	Schalten Sie die innere Stimme aus und lesen Sie bewusst schneller als sie sprechen können. Dies mag Sie vielleicht anfangs irritieren, aber überholen Sie sich selbst. Nutzen Sie dazu eine Lesehilfe und beschleunigen Sie Ihren Leseprozess. Mit der Zeit verstummen Sie automatisch.

Lesebremse	Abhilfe
2. Fixierungen (Festlesen an einzelnen Wörtern): Nehmen Sie einen zu geringen Ausschnitt des Textes in den Blick, bleibt das Auge an einzelnen Wörtern hängen und nimmt nicht größere Zusammenhänge wahr.	Nehmen Sie bewusst größere Sinneinheiten mit mehr als drei Wörtern in den Blick und führen Sie Ihre Augen durch den Text.
3. Zurückspringen im Text (Regression): (Vermeintliche) Unklarheiten und Unsicherheiten lassen Sie an den Satzanfang zurückkehren und den Satz wiederholen, so dass der Lesefluss unterbrochen wird.	Lesen Sie stur und mit hoher Geschwindigkeit weiter. Details können Sie später beim studierenden Lesen klären.

Sicherlich mag Ihnen die Anwendung der bereits in den 1970er Jahren von Tony Burzan entwickelten und mittlerweile weitverbreiteten Methode des Speed-Readings anfangs befremdlich vorkommen, bedenken Sie aber, dass sich dieses Training nachhaltig lohnt: Mehr Stoff in weniger Zeit.

Überleitendes Fazit: Das Leben nach dem Lesen

Kapitel 5 hat Ihnen einen Überblick über verschiedene Lesearten und deren Vorzüge in unterschiedlichen Phasen der Literaturprüfung und -bearbeitung gezeigt. Sie wissen nun, dass das studierende bzw. erarbeitende Lesen erst relativ spät im Prozess der Literaturbearbeitung anzusiedeln ist. Mit diesem Wissen und einer ungebremsten und beschleunigten Lesegeschwindigkeit kann es dann, wie dies Kapitel 6 thematisiert, ans Werk gehen, um Ihre wissenschaftliche Arbeit anzufertigen. Die Vorarbeiten dafür haben Sie erledigt.

6 Wissenschaftliches Schreiben

Dem Abfassen wissenschaftlicher Arbeiten werden Sie im Studium nicht entgehen können, weshalb eine Beschäftigung mit diesem Thema zwingend geboten ist. Das Erstellen einer wissenschaftlichen Arbeit kann ein ungemein bildsamer, erkenntnisreicher und zufriedenstellender Prozess sein, der von der ersten Inspiration über Literaturreche und Manuskripterstellung bis hin zur freundlichen Nachbesprechung mit Ihren Dozenten reicht. Nicht selten aber werden die Potentiale nicht genutzt und das wissenschaftliche Arbeiten mutiert zu einem mit hohen Belastungsqualitäten verbundenen und chaotischen Sich-Durchwursteln. Dem können Sie gezielt entgegenwirken und Ihnen und Ihrem Umfeld diese Erfahrung ersparen. Vielmehr können Sie, wie dies in Abschnitt 3.2.4.9 bereits erläutert wurde, Ihre wissenschaftliche Arbeit, egal ob Hausarbeit, Bachelorthesis oder Masterarbeit, als Projekt verstehen, das Sie nach einer immer gleichen Struktur in Projektphasen gliedern können. Diese Projektphasen wiederum sind mit gewissen Aufgaben verbunden, die Sie vorab benennen und somit überschaubar und handhabbar machen können.

Ihr persönliches Wissenschaftsprojekt können Sie, wie dies Abbildung 17 illustriert, sonach in fünf Phasen unterteilen, die unterschiedliche Arbeitsschwerpunkte haben:

1. die initiierende Vorprojektphase,
2. die Planungsphase,
3. die Durchführungs- und Controllingphase,
4. die Projektabschlussphase und schließlich
5. die Nachprojektphase.

Entlang dieser Projektphasen werden Ihnen im Folgenden wichtige Aufgaben und Tätigkeiten vorgestellt, die Ihnen das gelingende Strukturieren, Organisieren und Präsentieren Ihrer

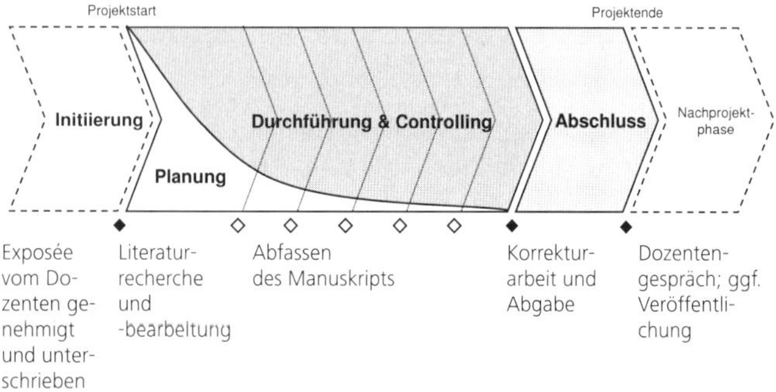

Abbildung 17: Projektphasen und Projektlebenszyklus
Quelle: Erweiterte Darstellung nach Startup Euregio Management (2016)

schriftlichen wissenschaftlichen Arbeit ermöglichen. Dabei wird in vielen Fällen auf frühere Abschnitte verwiesen, um Redundanzen zu verhindern. Und die Zitierregeln werden Ihnen aufgrund Ihrer Umfänglichkeit im folgenden Kapitel 7 vorgestellt.

6.1 Vorprojektphase

6.1.1 Themenfindung

Wissenschaftliches Arbeiten fügt sich aus rezeptiven und kreativen Teilen zusammen; es geht letztlich darum, von anderen Personen erarbeitete Erkenntnisse wahrzunehmen und zu reflektieren sowie auf dieser Grundlage innovative Gedanken zu entwickeln bzw. umzusetzen, um auf der Basis des Bestehenden einen Erkenntnisfortschritt zu erzielen (vgl. Stickel-Wolf und Wolf 2013, S. 228). Insofern intendiert wissenschaftliches Arbeiten, eben diese Ergebnisse Fachkolleginnen zur kritischen Beurteilung zur Verfügung zu stellen. Diese wiederum arbeiten daran, Kritik an den Forschungsergebnissen zu üben oder, da Forschungsarbeiten nie alle Aspekte abdecken können, die vorhandenen Lücken zu schließen.

Bei Ihnen kann die Themenfindung ganz ähnlich ablaufen. Im Falle von schriftlichen Hausarbeiten zu Studienbeginn sind diese zumeist an thematisch eingegrenzte Veranstaltungen gebunden. Beispielsweise besuchen Sie ein Seminar zum Thema ‚Vergessene Zusammenhänge – Klassiker der Pädagogik in der Brechung aktueller Problemstellungen', in dem in 14 Sitzungen jeweils ein Klassiker von der Antike bis zur Neuzeit in seiner aktuellen Bedeutung besprochen wird. Besonders die Sitzung zu Johann Amos Comenius, in der Sie erkennen, wie fortschrittlich seine Forderungen zur Integration und Inklusion waren, weckt Ihr Interesse. Gerne wollen Sie diese Gedanken mit aktuellen pädagogischen Konzeptionen zu Inklusion und ethnokultureller Gerechtigkeit abgleichen und vertiefend diskutieren. Hier also schließen Sie im Rahmen Ihrer schriftlichen Hausarbeit eine Lücke. In einer anderen Sitzung wird der Erziehungsroman ‚Emil oder über die Erziehung' von Jean Jaques Rousseau vorgestellt. Dabei irritiert Sie die sozialromantisch verengte Erzieher-Kind-Beziehung und Sie stellen sich die Frage, ob Rousseau mit diesen Vorstellungen zurecht, wie dies in der Sitzung dargestellt wurde, als Begründer der modernen Kindheit gelten darf. Hier haben Sie Ihr Thema aufgrund einer kritischen Wertung der dargestellten Ergebnisse gefunden. Eher selten, und dies ist Ihnen auch nicht zu wünschen, werden in erziehungswissenschaftlichen Zusammenhängen die Themen von den Lehrenden vorgegeben.

In höheren Semestern sowie in Ihren Abschlussarbeiten werden Sie aufgefordert, eine relevante Fragestellung zu formulieren, die in einem globaleren Themenspektrum anzusiedeln ist. Sie besuchen beispielsweise ein Seminar mit dem Titel ‚Willkommen im Supermarkt der Identitäten', in dem aus entwicklungs- und sozialpsychologischen, philosophischen und soziologischen Perspektiven kritisch diskutiert wird, inwieweit wir in heutigen Zeiten endlich die Möglichkeit haben, aus dem knallharten Gehäuse der Hörigkeit und somit aus dem Identitätscontainer auszubrechen, um uns als postmoderne Flaneure stets aufs Neue erfinden können. Fasziniert von diesen Sichtweisen entdecken Sie das Thema *Freiheit* für sich, das Sie aus unterschiedlichen Standpunkten sichten, aufarbeiten, kritisch gegenüberstellen und schließlich in Bezug zu erziehungswissenschaftlichen Fragen diskutieren. Besonders bei dieser Zugangsform zeigt sich die Nähe Ihrer wissenschaftlichen Arbeit zu ‚professionellen' Wissenschaftlerinnen in der Mischung aus rezeptiven und innovativen Anteilen. Elementar wichtig für die Bearbeitung eines Themas ist die intrinsische Motivation (vgl. 3.2.1); wählen Sie also mit Bedacht ein Thema, für das Sie sich richtig interessieren und das Sie spannend finden. Lassen Sie zunächst auch alle Themen zu, egal wie verrückt sie im ersten Moment klingen. Ob die Bearbeitung Ihres Themas möglich und sinnvoll ist, dies klären Sie mit Ihrer Betreuung.

6.1.2 Betreuung nutzen

Auch wenn Ihnen eine hohe Selbständigkeit abverlangt wird, so heißt dies keinesfalls, dass Sie als studentische Monade völlig abgekoppelt sind. Nein, jede Arbeit braucht eine professionelle Betreuung, schließlich wird diese auch bewertet. Und Sie haben Anspruch auf Unterstützung durch Ihre Dozentinnen. Im Falle von schriftlichen Hausarbeiten, die an eine Lehrveranstaltung gebunden ist, ist die Wahl der betreuenden Person klar: die Seminarleitung. In diesem Falle ist die Betreuung durch einzelne Seminarsitzungen gesichert, in denen alle Fragen rund um die Hausarbeit geklärt werden. Zudem werden Sprechstunden zur Klärung Ihrer Fragen angeboten. Auch eignen sich kurze Tür-und-Angel-Gespräche nach (!) einer Seminareinheit, um einfache Fragen zu klären. Für Abschlussarbeiten (Bachelor- und Masterarbeiten) werden häufig Begleitseminare oder Forschungskolloquien angeboten. Diese zu besuchen ist trotz des Fehlens einer allgemeinen Anwesenheitspflicht eine ‚conditio sine causa qua non', also unabdingbare Voraussetzung. Ungeachtet der Größe und Art der Arbeit sollten Sie folgende Hinweise im Rahmen Ihrer Betreuung beachten:

- Missbrauchen Sie Ihre Betreuerin nicht als Informationslieferantin und vermeiden Sie den Eindruck, die ersten Besprechungen sind ein Ersatz für die von Ihnen zu tätigende Themenerarbeitung und Literaturrecherche.
- Erstellen Sie ein Exposé mit einer überschaubaren Auswahl durch orientierendes und kursorisches Lesen ausgewerteter Literatur als Gesprächsgrundlage.
- Machen Sie sich vorher Notizen und konkretisieren Sie Ihre Fragen.
- Klären Sie den Umfang und den Zeitraum der Arbeit.
- Beachten Sie die Lehrstuhlinteressen und Fachausrichtungen Ihrer Betreuung. Besonders Abschlussarbeiten werden oft an die lehrstuhlinternen Forschungs- und Themenbereiche angebunden; dies sollten Sie bei Ihrer Themenwahl und Literaturrecherche unbedingt berücksichtigen. Manche Professoren reagieren hier äußerst sensibel.
- Halten Sie die Sprechzeiten und Modalitäten (ggf. Voranmeldung) akkurat ein, hinterlegen Sie am besten eine Woche vorher Ihr Exposé; so können Sie auf eine fachlich fundierte und gut vorbereitete Besprechung zählen. Vermeiden Sie Überraschungen aller Art

Mit einer guten Vorbereitung wird Ihr Thema sicherlich auf positive Resonanz stoßen, so dass Sie sich an die Vorbereitung Ihrer Infrastruktur machen können.

6.1.3 Infrastruktur herstellen

Vor allem die erste schriftliche wissenschaftliche Arbeit stellt Sie vor besondere Herausforderungen, durch die Sie sich als Person näher kennenlernen werden. Sie müssen herausfinden, wo und wann Sie am besten arbeiten können. Vielleicht kommen Ihnen die besten Ideen abends beim Kochen? Oder Sie können am besten morgens im Gartenhäuschen Ihrer Oma schreiben? Vielleicht ist es für Sie günstig, verschiedene Arbeiten an verschiedenen Plätzen auszuführen: Kursorisches Lesen im Lesesaal der Hochschule, studierendes Lesen im Gartenhäuschen, am Computer schreiben Sie am effektivsten in Ihrem Zimmer. Stellen Sie eine optimale Infrastruktur her und schaffen Sie sich angenehme Arbeitsbedingungen. Haben Sie einen ergonomischen und rückenfreundlichen Arbeitsstuhl und eine gute Beleuchtung? Haben Sie ausreichend Platz, um Ihre Bücher und Unterlagen auszubreiten und auch liegenzulassen? Ist Ihr Rechner noch fit und sind Ihre peripheren Geräte einsatzbereit? Haben Sie Ihren Materialbestand an Papier, Tinte oder Toner, Post-its, Markern etc. aufgefüllt? Besuchen Sie Kurse etwa zur Handhabung von Literaturverwaltungssoftware oder Schreibwerkstätten? Ihre Bibliothek wird dazu ein sicherlich umfassendes Programm anbieten. Und tun Sie sich was Gutes, ein neuer, besonders flüssig schreibender Stift, ein erlesenes Papier oder eine neue Tasche für den Transport Ihrer Unterlagen machen Ihren Arbeitsprozess schon in der Vorbereitungsphase zu etwas Besonderem und Spannendem, den fortzuführen dann auch richtig Freude macht.

Das Ende der Vorprojektphase wird durch den ‚Vertrag' zwischen Ihnen und Ihrer Betreuerin markiert, der nicht selten durch gegenseitige Unterschriften auf Vordrucken oder auf Ihrem Exposé besiegelt wird.

6.2 Planungsphase

In der Planungsphase bereiten Sie alle Punkte vor, die zur Erstellung Ihres Manuskriptes nötig sind. So müssen Sie die Rahmenbedingen klären, daraufhin einen Zeitplan erstellen, Ihr Thema mittels einer Leitfrage konkretisieren, Literatur recherchieren und auswerten und schließlich eine Gliederung erstellen, die als inhaltlicher Fahrplan Ihre Argumentation bestimmt.

6.2.1 Rahmenbedingungen klären

Zunächst müssen Sie die formellen Rahmenbedingungen für Ihre schriftliche Arbeit klären. Im Falle einer schriftlichen Haus- oder Seminararbeit ist Folgendes wichtig zu wissen:

- Bearbeitungsdauer und Abgabemodalitäten: Ist Ihre Arbeit an eine Lehrveranstaltung gebunden, ist die Abgabefrist zumeist das Ende der vorlesungsfreien Zeit, beachten Sie aber entsprechende Anmeldemodalitäten, so etwa die Frist zur Einreichung Ihres Exposés. Viele Studierende beginnen aber erst zum Semesterende mit der Planung ihrer Hausarbeit, dies ist ungünstig und birgt mehrere Nachteile: Sie haben generell weniger Bearbeitungszeit, Ihre Dozentinnen haben ‚nur' noch vereinzelte Feriensprechstunden und ein Großteil der Bücher ist entliehen. Beginnen Sie also schon frühzeitig während des Semesters mit Ihrer Planung. Klären Sie unbedingt die Abgabemodalitäten, häufig wird eine zweifache Abgabe in Form eines gedruckten Exemplars sowie elektronisch durch den Upload in einen Plagiatscanner der Hochschule gefordert, der ein spezielles Kennwort erfordert. Die Verwaltung kennt in der Regel keine Ausnahmen, gefährden Sie also nicht auf den letzten Metern den Erfolg Ihrer Arbeit.

- Betreuung: Besprechen Sie mit Ihrem Betreuer die Art und Intensität Ihrer Betreuung. Klären Sie unbedingt die Kommunikationsmodalitäten, so dass Sie im Falle einer konkreten Frage die Form wahren und wissen, wie Sie schnell zu einer Klärung kommen. Fragen Sie nach der Möglichkeit der Nachbesprechung, vereinbaren Sie ggf. schon jetzt einen Termin. Damit stellen Sie auch Ihre Ernsthaftigkeit unter Beweis.
- Umfang der Arbeit und Formalia: Die Ansprüche an Hausarbeiten werden in den Prüfungsordnungen zumeist so locker formuliert, dass Ihre Professorinnen ihre persönlichen Anforderungen konkretisieren können. So entnehmen Sie beispielsweise der Prüfungsordnung, dass der Umfang einer schriftlichen Hausarbeit zwischen 10 und 35 Seiten liegen kann. Professorin Musterfrau indes ist der Meinung, dass eine Leitfrage nicht in einem Umfang von unter 30 Seiten auf akademischem Niveau zu beantworten ist und bewertet eingereichte Arbeiten mit entsprechend weniger Umfang per se mit höchstens befriedigend. Fragen Sie in diesem Zusammenhang auch nach den Bewertungskriterien, nach ‚Sonderwünschen' hinsichtlich Formalia und Zitation.

Im Falle einer Abschlussarbeit ist zusätzlich zu beachten:

- Anmeldung: Die Anmeldung erfolgt in diesem Falle über das Prüfungsamt, beachten Sie, dass Sie den Prozess organisieren müssen. An manchen Hochschulen haben Sie nur zweimal jährlich die Möglichkeit zur Anmeldung Ihrer Arbeit; auch benötigen Sie eine entsprechende Zahl von Credits, die dann von den Korrekturen noch ausstehender Hausarbeiten abhängt. Planen Sie deshalb zwei Semester im Voraus.
- Zweitgutachter: In der Regel haben Sie die freie Gutachterwahl. Fragen Sie aber unbedingt bei Ihrer Erstbetreuerin

nach, wen sie empfehlen kann und bedenken Sie, dass es an jeder Hochschule lehrstuhlpolitische Spannungen gibt. Beziehen Sie den Zweitgutachter ein und klären Sie in einem persönlichen Gespräch die Informations- und Kommunikationsmodalitäten. Während Professor Mustermann lediglich Ihren Namen zur Kenntnis nehmen möchte, da er seit Jahren mit seinem Kollegen in einem Gutachtertandem zusammenarbeitet, wünscht sich Professorin Musterfrau eine intensive Beteiligung am Prozess. Bedenken Sie zudem bei der Wahl einer Erstbetreuerin ohne Professur, dass die Zweitbetreuung Inhaber einer Professur sein muss und dies zu einer ungünstigen Dysbalance in der Benotung führen kann.

6.2.2 Arbeits- und Zeitplan erstellen

Der Erfolg Ihres Projektes ist maßgeblich von drei Zielgrößen bestimmt, wie dies Abbildung 18 darstellt: dem Sachziel, dem Kosten- und dem Terminziel.

Alle drei Zieldimensionen stehen in einem engen Zusammenhang und bedingen sich gegenseitig. Wenn Ihre Abgabefrist (Terminziel) für eine qualitativ hochwertige Hausarbeit (Sachziel) bereits in zwei Wochen ansteht, so dürfte Ihr Kostenziel, nämlich nur sechs Stunden täglich daran zu arbeiten, um Überlastungen zu vermeiden, nur schwer erreichbar sein. Andererseits kann Ihr Sachziel, nämlich eine intensive Werkschau der Frankfurter Schule, wohl kaum dem Kostenziel einer schriftlichen Seminararbeit entsprechen. Viel zu oft werden wunderbare Ideen zum Bumerang Ihrer Überforderung und erweisen sich letztlich als ‚Energieverschwendung'. Insofern sollten Sie diese Ziele vorab klären, wozu Ihnen ein Zeitplan nützlich ist.

Der nachfolgende Zeitplan, der nochmals den Zusammenhang der drei Zieldimensionen verdeutlicht, zeigt die Arbeits-

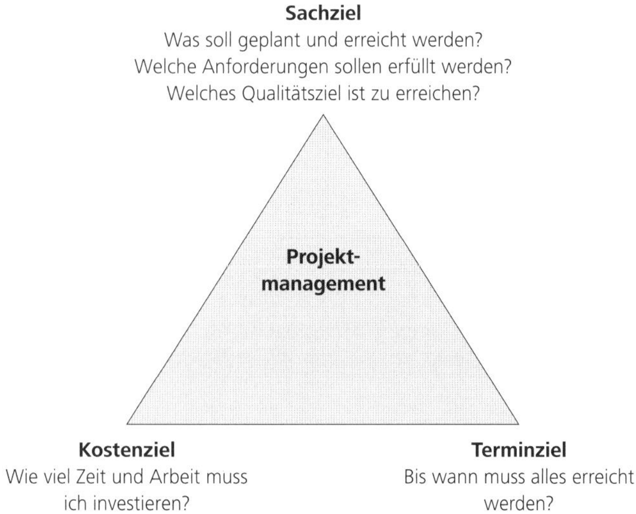

Abbildung 18: Das magische Dreieck
Quelle: Modifiziert nach Homberg und Obermaier (2011, S. 60)

schritte sowie die veranschlagte Zeit für eine Abschlussarbeit (60 Seiten) mit dem Umfang von drei Monaten bzw. 114 reinen Arbeitstagen.

Erstellen Sie sich unbedingt einen Arbeits- und Zeitplan; dabei ist es nicht ungewöhnlich, auch die Samstage mitzuverplanen. Halten Sie sich aber die Sonn- und Feiertage frei, diese gehören nur Ihnen zur Regeneration. Für eine schriftliche Hausarbeit reduzieren sich die Haupttätigkeiten wie Literaturauswertung oder Manuskripterstellung um 50 bis 75 %, viele zeitraubende Nebentätigkeiten in der Vorprojekt- oder Abschlussphase hingegen bleiben gleich.

Der Zeitaufwand für empirische Arbeiten ist ungleich höher, weshalb Sie dafür in der Regel auch mehr, meistens die

Tabelle 13: Exemplarischer Arbeits- und Zeitplan
Quelle: Eigene Darstellung in Anlehnung an Stickel-Wolf und Wolf (2013, S. 128–133)

Phase	Arbeitsschritte	Veranschlagte Zeit in Tagen	Faktisch benötigte Zeit in Tagen	Bemerkung
Vorprojektphase (10 Tage)	Erstellung des Exposés	5		
	Klärung der Betreuung	1		
	Klärung der Rahmenbedingen	1		
	Schaffung einer geeigneten Infrastruktur	3		
Planungsphase (38 Tage)	Erstellung eines Arbeits- und Zeitplans	1		
	Literaturrecherche und -beschaffung	6		
	Literatursichtung und -auswahl	5		
	Literaturauswertung und Verfassen der Exzerpte	16		
	Thematische Strukturierung der Literatur	4		
	Entwurf einer strukturierten Gliederung	3		
	Besprechung der Gliederung mit Betreuerin	1		

Phase	Arbeitsschritte	Veranschlagte Zeit in Tagen	Faktisch benötigte Zeit in Tagen	Bemerkung
	Überarbeitung der Gliederung und abschließende Besprechung mit Betreuerin	2		
Realisierungsphase (55 Tage)	Erstellung der Rohfassung des Manuskripts	40		
	Kritisches Gegenlesen der ersten 30 % im Peer-reading-Tandem	2		
	Ggf. Besprechung mit der Betreuerin	1		
	Manuskriptdurchsicht (erste Lesung)	7		
	Manuskriptüberarbeitung	5		
Abschlussphase (11 Tage)	Endkorrektur (zweite Lesung)	3		
	Endausdruck	1		
	Binden der Arbeit	1		
	Abgabe der Arbeit	1		
	Puffer	5		
	Summe	**114**		
Nachprojektphase	Besprechung mit Betreuerin	1		
	Ggf. Veröffentlichung	10		

doppelte Bearbeitungszeit erhalten. In diesem Falle müssen Sie noch folgende Arbeitsschritte einplanen: Erstellung des Erhebungsdesigns, Erhebungsplanung, Durchführung, Auswertung und Diskussion. Die dafür benötigte Zeit variiert stark und ist vom jeweiligen Forschungsdesign abhängig.

6.2.3 Leitfrage entwickeln

Wenn Sie ein Thema gefunden haben, das Ihren Forschergeist weckt, dann dürfen Sie sich glücklich schätzen. Damit Sie aber Ihr Thema dann auch konkret bearbeiten und bewältigen können, müssen Sie Ihre Leitfrage klären. Und dies sollte dann auch nur eine Frage sein, die so konkret wie möglich formuliert ist. Erst wenn Sie diese Frage ganz klar haben, können Sie gezielt recherchieren und eine Gliederung erstellen. Hier gilt das Motto: Das Ziel bestimmt den Weg und nicht umgekehrt!

Eine gut formulierte Leitfrage: *Inwiefern unterstützt die regelmäßige Nutzung von Lernsoftware auf Tablets die kognitive Entwicklung von zweijährigen Kindern?* Hier ist die Zielgruppe klar eingegrenzt, die Aktivität konkretisiert sowie interessierende Auswirkungen benannt. Leitfragen müssen nicht hübsch sein, sie müssen aber klar, eindeutig und widerspruchsfrei sowie positiv formuliert sein. Verwechseln Sie bitte nicht die Leitfrage mit Titel und Untertitel Ihrer Arbeit. Während Letztere eine sofortige Groborientierung ermöglichen sollen, das Erste sind, was wahrgenommen wird und deshalb auch sprachlich ansprechend formuliert werden sollten, findet sich die Leitfrage in der Einleitung Ihrer Arbeit, die vor allem zur inhaltlichen Ausrichtung und zur Vorgehensweise Auskunft erteilt. Nicht selten wird die Leitfrage nach thematisch leichten einführenden Sätzen folgendermaßen präsentiert:

> Schließlich zielt das Erkenntnisinteresse der vorliegenden Arbeit auf die Beantwortung folgender Frage: Inwiefern unterstützt die regelmäßige Nutzung von Lernsoftware auf Tablets die kognitive Entwicklung von zweijährigen Kindern?
>
> Titel und Untertitel der Arbeit könnten beispielsweise lauten: Virtuelle Kindheit. Eine medienpädagogische Analyse der Chancen von Lernsoftware bei zweijährigen Kleinkindern.

Sie sehen, im Unterschied zu Titel und Untertitel erlaubt Ihnen die Leitfrage stets zu entscheiden, ob die Literatur, die Sie gerade lesen, zur Beantwortung Ihrer Frage beitragen kann oder nicht. So vermeiden Sie literarischen Wildwuchs und halten Ihr Ziel klar und transparent.

6.2.4 Literatur recherchieren und auswerten

Der detaillierten Darstellung der Arbeitstechniken zur Literaturrecherche, -verwaltung, -auswertung und -sicherung in Form von Exzerpten waren die vorangegangenen Kapitel 4 und 5 gewidmet, weshalb an dieser Stelle lediglich darauf verwiesen wird. Vermeiden Sie auf alle Fälle, die Planungsphase mit der Durchführungsphase zu vermengen. In der Planungsphase wählen und bereiten Sie die Literatur auf, die Sie in der Durchführungsphase dann verarbeiten. Deshalb ist bei diesem Arbeitsschritt nicht die Literatur etwa für die ersten beiden Kapitel aufzubereiten, sondern für Ihre komplette Arbeit.

6.2.5 Gliederung erstellen

Nachdem Sie nun alle bisherigen Vorarbeiten erledigt haben, Ihre Leitfrage präzisiert und somit das Ziel Ihrer Arbeit konkret vor Augen haben, können Sie nun überlegen, wie Sie Ihre Arbeit aufbauen wollen. Für die Erstellung des Bauplans sollten Sie sich viel Zeit nehmen und sorgfältig vorgehen. Nicht nur deshalb, weil Sie dadurch den Weg zur Beantwortung Ihrer Leitfrage vorzeichnen, sondern auch, weil Ihre Gliederung nach Ihrem Exposé meistens das zweite Dokument ist, welches Ihr Betreuer von Ihnen erhält und es zumeist einen nachhaltigen Eindruck hinterlässt. Im Unterschied zum alltäglichen können Sie im akademischen Kontext unter einer Gliederung ein auf sprachlichen und mathematischen Symbolen beruhendes System von Aussagen verstehen, das aufzeigt, wie Sie Ihr Gesamtthema in Teilthemen unterteilen, in welchem Verhältnis Sie die über-, gleich- bzw. untergeordneten (Teil-)Themen zueinander stellen und in welcher Reihenfolge und relativen Bedeutung bzw. Gewichtung diese Themen von Ihnen verhandelt werden. Schließlich machen Sie mit Ihrer Gliederung dem Leser deutlich, wie Ihr Gedankengang verläuft und welche Argumentationsblöcke den roten Faden bilden. Nutzen Sie zur Erstellung Ihrer Gliederung die Methode *Mindmap*, die es mittlerweile auch in einer großen Anzahl an brauchbarer Freeware im Internet zu laden gibt.

Eine sorgfältig erstellte und wohldurchdachte Gliederung ist Voraussetzung und Garant dafür, dass Sie im nächsten Arbeitsschritt – der Manuskripterstellung – kaum Probleme haben werden. Sicherlich, Ihre Gliederung wird sich bei der Manuskripterstellung in Details noch verändern, Teilaspekte werden hinzugenommen oder bestehende Punkte werden weiter geteilt, die Grobstruktur hingegen sollten Sie nicht mehr verändern. Sobald Sie Ihre Gliederung fertig haben, sollten Sie diese mit Ihrer Betreuerin besprechen und ‚absegnen' lassen – diese Sicherheit sollten Sie sich unbedingt geben. Ihre Gliederung wird später das Inhaltsverzeichnis Ihrer Arbeit sein und zeigt dann neben der Gliederung des Textkörpers den vollständigen Inhalt auf.

6.2.5.1 Formale Kriterien

Wie Sie bei Ihrer Literatursichtung ersehen können, gibt es viele verschiedene Typen und Gestaltungsarten von Gliederungen. Ein erziehungswissenschaftlich geltender formeller Standard existiert bislang nicht, jedoch gibt es einige formelle Kriterien, die Sie beachten sollten:

- Achten Sie darauf, dass jeder Gliederungspunkt einen klaren und erkennbaren Bezug zum Gesamtthema hat.
- Achten Sie darauf, dass alle von Ihnen behandelten Themen in der Gliederung berücksichtigt werden, also nicht ‚hinten runter fallen'.
- Vermeiden Sie sprachliche Doppelungen, jeder Gliederungspunkt sollte sich klar von anderen unterscheiden.
- Untergliedern Sie Ihren Hauptteil in thematisch getrennte Kapitel, die Sie dann weiter untergliedern können.
- Beachten Sie, dass nur nach den einstelligen Hauptgliederungspunkten nach der Ziffer ein Punkt gesetzt wird (1.; … 11. usf.), nach der jeweils letzten Ziffer eines mehrstelligen Gliederungspunktes kein Punkt gesetzt wird (1.1; 1.2 usf.).
- Jede Untergliederung muss aus mindestens zwei gleichrangigen Punkte bestehen (wenn es 2.1 gibt, dann muss es auch 2.2 geben).
- Vermeiden Sie Untergliederungen, die mehr als vier Ebenen umfassen (1.1.1.1). Nutzen Sie hierfür im Fließtext grafische Hervorhebungen, Nummerierungen oder Aufzählungen.
- Achten Sie auf eine relativ ausgewogene Proportion der Kapitel, einen exakt gleichen Umfang jedoch wird niemand von Ihnen erwarten.
- Fassen Sie die Überschriften der Gliederungspunkte so knapp und aussagekräftig wie möglich, lassen Sie Substantive dominieren und stellen Sie die Informationsvermittlung in den Vordergrund.

- Das Inhaltsverzeichnis und die Gliederungsüberschriften im Text müssen zu 100 % übereinstimmen. Nutzen Sie hierfür die Funktion Ihres Schreibprogramms zur automatischen Erstellung des Inhaltsverzeichnisses. Das erspart Ihnen viel Arbeit und Ärger, da es die Konvergenz der Überschriften sowie die Aktualität der Seitenzahlen gewährleistet.

6.2.5.2 Zwei Beispielgliederungen: Misslungen und gut gelungen

Im Folgenden werden Ihnen zwei Beispielgliederungen präsentiert, die direkt aus der Praxis stammen.

Einleitung

1. Definition Rassismus
   1.1 Historische Geschichte des Begriffs
2. Definition Fremdenfeindlichkeit
   2.1 Begriffe Territorialität und Aggression

Hauptteil

3. Entstehung von gruppenbezogener Menschenfeindlichkeit (Heitmeyer)
   3.1 Ergebnisse der Studie
   3.2 Zusammenhänge von Soziallage, Desintegration und Kontrollproblemen
   3.3 Begründungen für Gewalt bei Jugendlichen

Schluss

4. Politische Bildungsarbeit für Toleranz und Demokratie
   4.1 Begriffe Toleranz und Demokratie
   4.2 Antidiskriminierungsarbeit mit Jugendlichen

Abbildung 19: Beispiel einer nicht gelungenen Gliederung
Quelle: Eigene Darstellung

Abbildung 19 zeigt die Gliederung einer schriftlichen Hausarbeit zum Thema *Entstehung von Fremdenfeindlichkeit und Möglichkeiten der Prävention und Intervention*. Können Sie ersehen, welche Fehler die Gliederung enthält? Können Sie eine logische Struktur erkennen? Ist die Gliederung formal korrekt? Wie schätzen Sie den Informationsgehalt der Überschriften ein? Finden Sie den Hauptteil mit nur einem Kapitel etwas zu knapp gehalten? Wie ist es zu beurteilen, dass im Schluss ein weiteres Thema aufgegriffen wird? Welchen Eindruck hinterlässt diese Gliederung bei Ihnen? Wie beurteilen Sie das akademische Niveau, die handwerkliche Sorgfalt und Präzision oder die persönliche Motivation? Sind Sie nun neugierig auf den Inhalt der Arbeit?

Die in Abbildung 20 dargestellte Gliederung, die im Rahmen einer Bachelorthesis (60 Seiten) zum Thema *Postkoloniale Perspektiven als Desiderat in der Pädagogik* eingereicht wurde, ist im Unterschied wesentlich gelungener und entspricht dem geforderten Niveau. Diese sehr informative Gliederung vermittelt dem Leser einen fundierten Einblick in Inhalt, Struktur und Vorgehensweise, bettet das Thema in erforderlichem Maße historisch ein und vermittelt den Eindruck einer engagierten und tiefgreifenden theoretischen Auseinandersetzung mit diesem Thema. Jedoch ist auch diese Gliederung nicht perfekt und erhält zumindest in der Note *Sorgfalt* Abstriche: So ist ab 3.1 die Satzfortsetzung nach dem Spiegelstrich in Großschrift fragwürdig, in 3.3 fehlt vor dem Spiegelstrich ein Leerzeichen, nach 5.1.1 müsste wenigstens noch 5.1.2 folgen, nach 6 folgt statt 6.1 sofort Unterpunkt 6.1.1, dessen Text eingeklammert ist. Außerdem wird nach einem jeweils zweistelligen Gliederungspunkt ein Punkt gesetzt (2.1.; usw.), was falsch ist. Auch die Rechtschreibfehler „Wiederstand" (2.2) und „Wissensortnung" (5.3) hätten vermieden werden können.

1. Einleitung
2. Historische Hintergründe
  2.1. Kolonialismus und die europäische Expansion
  2.2. Antikolonialer Wiederstand
  2.3. Postkoloniale Gegenwart
3. Postkoloniale Perspektiven
  3.1. Edward W. Said: Orientalismus – Zwischen Orient und Okzident
  3.2. Stuart Hall: The West and the Rest – Die Verflechtung von Wissen und Macht im modernen Denken
  3.3. Gayatri Chakrovorty Spivak: Subalternität und Alteriät – Can the Subaltern speak?
  3.4. Homi K. Bhabha über Hybridität und Mimikry – Die Verortung von Kultur
4. Ansätze des postmodernen Erziehungsdenkens
  4.1. Der Erziehungsbegriff
  4.2. Entstehung des modernen Erziehungsdenkens aus der europäischen Expansion
  4.3. Erziehungswissenschaftliche und bildungstheoretische Ansätze der Postmoderne
    4.3.1. Der Minderheitendiskurs
    4.3.2. Die Legitimierung von Ausschlussprozessen
    4.3.3. Bildungsprozesse im Kontext von Migration und Geschlechterverhältnissen
5. Postkoloniale Pädagogik als Desiderat
  5.1. Die Soziale Konstruktion von Kultur und Geschlecht
    5.1.1. Orientalismus als Gegenstand der Interkulturellen Pädagogik
  5.2. Hybride Identitäten – Identität als andauernder Prozess der Positionierung
  5.3. Dezentrierung der eurozentristischen Wissensortnung
6. Postkoloniale Pädagogik als Rassismus- und herrschaftskritische Bildung
    6.1.1. (Rassismus und Kolonialismus im Unterricht am Beispiel von Afrika-Bildern in Schulbüchern)
    6.1.2. Zur Bedeutsamkeit Postkolonialer Pädagogik in der Sozialen Arbeit
7. Ausblick und Fazit

Abbildung 20: Beispiel einer gelungenen, aber nicht perfekten Gliederung
Quelle: Eigene Darstellung

Die Fertigstellung Ihrer Gliederung markiert dann auch das Ende der Planungsphase und leitet über zur spannenden Realisierungsphase.

6.3 Durchführungsphase

Während Sie in den bisherigen Phasen vorbereitend tätig waren, sozusagen einen Rohbau in Form Ihrer Gliederung erstellten, seine Statik von Ihrem Betreuer haben prüfen und genehmigen lassen und umfangsreiches Material für den Innenausbau in Form von Literatur und den damit korrespondierenden Exzerpten angeschafft haben, wird es nun ernst. Ihre Aufgabe ist ab jetzt, den Komplettausbau vorzunehmen. Wie Sie handwerklich geschickt vorgehen und welche Gewerke Ihre Arbeit mindestens enthalten muss, dies zeigen Ihnen die folgenden Unterkapitel.

6.3.1 Kulturtechnik Argumentieren

Ihr Studium, wie dies in den Kapiteln 1.3 und 2.2 bereits aufgezeigt wurde, zielt einerseits auf Ihre Befähigung zum wissenschaftlichen Arbeiten und andererseits auf Ihre Bildung im humboldtschen Sinne. Wissenschaft ist ein nie abschließbarer Prozess und braucht Nachwuchs – vielleicht auch Sie. Wichtiges Ziel aller Wissenschaften, so auch der Erziehungswissenschaft, ist die Produktion von Wahrheiten auf der Grundlage von Argumenten. Ein Argument ist dabei jener Teil eines Beweises, auf dem seine Sicherheit beruht und deshalb Wahrheit beanspruchen kann. In dieser Perspektive erscheint Wissenschaft als eine Art gesellschaftliche ‚Sonderkommunikation', die das Konstrukt ‚Wahrheit' als Anlass zur Beschäftigung mit ihr und Kommunikation über sie betrachtet. Alles dreht sich sozusagen um Wahrheit. So können Sie den aktuellen Forschungsstand oder die aktuell gültigen Wahrheiten in Form von formulierten Theorien wiederfinden, die logische Begründungen für die jeweiligen Schlussfolgerungen enthalten. In der Erziehungswissenschaft geschieht dies u. a. durch die empirische Überprüfung von Hypothesen durch qualitative und quantitative Methoden (vgl. Kapitel 3.2), die dann wieder neue Argumente produzieren. Durch diese Argumente werden Interpretationen gestützt, Reichweite und Übertragbarkeit eingeschätzt sowie mit dem bisherigen Stand der Forschung in Relation gesetzt (vgl. Budke et al. 2015, S. 11f.).

Ein Beispiel:
Nach dem Ausbau des frühkindlichen Betreuungssystems in Deutschland ab 2005 setzte ein regelrechter Boom an erziehungswissenschaftlichen Forschungsarbeiten ein, die sich mit den Auswirkungen außerfamiliärer institutioneller Betreuung von Unterdreijährigen beschäftigen. Viele Arbeiten zeigten, dass die landläufige Annahme, dass die sehr früh stattfindende temporäre Trennung von der Mutter entwicklungshinderlich sei, nicht zutrifft, sondern unter gewissen Voraussetzungen sogar das Gegenteil bewirke und entwicklungsförderlich ist. Nach der Veröffentlichung dieser Forschungsergebnisse, also der Argumentationen, werden diese von der erziehungswissenschaftlichen Community rezipiert und wieder in Form von fachspezifischen Argumentationen beurteilt. Um beim Beispiel zu bleiben: So wurden Forschungsarbeiten, die stark bindungstheoretisch orientiert sind und die Beziehung zwischen Fachkraft und Kind fokussieren, von einem eher organisationstheoretischen Diskurs, der sich mit der Qualität von Institutionen beschäftigt, aufgegriffen und mit eigenen Methoden untersucht und weiterführend beurteilt. Dieses Vorgehen war beispielsweise in der sog. NUBBEK-Studie der Fall, der bisher größten nationalen Untersuchung der Bildung, Betreuung und Erziehung von Kindern (vgl. Tietze et al. 2013).

Auf diese Art und Weise können die wichtigen erziehungswissenschaftlichen Fragen untersucht, ihre Methoden kritisch diskutiert und ihre Ergebnisse auf ihren (stets vorläufigen) Wahrheitsgehalt hin beurteilt werden. Sie sehen, Argumentationen sind daher ein wichtiges Mittel, um wissenschaftlichen Fortschritt zu erzeugen und die Fähigkeit zur Argumentation ist die Voraussetzung zum wissenschaftlichen Arbeiten. Somit ist die Fähigkeit zur Argumentation eine unerlässliche Kulturtechnik, die Sie in Ihrer schriftlichen wissenschaftlichen Arbeit unter Beweis stellen müssen. Argumentationen können Sie auf unterschiedliche Arten führen. Einen leicht verständlichen Überblick hat Marcus Knill (2016) am Beispiel des Rauchens erstellt:

Tabelle 14: Argumentationsformen
Quelle: Eigene Darstellung in Anlehnung an Knill (2016)

argumentum e contrario Beweis aus dem Gegenteil heraus	Rauchen ist gesund. Warum sterben dann so viele Raucher an Lungenkrankheiten?
argumentum fortiori Beweis durch eine schon bewiesene Behauptung	Durch viele Untersuchungsreihen ist bewiesen, dass Rauchen schädlich ist.
argumentum a priori Beweis durch logische Gründe	Da sich beim Rauchen Teer in der Lunge absetzt und die Arterien verkalken, ist klar, dass Rauchen schädlich ist.
argumentum a posteriori Beweis durch Erfahrungsgründe	Jeder Raucher merkt, dass er beim Sport nicht mehr so leistungsfähig ist und ihm öfter die Puste ausgeht.
argumentum ad hominem Beweis, der sich auf die ungeprüften Behauptungen des Kontrahenten stützt	Sie haben vorhin eine neue Studie erwähnt, die das Rauchen noch gefährlicher einstuft, als bisher angenommen. Wenn das so ist, kann ich nur sagen: Man muss etwas gegen den Nikotinmissbrauch tun.

argumentum ad oculos Beweis durch Berufung auf den Augenschein	Man muss sich nur die Krankenhäuser und Statistiken anschauen, um zu der Überzeugung zu gelangen: Rauchen ist schädlich.
argumentum e consentu gentium Beweis durch Berufung auf allgemein Gültiges	Jedes Kind lernt bereits in der Schule, dass Rauchen schädlich ist.
argumentum ad traditionem Beweis durch Althergebrachtes	Es ist doch nicht erst seit heute bekannt, dass Rauchen schädlich ist.
argumentum a tuto Beweis, der sich auf die Unschädlichkeit der Annahme stützt	Es kann auf jeden Fall nicht schaden, mit dem Rauchen aufzuhören. Zumindest spart man Geld.

Fragen Sie in Ihrem Bekanntenkreis ganz unverbildet nach, wie Sie den Umgang Zweijähriger mit Smartphone und Tablet bewerten und sammeln Sie die Argumente. Schnell werden Sie bemerken, dass viele Argumente, die Sie den Kategorien in obiger Tabelle zuordnen können, wissenschaftlichen Kriterien nicht genügen und somit auch keine Wahrheiten produzieren. Ihre Beweisführung sollten Sie demnach auf folgende drei Argumentationsformen stützen: argumentum fortiori (Beweis durch eine schon bewiesene Behauptungen), argumentum a priori (Beweis durch logische Gründe) sowie argumentum a posteriori (Beweis durch Erfahrungsgründe aufgrund eigener wissenschaftlich fundierter Forschung).

6.3.2 Textteile verbinden

Wissenschaftliches Arbeiten bedeutet also, belastbare Argumente anzuführen, um Ihre Leitfrage zu beantworten. Ihre Argumentation sollte dabei eine möglichst dichte und abwechslungsreiche sein. Nur Fakten aus einem erziehungswissenschaftlichen Fachbeitrag aufzulisten, dies genügt den Ansprüchen keinesfalls. Vielmehr sind Sie aufgefordert, viele Texte auszuwerten und deren Argumente zu verknüpfen, gegenüberzustellen und kritisch zu diskutieren. Damit Ihnen diese Aufgabe, inhaltliche Beziehungen zwischen der von Ihnen ausgewählten Literatur herzustellen, möglichst gut gelingt, finden Sie in Tabelle 15 zahlreiche Anregungen. Beispielhaft werden hier zwei Textteile A und B auf unterschiedliche Arten miteinander verbunden.

Tabelle 15: Variationen der Verknüpfung von Texten
Quelle: Eigene Darstellung in Anlehnung an Gruber et al. (2009, S. 132f.)

Inhaltliche Beziehung zwischen zwei aufeinanderfolgende Textteile A und B:	Erläuterung: Textteil A …
Theoretischer, inhaltlicher oder methodischer Hintergrund	ermöglicht es der Leserin, den Inhalt von Textteil B besser zu verstehen
Vorbereitung	bereitet die Leserin auf inhaltliche (oder weitere) Aspekte von Textteil B vor
Zusammenfassung	fasst Textteil B zusammen
Elaboration	präsentiert zusätzliche Details zu einer vorhergehenden oder nachfolgenden Aussage von Textteil B
Kontrast	stellt einen Gegensatz zu Textteil B her
Einschränkung	schränkt die Aussage des Autors über ein Ergebnis, einen Aspekt usf. von Textteil B ein
Bedingung	stellt dar, unter welchen Bedingungen Textteil B zutrifft

Interpretation	erklärt Elemente von Textteil B durch die Bezugnahme auf allgemeine theoretische Annahmen, Prinzipien usf.
Evaluation	bewertet Elemente von Textteil B durch die Bezugnahme auf belastbare Kriterien
Evidenz	präsentiert Daten, Fakten etc., die den Inhalt von Textteil B stützen
Rechtfertigung	erhöht die Bereitschaft der Leserin den Inhalt von Textteil B zu akzeptieren
Ursache	enthält die Darstellung von (willentlich oder nicht-willentlich herbeigeführten) Tatsachen, die zu der in Textteil B dargestellten Situation geführt haben
Lösung	enthält eine Lösung für das in Textteil B dargestellte Problem
Sequenz	zeigt eine zeitliche oder örtliche Reihenfolge zwischen einzelnen Elementen
Liste	reiht anhand eines Merkmals, das allen Elementen gemeinsam ist, systematisch aneinander (z. B. Nutzung von Lernsoftware nach aufsteigendem Alter der Kinder und Jugendlichen)

Viele der Beziehungen ergeben sich aus dem inhaltlichen Zusammenhang der von Ihnen ausgewählten Texte und Textteile, so dass es Ihre Aufgabe ist, die Grenze zwischen den einzelnen Textteilen richtig zu setzten, so dass der ‚rote Faden' erhalten bleibt. In vielen Fällen aber müssen Sie durch eine geschickte rhetorische Verknüpfung den Sinnzusammenhang zwischen den einzelnen Argumenten herstellen bzw. aufrechterhalten.

6.3.3 Formale Kriterien

Ihre schriftliche Arbeit besteht aber nicht nur aus dem Textkorpus, sondern wird von weiteren Teilen gerahmt, die bestimmten formalen Kriterien folgen müssen. Obschon auch bei diesem Punkt zu erwähnen ist, dass es keinen verbindlichen Standard gibt, so orientieren sich die Ausführungen an dem, was in der Erziehungswissenschaft üblich ist. Fragen Sie aber trotzdem bei Ihrem Betreuer nach, ob es spezifische formale Vorgaben gibt.

Ihre Arbeit kann folgende Elemente in der vorgegebenen Reihenfolge enthalten:

- Titelblatt
- Kurzzusammenfassung/Abstract
- Vorwort
- Inhaltsverzeichnis
- Abbildungs- und Tabellenverzeichnis
- Abkürzungsverzeichnis
- Textkorpus (Einleitung, Hauptteil, Schluss)
- Literaturverzeichnis
- Anhang
- Sperrvermerke bzw. Anonymisierungen
- Eidesstattliche Erklärung

6.3.3.1 Allgemeine Hinweise

Für das Layout Ihrer Arbeit orientieren Sie sich an folgenden Hinweisen und Vorgaben:

- Format: Verwenden Sie nur weißes Papier im Format DIN A4 und arbeiten Sie einspaltig.
- Schrift: Verwenden Sie durchgehend nur eine Schriftart in schwarzer Schriftfarbe und vermeiden Sie allzu verspielte Schriftarten. Gängig sind die Schriftarten Times und Arial.

- Hervorhebungen sollten Sie sparsam verwenden. Sie können mit kursiv, fett, Unterstreichungen und veränderten Schriftgrößen, z. B. bei Überschriften, kenntlich gemacht werden.
- Wählen Sie Blocksatz und schalten Sie die Funktion Silbentrennung Ihres Programms ein, um übergroße Lücken zu vermeiden. Achten Sie auf korrekte Trennung.
- Der Zeilenabstand sollte zwischen 1,3 und 1,5 liegen.
- Die Seitenränder betragen rechts: ca. 2,5 cm; links: ca. 3 cm (wegen der Heftung); oben und unten: 2 cm.
- Die allgemeine Schriftgröße liegt bei der Schriftart Arial bei 11 pt und bei Times New Roman bei 12 pt. Überschriften können größer sein.
- Das Deckblatt wird nicht mit einer Seitenzahl versehen (paginiert), aber mitgezählt. Seitenzahlen beginnen auf der zweiten Seite mit der Zahl 2. Andere Varianten sind möglich (Römische Zahlen für den Vorbau, arabische Zahlen für den Textkörper, der dann mit 1 beginnt).
- Achten Sie bei der Verwendung von Abbildungen und Tabellen auf eine gute Qualität (mind. 150 dpi) sowie auf die Betitelung (z. B.: Abb. 1: Bildungszuwachs bei Studierenden) und den Quellenverweis (z. B.: Quelle: Bertelsmann Stiftung 2015, S. 385). Tabellen werden überschrieben und Abbildungen unterschrieben.
- Natürlich können Sie sog. lebende Kolumnen oder Kopfzeilen einfügen, die weitere Informationen enthalten, z. B. neben der obligatorischen Seitenzahl auch die Überschrift des jeweiligen Kapitels. Das zu erstellen ist nicht einfach, macht Mühe und bringt keinen Extrabenefit; im Gegenteil, wenn Sie dies nicht sorgfältig anlegen, gibt es Abzüge. Also: Lebende Kolumnen weglassen.

Grundsätzlich sollten Sie ein ruhiges und stimmiges Layout wählen, vermeiden Sie allzu große Abstände zwischen Textteilen. Beginnen Sie ein Kapitel auf einer neuen Seite.

Der vorgegebene Umfang an Seiten betrifft in der Regel nur den Textteil Ihrer Arbeit. Wenn Sie eine Hausarbeit mit 15 Seiten Umfang erstellen sollen, dann wird diese durch Zusätze wie Titelblatt, Inhalts- und Literaturverzeichnis sicherlich einen Gesamtumfang von 20 Seiten aufweisen. Nicht immer ist es leicht, eine Punktlandung zu schaffen und genau die vorgegebene Seitenanzahl einzuhalten. Diese Vorgaben können Sie zumeist mit einem Faktor +/– 10 % über- oder unterschreiten. Vermeiden Sie aber Tricksereien wie Zeilenabstand und Schriftgröße verkleinern oder vergrößern, weil Ihre Arbeit ‚aus dem Leim' ging oder nicht lang genug erscheint.

6.3.3.2 Titelseite

Ihre Titelseite sollte mindestens folgende Angaben enthalten:

- Name der Hochschule sowie Nennung der Fakultät bzw. des Fachbereichs
- Titel und ggf. Untertitel Ihrer Arbeit (Schriftgröße zwischen 16 und 24 pt.)
- Benennung der Art der Arbeit (vgl. 3.2.4)
- Ihre Daten: Name, Vorname, Adresse, Studiensemester, Matrikelnummer, ggf. Mailadresse und Telefonnummer
- Bei Seminararbeiten: Nummer und Titel des Seminars wie im Vorlesungsverzeichnis ausgewiesen sowie Modulzuordnung
- Namen der Gutachter sowie ihrer institutionellen Einbindung (Lehrstuhl für Bildungsphilosophie oder Professur für Erziehungswissenschaft usf.)
- Abgabedatum und Datum der Einreichung
- Das Titelblatt wird mitgezählt, enthält aber keine Seitenzahl

Das Titelblatt sollte einen seriösen Eindruck machen, verzichten Sie auf farbige Bildchen und erkundigen Sie sich, ob Sie das Logo Ihrer Hochschule verwenden dürfen.

KatHO NRW

Aachen | Köln | Münster | Paderborn

Katholische Hochschule Nordrhein-Westfalen
Catholic University of Applied Sciences

Abteilung Köln | Fachbereich Sozialwesen
Studiengang Bildung und Erziehung in der Kindheit
Seminar: 7458 Vergessene Zusammenhänge – Klassiker der Pädagogik
Seminarleitung: Prof. Dr. phil. Max Mustermann
Professur für Erziehungswissenschaft

Schriftliche Hausarbeit

Rousseaus Verständnis von Kindheit
Kritische Anfragen auf Basis der UN-Kinderrechtskonventionen

Manuela Musterfrau
Mustermannstr. 1
11111 Musterstadt
Tel.: 111111
Mobil: 01111/11111111

m. musterfrau@katho-nrw.de
Matrikelnummer 1111111
4. Fachsemester
Modulelement: M 7.2
Abgabetermin: xx.xx.xxxx
Abgabedatum: xx.xx.xxxx

Abb. 21: Titelblatt einer schriftlichen Hausarbeit
Quelle: Eigene Darstellung

6.3.3.3 Kurzzusammenfassung bzw. Abstract

Auch in der Erziehungswissenschaft setzt sich immer mehr durch, die Leserin durch eine Kurzzusammenfassung über Inhalt, Ziel und Methode der Arbeit zu informieren und schließlich zum Weiterlesen zu animieren. Ihre Kurzzusammenfassung sollte deshalb einladend geschrieben sein, auf einer extra Seite platziert sein, Ihre Leitfrage klären und maximal 130 Wörter umfassen. Folgendes Beispiel aus der Zeitschrift für Pädagogik zum Artikel über *Risiken und Nebenwirkungen Neuer Steuerung im Schulsystem* (Bellmann und Weiß 2009, S. 286) illustriert dies:

> Zusammenfassung: Zahlreiche Bildungssysteme haben seit den 1990er Jahren einen steuerungsstrategischen Paradigmenwechsel hin zu Output- und Wettbewerbssteuerung vollzogen. Die Befunde zur Erfolgsbilanz der Neuen Steuerung sind bislang uneindeutig. Auffällig ist, dass seit einigen Jahren verstärkt über nicht-intendierte Effekte der neuen Steuerungsinstrumente berichtet wird. Im Anschluss an eine kurze Skizze des neuen Steuerungsmodells und der Befundlage über dessen intendierte Effekte gibt der Beitrag einen Überblick über das Spektrum empirisch dokumentierter Nebenwirkungen und diskutiert theoretische Erklärungsmodelle für deren Auftreten. Auf diese Weise versucht der Beitrag, eine Heuristik für Forschungsprojekte zu entwickeln, die erkunden, ob und in welchem Ausmaß die in anderen Ländern dokumentierten nicht-intendierten Reformfolgen auch in Deutschland beobachtet werden können. Der Grundhypothese des Beitrags zufolge gibt es Anlass, die vielfach behaupteten realen Effizienzgewinne zu problematisieren und die versteckten Kosten Neuer Steuerung stärker in den Blick zu nehmen.

6.3.3.4 Vorwort

In Hausarbeiten eher unüblich, in Abschlussarbeiten oft eingefügt, dient Ihnen ein Vorwort als Ort, um Danke zu sagen bei allen Menschen, die Sie während der Erstellung unterstützt und ‚ausgehalten' haben. Sie können das Vorwort aber auch dazu nutzen, darzustellen, wie Sie zu diesem Thema gekommen sind, wie Sie dazu stehen und was Sie bewegt. Natürlich können Sie auch Schwierigkeiten benennen, die sich im Rahmen der Bearbeitung ergeben haben, doch sollten Sie es unterlassen, schon zu Beginn Ihrer Arbeit schlechte Stimmung zu verbreiten.

6.3.3.5 Inhaltsverzeichnis

Die in Abschnitt 6.2.5.1 aufgeführten formellen Kriterien für Ihre Gliederung gelten natürlich auch für das Inhaltsverzeichnis. Das Inhaltsverzeichnis ist der erste Anlaufpunkt für versierte Leser, denn es zeigt die Architektur Ihrer Argumentation und ist Ausweis Ihrer sorgfältigen Arbeitsweise. Das Inhaltsverzeichnis und die Gliederungsüberschriften im Text müssen zu 100 % übereinstimmen. Nutzen Sie hierfür die Funktion Ihres Schreibprogramms zur automatischen Erstellung des Inhaltsverzeichnisses. Das erspart Ihnen viel Arbeit und Ärger, da es die Konvergenz der Überschriften sowie die Aktualität der Seitenzahlen gewährleistet. Sie können zwischen einer Vielzahl an Gliederungssystemen unterscheiden und beim *alphanumerischen System*, im Unterschied zum *numerischen System*, lateinische und griechische Buchstaben mit arabischen und römischen Ziffern kombinieren. Wenn Sie aber eine Entscheidung getroffen haben, dann sollten Sie bei einer Variante bleiben. Das Inhaltsverzeichnis gibt aber auch über weitere Inhalte Auskunft, weshalb alle weiteren Dokumente, Verzeichnisse und Anhänge aufgeführt werden müssen und durch die Nennung der Seitenzahl ein schnelles Auffinden des entsprechenden Abschnitts ermöglicht werden sollte.

6.3.3.6 Abbildungs- und Tabellenverzeichnis

Sofern Ihre Arbeit jeweils mehr als fünf Abbildungen und Tabellen aufweist, macht das Anlegen eines Verzeichnisses Sinn. Achten Sie aber darauf, beide Verzeichnisse getrennt anzulegen, diese chronologisch nach Seitenzahlen zu ordnen und den jeweiligen Titel anzugeben. Auch hier gilt, dass zwischen den Titelangaben im Verzeichnis und denen im Fließtext 100 %tige Konvergenz herrschen muss.

6.3.3.7 Abkürzungsverzeichnis

Im Unterschied etwa zu juristischen oder naturwissenschaftlichen Arbeiten sollten Sie in erziehungswissenschaftlichen Arbeiten auf Abkürzungen verzichten, weshalb auch kein Abkürzungsverzeichnis nötig ist. Bei sperrigen und langen Ausdrücken können Sie sich auch mit einer im Text erklärten Abkürzung behelfen, ein Beispiel soll dies verdeutlichen:

> Im Zuge der *Nationalen Untersuchung zur Bildung, Betreuung und Erziehung von Kindern* (Tietze et al. 2013; im Folgenden NUBBEK-Studie genannt), zeigte sich der enorme Einfluss der Strukturqualität auf das Wohlbefinden der Kinder. Obschon die NUBBEK-Studie als repräsentativ gilt, ist die Methodik nicht unumstritten …

6.3.3.8 Literaturverzeichnis bzw. Bibliografie

Neben dem Inhaltsverzeichnis ist das Literaturverzeichnis in der Regel der zweite Abschnitt, den versierte Leser ansteuern, um die Qualität der Arbeit einzuschätzen. Das auch als Bibliografie bezeichnete Literaturverzeichnis muss alle im Text zitierten Werke aufführen und gibt neben der Güte Ihrer Literaturauswahl ebenso Auskunft über Ihre handwerkliche Sorgfalt. Wie Sie ein Literaturverzeichnis führen, dies wird in Kapitel 7 zusammen mit den Formalia zur Zitation behandelt. Auf alle Fälle sollen Sie nicht auf den Komfort eines Literaturverwaltungsprogrammes verzichten.

6.3.3.9 Anhang

Nicht jede Information, die Sie in Ihrer Arbeit erwähnen und verarbeiten, muss zwangsläufig vollständig in den Fließtext aufgenommen werden, dafür gibt es den Anhang. Der Anhang ist aber weder eine Fortführung Ihrer fachlichen Diskussion, noch ein Lern- oder Studienportfolio. Der Anhang ist vielmehr eine Sammlung von Dokumenten, die dem interessierten Leser weiterführende Informationen bieten, die im direkten Zusammenhang mit Ihrer Arbeit stehen. Häufig sind dies Erhebungsinstrumente, Transkriptionen oder Rohdaten. Wenn Sie mehrere und voneinander unabhängige Dokumente dem Anhang beifügen, dann sollten Sie ein weiteres Inhaltsverzeichnis erstellen, das Sie dann dem Anhang vorstellen. Wählen Sie die für den Anhang bestimmten Dokumente gut aus, denn nicht die Quantität entscheidet, sondern die Qualität.

6.3.3.10 Sperrvermerk

Enthält Ihre Arbeit sensible Daten von (pädagogischen) Einrichtungen oder Personen, so müssen Sie diese aufgrund des Datenschutzes vor öffentlichem Zugriff abschirmen. Da Abschlussarbeiten teilweise sogar über die Bibliothek zugänglich sind, müssen Sie den Datenschutz durch einen Sperrvermerk gewährleisten, der den begutachtenden Personen und die Hochschule verpflichtet, Dritten den Einblick zu verwehren. Folgende Formulierung ist gängig:

> **Sperrvermerk**
> Die vorliegende Arbeit mit dem Titel .... enthält vertrauliche Daten der Einrichtung xy sowie von Einzelpersonen, die dem Datenschutz unterliegen. Die Arbeit darf nur dem Erst- und Zweitgutachter sowie befugten Mitgliedern des Prüfungsausschusses zugänglich gemacht werden. Eine Veröffentlichung und Vervielfältigung der Arbeit ist – auch in Auszügen – nicht gestattet. Eine Einsichtnahme der Arbeit durch Unbefugte bedarf einer ausdrücklichen Genehmigung des Verfassers und der Einrichtung xy.

Ein Sperrvermerk endet in der Regel nach drei bis fünf Jahren.

6.3.3.11 Eidesstattliche Erklärung

Jegliche Arbeit, die Sie zur Begutachtung einreichen, ist ein amtliches Dokument. Wie aus dem Bisherigen deutlich geworden sein sollte, ist wissenschaftliches Arbeiten hauptsächlich eine Art Prüfverfahren des Wahrheitsgehaltes. Wissenschaftliches Arbeiten basiert auf ethischen Normen und auf Redlichkeit. Mit der eidesstattlichen Erklärung bezeugen Sie, dass Sie in Kenntnis dieser Regeln sind und diese auch eingehalten haben. Sofern Ihre Hochschule keine Vorgaben macht, können Sie Ihre eidesstattlichen Erklärung, die eigenhändig unterschreiben sein muss, wie folgt formulieren:

> **Eidesstattliche Erklärung:**
> Hiermit erkläre ich an Eides statt, dass ich die vorliegende Arbeit mit dem Titel .... selbständig verfasst und keine anderen als die angegebenen Quellen und Hilfsmittel benutzt habe, alle Ausführungen, die anderen Schriften wörtlich oder sinngemäß entnommen wurden, kenntlich gemacht sind und die Arbeit in gleicher oder ähnlicher Fassung noch nicht Bestandteil einer Studien- oder Prüfungsleistung oder Veröffentlichung war.
>
> ______________________ ______________________
> Ort, Datum Unterschrift

6.3.4 Rohfassung schreiben

Nachdem nun die Erwartungen und Kriterien zu allen peripheren Teilen Ihrer Arbeit wie Verzeichnisse oder Anhang besprochen sind und Sie in den Abschnitten 6.3.1f. Hinweise zum argumentativen und sprachlichen Handwerk erhalten haben, informiert Sie der nun folgende Abschnitt über die Mindestanforderungen an die zentralen Bestandteile des Textteils Ihrer Arbeit. Doch bevor wir den Blick auf die Einleitung, den Hauptteil und den Schluss lenken, sollen in einem ersten Unterkapitel zentrale Fragen aufgeworfen und geklärt werden.

6.3.4.1 Sprache regeln: ich – wir – man?

„Wie soll ich denn meine Arbeit nun schreiben, im Ich-Stil, im freundlichen Wir-Stil oder im passiven Man-Stil?" ist eine häufig zu vernehmende Frage seitens der Studierenden – und dies auch zurecht, denn eine eindeutige Lösung gibt es nicht, wie bei fast allen Stilfragen. Im Unterschied zur Alltagssprache jedoch, die stets auch psychosoziale Informationen beispielsweise über Ihre Befindlichkeit oder den Grad der Sympathie einem Gegenstand oder einer Person gegenüber transportieren soll, hat die Wissenschaftssprache eine andere Zielsetzung. Sie soll nämlich auf eine sachlich-nüchterne, exakte, widerspruchsfreie und stilistisch erzogene Art intersubjektiv nachvollziehbare und anerkannte Erkenntnisse, Argumente und Ergebnisse kommunizieren und reflektieren. Insofern ist es in der Erziehungswissenschaft üblich, eine neutrale Ausdrucksform zu wählen oder die Autoren persönlich anzuführen. Obschon im Vorwort sowie im Ausblick durchaus auch persönliche Annotationen gemacht werden können – dies ist nicht ungewöhnlich – sollten Sie auf den Man-Stil verzichten. Folgende Formulierungsbeispiele verdeutlichen die neutrale Sprachregelung:

- Wie Krings et al. (2011, S. 203) betonen …
- Obschon in Anlehnung an Rideout (2013, S. 52) festgehalten werden kann …, ist dies durchaus auch kritisch zu bewerten, wie Bourdieu (2015, S. 121) zu bedenken gibt.
- Hierzu ist festzuhalten, dass …
- Das Bisherige zusammenfassend ist es nur folgerichtig, dass …
- Zusammenfassend kann festgehalten werden, dass…
- Nach Ansicht der Verfasserin …
- Mit Nachdruck ist der Feststellung zuzustimmen …

Klären Sie aber diese Fragen gleich am Anfang, denn diese Entscheidung wird Ihren weiteren Schreibstil prägen. Sicherlich bietet Ihre Hochschule regelmäßig Kurse zum wissenschaftlichen Schreiben in Form von Schreibwerkstätten an, welche Sie unbedingt wahrnehmen sollten. Auch gibt es eine Vielzahl hochwertiger Literatur, die nur den Aspekt des *sprachlichen Ausdrucks* fokussieren, weshalb dies an dieser Stelle nicht weiter ausgeführt, sondern darauf verwiesen wird. So wird Ihnen das Buch mit dem Titel *Richtig wissenschaftlich Schreiben* von Helga Esselborn-Krumbiegel (2014) sicherlich eine Hilfe sein.

6.3.4.2 Einleitung

Die Einleitung in Ihre Arbeit hat mehrere Aufgaben: Zusammenfassung der Inhalte, Klärung der Vorgehensweise sowie Erklärung von Besonderheiten, wie etwa eine geschlechtersensible Sprache oder der Verweis auf Dokumente im Anhang. Zur Formulierung Ihrer Einleitung kann Ihnen Ihr Exposé eine gute Vorlage sein. Ihre Einleitung sollte zwischen 5 bis 10 % des Gesamtumfangs betragen, bei einer 20-seitigen Arbeit also ein bis zwei Seiten. Bewährt hat sich folgende Gliederung der Einleitung:

1. Einleitung
1.1 Problemhorizont
1.2 Leitfrage und Zielsetzung der Arbeit
1.3 Vorgehensweise
1.4 Einschränkende Vorbemerkung(en)

Während Sie im Teil *Problemhorizont* den Leser auf eine sprachlich zugewandte Art in Ihr Thema einführen, durch wenige Zahlen und Fakten von der Wichtigkeit des Themas innerhalb der bereits bestehenden Forschung sowie durch die Klärung der Schlüsselbegriffe vom theoretischen Gehalt überzeugen, zielt der nachfolgende Unterpunkt auf die Darstellung Ihrer Leitfrage. Werden Sie hier ganz konkret und schreiben Sie, was Sie wissen wollen und welche Ziele Sie verfolgen.

Anschließend können Sie mit wenigen Sätzen Ihre Vorgehensweise skizzieren. Sofern Sie Ihrer Arbeit keine Zusammenfassung vorangestellt haben, können Sie hier durchaus erste Ergebnisse aufzeigen. Orientieren Sie sich dabei an den Beispielgutachten in Kapitel 3.3.2. Damit Sie keine falschen Hoffnungen wecken, empfiehlt es sich, einen Unterpunkt einzuführen, in dem Sie nicht nur formelle Angelegenheiten wie etwa die Sprachregelung klären, sondern benennen, was Ihre Arbeit nicht leisten kann. Formulierungen wie diese helfen, den Erwartungshorizont schon vorab zu klären:

> „Obschon das Thema Identität aus anthropologischen, philosophischen, sozialpsychologischen und auch juristischen Perspektiven heraus zu beleuchten wäre, wird in der vorliegenden Arbeit der Schwerpunkt auf bildungstheoretische Argumentationsfiguren gelegt." Oder: „Obwohl die vorliegende Arbeit zum Freiheitsbegriff Kants in der sozialen Arbeit auf ein breites philosophisches Rezeptionsfundament zurückgreifen kann, wird dies im Weiteren vornehmlich in Anlehnung an die Interpretationen von … vollzogen."

Die Einleitung ist nicht der Hauptteil, weshalb Sie sich langen Aufzählungen, ausschweifenden Erklärungen oder zu tief gehenden Argumentationen gegenüber in großer Zurückhaltung üben sollten, im Hauptteil Ihrer Arbeit haben Sie dazu ausreichend Gelegenheit.

6.3.4.3 Hauptteil

Der Hauptteil ist fraglos der wichtigste und auch längste Teil Ihrer Arbeit, denn hier wird Ihre Leitfrage ausgiebig behandelt, theoretisch reflektiert, analysiert und interpretiert. Ungeachtet, welchen Typ von denen in Kapitel 3.2.2 vorgestellten Arbeiten Sie wählen – die Literaturarbeit, die Theoriearbeit oder die empirische Arbeit –, gelten folgende Hinweise gleichermaßen:

- Stellen Sie Stringenz her, indem Sie Ihre Aussagen und Argumente zu einem konsistenten Block verdichten, der widerspruchsfrei und logisch ist.
- Stellen Sie Ihre Ausführungen eindeutig unter den Fokus Ihrer Fragestellung und beurteilen Sie bei jedem Schritt, ob dieser auch zur Beantwortung Ihrer Leitfrage beiträgt oder nur eine interessante, aber verzichtbare Nebeninformation bringt.
- Achten Sie auf die Verhältnismäßigkeit, so dass diejenigen Ausführungen, welche am gehaltvollsten zur Beantwortung beitragen, auch den größten Raum einnehmen.
- Vermeiden Sie eine Dysbalance von Beschreibung und Diskussion und achten Sie darauf, dass Sie stets eine entsprechende Diskurstiefe wahren. Reine Deskription ist keine große Leistung.
- Üben Sie Kritik an den von Ihnen vorgestellten Theorien, Modellen, Methoden und Konzepten stets in einer konstruktiven Weise. Ihre Arbeit ist auch keine Werbeschrift, sondern eine kritische Auseinandersetzung, in der Sie sich einen eigenen Standpunkt erarbeiten, weshalb Sie keinesfalls voreingenommene Haltungen oder euphorische Artikulationen gegenüber den von Ihnen verhandelten Inhalten äußern sollten.
- Die Erziehungswissenschaft als eine weitverzweigte und in viele Nachbardisziplinen reichende Wissenschaft muss um Interdisziplinarität bemüht sein und so auch Sie.
- Schaffen Sie Konsistenz zwischen den Kapiteln, indem Sie in kurzen und prägnanten Zusammenfassungen sicherstellen, dass der rote Faden nicht verlorengeht.
- Definieren Sie alle tragenden Begriffe und verwenden Sie diese in konsistenter Bedeutungsweise, lassen Sie keine Fragen offen.

- Achten Sie auf ein ausgewogenes Verhältnis von Zitaten, Paraphrasen und eigenen Formulierungen. Vermeiden Sie unbedingt eine belegarme Argumentation. Jede Quelle ist zudem mit Jahr und Seitenangabe anzuführen. Ebenso sollten Sie eine zu enge Belegführung vermeiden. Ein gesundes Mittelmaß wäre etwa nach jedem Sinnabschnitt die Quellen gesammelt zu benennen: (vgl. Adorno 1959b, S. 91; Frost 2006, S. 59; Liesner und Wischmann 2010, S. 47; Sekretariat der Ständigen Konferenz der Kultusminister 2005, S. 281–290).
- Machen Sie Absätze, dies strukturiert Ihre Argumentation. Arbeiten Sie mit Hervorhebungen, Einrückungen und Aufzählungen. Vermeiden Sie seitenlange ‚Bleiwüsten' (vgl. Gruber et al. 2009, S. 105–114, 2009; Stickel-Wolf und Wolf 2013, S. 200–208).

6.3.4.4 Schluss

Das Schlusskapitel ist ein wichtiger Bestandteil Ihrer Arbeit und umfasst folgende Aufgaben:

- Es fasst die Ergebnisse ohne weitere Diskussion zusammen.
- Es stellt einen direkten Bezug zur Einleitung und Ihrer Leitfrage her.
- Es bewertet Grad und Qualität der Zielerreichung Ihrer Arbeit.
- Es lenkt den Blick in die Zukunft und zeigt weitere Forschungsfragen und Bedarfe auf.

Das Schlusskapitel, das einen Anteil von etwa 5 % des Gesamtumfangs haben soll, muss also eine ganze Menge leisten und stellt Sie vor große Herausforderungen. Im Unterschied zur Lektüre von Krimis werden in wissenschaftlichen Abhandlungen Einleitung und Schluss gelesen, bevor der Hauptteil in Augenschein genommen wird. Wenn Sie folgende Hinweise beachten, wird Ihnen auch die Erstellung des Schlusskapitels keine Probleme bereiten:

- Gliedern Sie Ihr Schlusskapitel in die Unterkapitel Zusammenfassung und Ausblick.
- Unterlassen Sie jede Art von Diskussion, sondern führen Sie konsequent nur die Ergebnisse Ihrer Arbeit auf.
- Auch Nicht-Ergebnisse sind Ergebnisse, nur meistens unerfreuliche. Führen Sie diese trotzdem auf und bemühen Sie sich um diplomatische Formulierungen wie etwa, „Dabei hat die vorliegende Arbeit auch gezeigt, dass die Methode des rekonstruktiven narrativen Interviews bei Kleinkindern keine validen Ergebnisse zeitigen kann, eine für zukünftige Forschungsarbeiten wichtige Erkenntnis."
- Stellen Sie deutlich heraus, was an Ihrer Arbeit neu, innovativ und interessant ist.
- Beurteilen Sie nüchtern, inwieweit Ihre Arbeit die Leitfrage zu beantworten in der Lage war.
- Lenken Sie den Blick in die Zukunft und skizzieren Sie Trends, die sich auf diesem Gebiet entwickeln (sollen), artikulieren Sie offene Forschungsfragen und zeigen Sie die Praxisrelevanz auf.
- Sofern noch nicht geschehen, schrumpfen Sie Ihr Schlusskapitel zu einem Abstract zusammen und stellen Sie dies an die entsprechende Stelle Ihrer Arbeit. Je mehr Vorabinformation der Leser über Ihrer Arbeit erhält, desto besser wird er Ihren Argumenten folgen können.

Das Schlusskapitel, das ja einen sehr geringen Umfang hat, sollten Sie erst nach der Manuskriptdurchsicht (erste Lesung) verfassen, um Ihre Ergebnisse und Erkenntnisse mit höchster Treffsicherheit und Präzision zusammenzufassen.

6.4 Abschlussphase

Vor allem bei Qualifikationsarbeiten sollten Sie die Intensität der Abschlussphase nicht unterschätzen. So weist der Arbeitsplan in Tabelle 16 für eine etwa 60-seitige Bachelorarbeit, die in drei Monaten anzufertigen ist, folgende Tätigkeiten und Zeiten aus, die Sie immerhin noch 18 Tage beschäftigen werden:

Tabelle 16: Arbeits- und Tätigkeitsplan während der Korrekturphase
Quelle: Eigene Darstellung

Manuskriptdurchsicht (erste Lesung)	7 Tage
Manuskriptüberarbeitung	5 Tage
Endkorrektur (zweite Lesung)	3 Tage
Endausdruck	1 Tag
Binden der Arbeit	1 Tag
Abgabe der Arbeit	1 Tag
	18 Tage

6.4.1 Korrekturschleifen

Kennen Sie den in Kapitel 5.1 aufgezeigten Unterschied zwischen evaluierendem und korrigierendem Lesen? Wenn nicht, dann lesen Sie kurz nach (S. 193f.), um für das Weitere auf dem aktuellen Stand zu sein.

Das Hauptkorrektiv Ihrer Arbeit sind Sie (und Ihr innerer Zensor und Korrektor), denn schon während der Erstellung werden Sie verschiedene Korrekturschleifen ziehen. Versuchen Sie dabei, die inhaltliche (evaluierende) von der formalen (korrigierenden) Korrektur zu trennen, um Ihre Aufmerksamkeit bestmöglich zu fokussieren. Frei nach Immanuel Kants Diktum ‚Inhalt vor der Form' sollten Sie die feinkosmetische Überarbeitung stets der inhaltlichen Präzisierung nachschalten, am Ende aber sollte beides makellos sein. Üblicherweise erfolgt die Endkorrektur in zwei Lesungen:

- Die erste Lesung ist aufwändig und sollte mindestens nach dem Vier-Augen-Prinzip erfolgen. Ihre Peer-reading-Partnerin und Sie werden Ihre Arbeit auf ‚Herz und Nieren' prüfen, und zwar in zwei getrennten Schleifen. Erst wird der Inhalt auf Konsistenz, Logik, Redundanzen und diskursive Untiefen überprüft. Trotz aller Digitalisierung ist hier immer noch die handschriftliche Kommentierung eines Ausdrucks die beste und schnellste Lösung und ermöglicht Ihrer Peer-reading-Partnerin und Ihnen, dies unabhängig von Strom, Technik und Internet an einem schönen und inspirierenden Ort zu erledigen. In einem zweiten Durchgang werden dann alle formellen Korrekturen vorgenommen. Verwenden Sie hierfür verschiedene Farben, etwa grün bei der evaluierenden Lesung und rot beim Korrekturlesen, tragen Sie dies aber in ein und denselben Ausdruck ein, denn bei der nachfolgenden Manuskriptüberarbeitung werden Sie Ihr Werk chronologisch von Anfang bis zum Ende durcharbeiten und können so die Änderungen effektiv einpflegen. Nur bei gravierenden Verfehlungen sollten Sie eine Umformulierung einzelner Passagen vornehmen, eine konzeptionelle Änderung hingegen sollten Sie kategorisch ausschließen, da dies keine qualitative Verbesserung erzielen würde. Stehen Sie zu Ihrer Arbeit und korrigieren Sie sachorientiert. Ggf. können Sie Ihre Arbeit durch einen Plagiatscanner schleifen und somit Stellen identifizieren, die Sie nicht ausreichend belegt haben.
- Die zweite Lesung hingegen, die auch nach dem Vier-Augen-Prinzip erfolgen sollte, ist weitaus weniger anstren-

gend und dient der schon erwähnten feinkosmetischen Durchsicht. Sind alle Verzeichnisse konsistent? Sind das Inhaltsverzeichnis sowie das Literaturverzeichnis fehlerfrei? Sind keine Abbildungen oder Tabellen verrutscht? Zeigt die Rechtschreib- als auch die Grammatikprüfung noch Korrekturbedarf an? Ist die Arbeit vollständig und sind alle Teile inklusive handschriftlich signierter eidesstattlicher Erklärung vorhanden?

6.4.2 Drucken und Binden der Arbeit

Nach beiden Lesungen und dem anschließenden Einpflegen der Anmerkungen gewinnen Sie Finalitätsperspektive. Doch auch hier ist Bedacht angeraten, denn nicht selten verursacht der Ausdruck Probleme. Überprüfen Sie daher jede Seite auf korrekte Darstellung der Inhalte und auf eventuelle Leerdrucke. Gerade in dieser wichtigen Abschlussphase sichern Sie durch das seitenweise Überprüfen, dass Ihre Arbeit einen einwandfreien und formal perfekten Eindruck vermitteln wird.

Wenn der Ausdruck Ihrer Arbeit dann auch von Ihnen als fehlerfrei eingestuft wird und endlich die ersehnte Freigabe erhält, ist der letzte Schritt die Bindung der Arbeit. Hausarbeiten mit einem Umfang bis zu 30 Seiten können Sie problemlos in einem (billigen) Schnellhefter abgeben. Wichtig ist, dass die Arbeit gut zu korrigieren und für Ihre Betreuer ergonomisch zu bearbeiten ist, weshalb Dokumente in Klarsichtfolien oder sehr dickes Papier tunlichst zu vermeiden sind. Bedenken Sie bitte, dass Ihre Arbeit rein inhaltlich bewertet wird und sogar bei Abschlussarbeiten Goldschnitt, Prägung oder Schweineledereinband komplett sinnlose Investitionen darstellen, da Ihre Arbeit anschließend im Archiv verschwindet und nach einer gewissen Zeit entsorgt wird. So zeigt die Erfahrung, dass eine ‚billige' Leimbindung sehr korrekturfreundlich ist, da die Seiten ‚stehen' bleiben und wertigere Fassungen ohnehin keinen Mehrwert bieten. Sparen Sie hier bares Geld und investieren Sie dies besser in eine niveauvolle Abschlussarbeitabgabeparty – die Gelegenheit dazu haben Sie hoffentlich nur ein einziges Mal.

6.4.3 Abgabemodalitäten

So manche Dinge im Leben sind völlig verzichtbar, vor allem jene, die Sie selbst und vor allem leicht verhindern können. Auch für Ihre Betreuung stellt es ein sehr unangenehmes Desaster dar, wenn Kleinigkeiten die Annahme Ihrer Arbeit verhindern und so ein Nichtbestehen bewirken. Deshalb sollten Sie besonders im Hinblick auf die Abgabemodalitäten äußerste Sorgfalt walten lassen. Informieren Sie sich deshalb akkurat darüber, wie viele Exemplare Sie liefern müssen und welche elektronischen Abgabeformalitäten zu beachten sind. Klären Sie drüber hinaus, wo genau Sie Ihre Arbeit abgeben können und wie die Öffnungszeiten sind und: Überbringen Sie Ihre Arbeit persönlich. Dies gibt Ihnen nicht nur Sicherheit, sondern kann als bewusstes Ritual die Durchführungsphase adäquat beschließen.

6.5 Nachprojektphase

Mit der offiziellen Einreichung Ihrer Arbeit endet die Durchführungsphase Ihres Wissenschaftsprojektes und Sie gleiten in die wesentlich entspanntere Nachprojektphase. Doch auch hier warten noch einige Tätigkeiten auf Sie, die Sie wahrnehmen sollten.

6.5.1 Archivieren

Bevor Sie nun Ihr Projekt abschließen, sollten Sie auf alle Fälle alle Unterlagen sortieren und archivieren. Dies gilt insbesondere für Ihre Exzerpte, Kopien und die Literatursammlung. Alles, was digital vorliegt, wird sorgfältig in übersichtlich benannte Ordner gespeichert und auf einem externen Datenträger gesichert, der dann zusammen mit den analogen Materialien archiviert wird. So haben Sie später Zugriff auf einen gewissenhaft erarbeiteten Fundus. Insbesondere Ihre Literaturdatenbank sollten Sie im Studienalltag erweitern und pflegen.

6.5.2 Dozentengespräch

Im Studium erhalten Sie nur selten Feedback, weshalb Sie jede Chance nutzen sollten, eine professionelle Rückmeldung einzuholen. Vereinbaren Sie zu diesem Zweck auf alle Fälle ein Dozentengespräch, auch um persönlich für die fachliche Betreuung zu danken.

6.5.3 Veröffentlichung

Teilen Sie Ihr Wissen und veröffentlichen Sie Ihre Arbeit. Viele Hochschulen bieten eine interne Publikationsmöglichkeit von gut und sehr gut benoteten Arbeiten an, Abschlussarbeiten sind häufig über die örtliche Bibliothek einsehbar. Mittlerweile aber gibt es eine Vielzahl externer Möglichkeiten, Ihre Haus-, Bachelor- oder Masterarbeit zu publizieren und so das Ergebnis Ihrer mühevollen Anstrengung nicht im Archiv verstauben zu lassen, sondern dies nutzvoll einer breiten Öffentlichkeit zugänglich zu machen. Zwar ist es unwahrscheinlich, dass

Fachzeitschriften studentische Qualifikationsarbeiten veröffentlichen, doch hat sich mittlerweile ein weitläufiger privatwirtschaftlicher Markt etabliert, der auf die Publikation studentischer Arbeiten spezialisiert ist. Eine Suchanfrage im Internet wird Sie schnell zu den entsprechenden Verlagen führen.

6.6 Zusammenfassung: Ressourcenvernichtung Projektarbeit?

Jede wissenschaftliche Arbeit, die Sie anfertigen, ist ein einmaliges Projekt, das gelingen, aber auch scheitern kann. Jedoch stimmt die mittlerweile vielgestaltige Verwendung des Begriffs *Projekt* Experten wie projekterfahrene Praktiker nachdenklich, da schon nahezu jedes mehr oder minder ziellose Ausprobieren als Projekt bezeichnet wird und dadurch nicht selten das Scheitern programmiert ist. Gerade an diesem entscheidenden Punkt, nämlich der gelingenden, zufriedenstellenden und effektiven Initiierung, Realisierung und Evaluation von wissenschaftlichen Arbeiten, kann Sie der ernüchternde Blick in die Ergebnisse der Projektforschung vor Enttäuschungen und Entmutigungen schützen und für eine professionelle Herangehensweise im Sinne eines strukturierten Projektmanagements sensibilisieren und motivieren.

Unter dem Titel ‚Projektmanagement: Abenteuer Wertvernichtung' zeichnet eine Längsschnittstudie zum Projektmanagement in deutschen Organisationen ein deutliches Bild des Scheiterns. So haben lediglich 13 % der durchgeführten Projektarbeiten in deutschen Organisationen zu einer Wertsteigerung beigetragen, mit einem finanziellen Verlust von etwa 150 Mrd. Euro, ungeachtet der menschlichen Frustrationen, motivationalen Reibungsverlusten und sozialen Verwerfungen. So werden bei knapp 57 % der Projekte die falschen

Zielsetzungen (Effektivität) und bei 59 % die mangelhafte Umsetzung der Projekte (Effizienz) für dieses fulminante Scheitern verantwortlich gemacht (vgl. Gröger 2004, 2ff.). Diese wenig ermutigenden Ergebnisse bestätigt u. a. die CHAOS-Studie der Standish-Group, die seit 1994 regelmäßig internationale Projekte auf ihren Erfolg hin evaluiert. Als die drei Hauptgründe, die zum Scheitern von Projekten führen, werden benannt:

- die unklare und unvollständige Zielsetzung (methodisches Defizit),
- die fehlende Zusammenarbeit und Vernetzung (sozial-kommunikatives Defizit) sowie
- die häufigen Änderungen der Projektplanung (organisatorisches Defizit) (vgl. Standish-Group 2004/2016; Homberg und Obermaier 2011, 6f.).

Doch gerade das Arbeiten an Ihren wissenschaftlichen Projekten bietet Ihnen die großartige Möglichkeit, sich aktiv an Entwicklungs- und Veränderungsprozessen zu beteiligen sowie verstärkt Eigeninitiative, vernetztes Denken, Engagement und Kreativität für Ihre konkreten erziehungswissenschaftlichen Aufgabenstellungen an der Hochschule zu nutzen. Jedoch für die zufriedenstellende und gelingende Bewältigung von Projektaufgaben, wie dies oben dargestellt wurde, sind der entsprechende Überblick sowie ein professionelles Vorgehen nötig.

Deshalb schonen Sie Ihre Ressourcen durch eine fundierte Vorbereitung, so dass Ihr Hauptziel, nämlich ein erfolgreiches und angenehmes Studium der Erziehungswissenschaft, keine Vision bleibt, sondern Realität wird.

Überleitendes Fazit: Vom Referenzen stricken

Das zurückliegende Kapitel hatte das wissenschaftliche Schreiben zum Thema. Aufgeteilt in fünf Phasen zeigte sich das Anfertigen einer wissenschaftlichen Arbeit als überschaubare, planbare und mit konkreten Aufgaben versehbare Herausforderung, die bei entsprechender Planung und Beachtung der formellen Kriterien für jeden gut zu meistern ist. Doch wissenschaftliches Schreiben bedeutet in erster Linie ein Referenzsystem aufzubauen, und dazu müssen Sie zitieren, paraphrasieren und belegen. Damit Sie auch diese letzte Hürde mit Bravour nehmen werden, informiert Sie Kapitel 7 über alle wesentlichen Aspekte des erziehungswissenschaftlichen Zitierens und Bibliografierens.

7 Zitieren und bibliografieren

Zitieren: Jemanden an einen bestimmten Ort beordern, vorladen, eine Textstelle wörtlich wiedergeben, entlehnt aus lat. citāre in Bewegung setzen, vorladen, herbei-, an-, aufrufen. Wissenschaftlich zu arbeiten bedeutet in diesem Verständnis gerade nicht ‚trockene Texte' zu bearbeiten, sondern Sie schreiben ein spannendes Stück, in dem Sie etwas in Bewegung setzen und andere Wissenschaftler vorladen, aufrufen und auftreten lassen – also zitieren. Und damit Sie eine saubere Inszenierung hinlegen, informieren Sie die folgenden Unterkapitel über so manche Feinheiten, die Sie beim Zitieren beachten sollten. Im zweiten Teil des Kapitels erfahren Sie, wie Sie Ihr Literaturverzeichnis korrekt anlegen.

7.1 Zitation

7.1.1 Plagiate

Als einen ‚plagiarius', als Seelenverkäufer, verfluchte der Römer Martial im 1. Jh. n. Chr. seinen Dichterkollegen Fidentius. Er hatte nämlich, wie dies der Kulturtheoretiker Fröhlich (2006, S. 81) schildert, die Gedichte von Martial geklaut und als seine eigenen ausgegeben. Martial verglich diesen Diebstahl von geistigem Eigentum mit der Situation freigelassener Sklaven: Wer sich ihrer bemächtige, begehe ‚plagium', also Menschenraub. Unter Plagiat können Sie die unerlaubte Übernahme fremden Geistesguts, also den ‚Diebstahl' geistigen Eigentums verstehen. Im Gegensatz zum Diebstahl jedoch muss bei einem Plagiat weder ein Vorsatz noch ein bewusstes Verschulden vorliegen. Ob die Plagiatoren in böser Absicht handelten oder einer sog. Kryptamnesie zum Opfer fielen, also eine fälschliche Selbstzuschreibung von fremden Ideen, da die Quelle vergessen wurde, dies ist für den urheberrechtlichen Schutz völlig unerheblich. Unwissenheit schützt vor Strafe nicht. Seit Martial seinen Dichterkollegen Fidentius des Plagiats bezichtigte, wurden schon viele des Plagiierens angeklagt: Pythagoras, die Evangelisten, Galileo, Mozart, Nietzsche, Darwin, Freud, The Doors, Putin oder unlängst Karl-Theodor zu Guttenberg. Plagiiert wird überall, wo geistiges Eigentum entstehen kann, also in nahezu allen Sphären menschlichen Seins: in Wissenschaft, Kunst, Musik, Industrie oder in den Starküchen dieser Erde. Auch gibt es eine enorme Bandbreite des Plagiierens, wie Fröhlich (2006, 81f.) ausführt:

- Das Totalplagiat als unveränderte 1:1-Übernahme ist etwas für gewissenlose Draufgänger und wurde am häufigsten bei Dissertationen von Medizinern entdeckt.
- Das Übersetzungsplagiat ist eine risikoärmere Version des Totalplagiats, bei dem eine Publikation aus einer möglichst exotischen Sprache übersetzt und als eigenes Werk ausgegeben wird.
- Das Teilplagiat ist in Wissenschaftskreisen am häufigsten anzutreffen und besteht in einer auszugsweisen Übernahme fremder Texte ohne Angabe der Quelle.
- Das Ideenplagiat, also die Übernahme der Substanz oder Struktur ohne Würdigung der Urheber, ist nur schwer nachzuweisen. Die Übernahme einer gewissen Textgliederung können Sie als Ideenplagiat ansehen.
- Altruistische Plagiate sind Veröffentlichungen unter falschem Namen. Der Zwillingsforscher Sir Cyril Burt etwa betrieb das altruistische Plagiat in ganz großem Stil: Unter etwa 40 erfundenen Namen täuschte er in seinem Journal eine lebhafte Wissenschaftsgemeinschaft vor, aber in Wirklichkeit war er allein.
- Ein Autoplagiat liegt dann vor, wenn ein Autor einen bereits erschienenen Artikel ganz oder in Teilen in einem neuen

Text ohne Angabe der Quelle verwendet. Dies träfe auch auf Ihre wissenschaftlichen Arbeiten zu, wenn Sie diese bei zwei unterschiedlichen Dozenten einreichen würden.

- Verbalplagiate liegen dann vor, wenn Sie einen fremden Text ohne Angabe der Quelle als Vorlage für Ihren Vortrag verwenden.
- Ein Bildplagiat besteht in der nicht belegten Übernahme einer Abbildung, eines Bildes oder einer Tabelle.
- Eilige und an Dreistigkeit nicht zu überbietende Forscher stehlen auch Informationen, die noch gar nicht veröffentlicht und somit plagiierbar sind etwa in Form des Abfotografierens von Projektionen oder Postern oder dem unerlaubten Aufzeichnen eines Vortrags.

An vielen Hochschulen ist es mittlerweile Standard, ein elektronisches Scanverfahren, etwa das Programm *PlagScan*, anzuwenden, welches Plagiate erkennt. Sicherlich werden auch Sie angehalten, Ihre wissenschaftlichen Arbeiten über ein solches Programm einzureichen, was zwei Zwecke hat: Einerseits wird Ihre Arbeit auf Plagiate (Teilplagiat) überprüft und andererseits wird Sie in das ständig wachsende Archiv mitaufgenommen. So wird verhindert, dass Studierende Arbeiten mehrfach einreichen (Autoplagiat) oder von Studierenden höherer Semester Arbeiten übernehmen und dann unter eigenem Namen einreichen (Vollplagiat). Nutzen Sie den Dienst bevor Sie eine Arbeit einreichen, so können Sie Teile in Ihrer Arbeit identifizieren, die Sie vielleicht wegen einer temporären Kryptamnesie nicht belegt haben.

7.1.2 Harvard oder Chicago?

Bevor Sie zu zitieren beginnen, müssen Sie sich entscheiden, nach welchem Standard Sie verfahren wollen: Harvard oder Chicago. Beides hat Vor- und Nachteile, jedoch findet in erziehungswissenschaftlichen Publikationen, so auch in dieser, zumeist der Harvard-Standard Anwendung. Hier wird der Quellenverweis direkt im Fließtext vorgenommen. Kritisiert wird daran, dass die Textästhetik leide und der Lesefluss durch die ständigen Klammereinschübe gebrochen werde. Wenn Sie den Chicago-Standard wählen, dann werden die Quellenverweise in Fußnoten angeführt, auf die mit einer hochgestellten Ziffer am Ende des Zitats verwiesen wird. Hieran wird moniert, dass das permanente Wechseln zwischen Text und Fußnoten den Lesefluss unterbreche und die Fußnoten, die in der Regel für weiterführende Informationen und Erklärungen gedacht sind, dafür nicht mehr nutzbar sind. Welchen Standard Sie auch wählen, Sie müssen ihm treu bleiben, ein Wechsel innerhalb eines Textes ist nicht zulässig.

7.1.3 Paraphrasen

Wenn Sie einen Textauszug nicht zitieren, sondern das Gelesene mit eigenen Worten anders oder neu formulieren und dies schriftlich festhalten, handelt es sich um eine Paraphrase bzw. ein indirektes Zitat. Wenn Sie also Gedanken oder Argumente einer fremden Autorin nehmen und diesen Inhalt schriftlich wiedergeben, dann wird, nachdem der übernommene Gedanke endet, auf den Autor verwiesen. Dies wird mit vgl. (=vergleiche) markiert. Im Fließtext nach dem Harvard-Standard wäre die Leerformel so: (vgl. Autorenname Erscheinungsjahr, Seitenangabe), beim Chicago-Standard entfallen die Klammern. Ein Zitat aus dem sehr lesenswerten Buch von Heiner Keupp (2013) zum Thema *Identitätskonstruktionen* dient im Folgenden als Beispiel. Der Originalsatz lautet:

„Dieses Problem der Gleichheit in der Verschiedenheit beherrscht auch die aktuellen Identitätstheorien" (Keupp et al. 2013, S. 28).

Beispiele für Paraphrasen:

- Das Problem der Gleichheit in der Verschiedenheit dominiert die aktuellen Identitätstheorien (vgl. Keupp et al. 2013, S. 28).
- Keupp et al. (2013, 38) stellen fest, dass das Problem der Gleichheit in der Verschiedenheit die aktuellen Identitätstheorien beherrscht.
- Das Problem der Gleichheit in der Verschiedenheit, wie dies Keupp et al. (2013, 38) feststellen, beherrscht die aktuellen Identitätstheorien.

Und integrieren Sie den Verweis in den Satz, d.h., Sie setzen den Punkt nach dem Quellenverweis, so ist eine vollständige Sinneinheit gegeben. Es gibt zudem unterschiedliche Arten und Variationen von Zeichensetzungen, wie Verweise im Fließtext markiert werden, hier drei Beispiele:

- Version 1: (vgl. Keupp et al. 2013, S. 28).
- Version 2: (vgl. Keupp et al. 2013: 28).
- Version 3: (vgl. Keupp et al. 2013. S. 28).

Auch hier gilt: Sie können sich für eine Variante entscheiden, müssen dieser aber treu bleiben. Je weniger Zeichen Sie wählen (Version 2), desto mehr bleibt Ihnen für gehaltvollen Text übrig. In den meisten Literaturverwaltungsprogrammen können Sie alle Feinheiten einstellen.

7.1.4 Zitate

Wenn Sie einen in der Literatur gelesenen Satz, einen Satzteil oder auch nur eine spezielle Formulierung wie etwa „Biopiraterie“ oder „Bewusstseinsbewirtschaftung“ in Ihrer Seminararbeit verwenden und 1:1 abschreiben, so handelt es sich um ein Zitat. In Zitaten wird der Originaltext – gleichsam wie abfotografiert – mit allen Hervorhebungen, Fehlern oder antiquierten Rechtschreibformen originalgetreu wiedergegeben. Lediglich Schriftart und Schriftgröße sind frei wählbar. Sie müssen alle Zitate kennzeichnen, dies erfolgt mit An- und Abführungszeichen sowie der Nennung des Autors, des Jahres und der Seitenangabe. Die An- und Abführungszeichen ‚schneiden' sozusagen den Textteil aus dem Originaltext, weshalb nur folgende Form korrekt ist: „Dieses Problem der Gleichheit in der Verschiedenheit beherrscht auch die aktuellen Identitätstheorien" (Keupp et al. 2013, S. 28). Oft zu lesende Formen wie beispielsweise „(…)Dieses Problem der Gleichheit in der Verschiedenheit beherrscht auch die aktuellen Identitätstheorien(…)" (Keupp et al. 2013, S. 28) sind nicht korrekt und unterstellen dem Text Zeichen, in diesem Falle (…), die er im Original nicht hat. Seien Sie also akkurat, bewerten Sie die ‚Gänsefüßchen' als Schnittkanten und belegen Sie alles – erfolgt dies nicht, handelt es sich, wie bereits erklärt, um ein Plagiat. Beim Weglassen der Seitenangabe handelt es sich um eine sog. Belegarmut, welche die Qualität Ihrer Arbeit schmälert, auch das sollten Sie vermeiden. Zwingend sind also der Autorenname, Erscheinungsjahr und die Seitenangabe.

7.1.4.1 Zitieren im Fließtext

Versuchen Sie, Zitate möglichst ‚weich' in Ihren Text einzufügen, so dass nicht der Eindruck eines Bruches, sondern das Gefühl einer Konversation entsteht. Hierbei müssen Sie ein Gefühl für Ihre Choreografie entwickeln. Nachfolgende Beispiele sind als Inspiration gedacht:

> „Dieses Problem der Gleichheit in der Verschiedenheit beherrscht auch die aktuellen Identitätstheorien" (Keupp et al. 2013, S. 28).

- Wider der postmodernen Rhetorik vom Tod des Subjekts halten Heiner Keupp et al. (2013, S. 28) fest: „Dieses Problem der Gleichheit in der Verschiedenheit beherrscht auch die aktuellen Identitätstheorien."
- Keupp et al. (2013, S. 28) meinen in der Debatte um die sozialpsychologische Klärung von Identitätsprozessen, dass „[d]ieses Problem der Gleichheit in der Verschiedenheit [...] auch die aktuellen Identitätstheorien" beherrscht.

7.1.4.2 Hervorhebungen in Zitaten

Zitate können im Originaltext hervorgehoben erscheinen. D.h., der Autor möchte den Wörtern eine besondere Betonung verleihen, indem er in der Regel eine der drei Arten der Hervorhebung anwendet:

- Fettdruck
- Kursivsetzung
- Unterstreichungen

Diese Hervorhebungen müssen Sie in einem Zitat übernehmen und entsprechend markieren. Dies erfolgt mit dem Zusatz H.i.O. (=Hervorhebung im Original). Folgendes fiktive Zitat zeigt dies exemplarisch auf:

- „Direkte Zitate müssen **immer** gekennzeichnet sein" (Mustermann 2007, S. 310; H.i.O.).
- „Direkte Zitate müssen *immer* gekennzeichnet sein" (Mustermann 2007, S. 310; H.i.O.).
- „Direkte Zitate müssen <u>immer</u> gekennzeichnet sein" (Mustermann 2007, S. 310; H.i.O.).

Zitate können auch verändert werden. Wenn Sie z. B. in einem zitierten Satz ein bestimmtes Wort mittels **Fettdruck**, *Kursiv-*

setzung oder Unterstreichung hervorheben möchten, ist dies erlaubt. Sie müssen dies nur entsprechend kennzeichnen. Auch hier gibt es wieder unterschiedliche Varianten der Markierung, die Sie auswählen und stringent verwenden müssen:

- H.d.d.V. = Hervorhebung durch die Verfasserin/den Verfasser
- H.d.d.A. = Hervorhebung durch die Autorin/den Autor
- H.d.M.O. = Hervorhebung durch die Initialen des Vor- und Zunamens, in meinem Fall Michael Obermaier (M.O.)

Ausgehend von dem fiktiven Originalzitat „Direkte Zitate müssen immer gekennzeichnet sein" (Mustermann 2007, 310) werden die drei unterschiedlichen Arten dargestellt, die markieren, dass im Originalzitat eine Hervorhebung vorgenommen wurde:

- „Direkte Zitate müssen **immer** gekennzeichnet sein" (Mustermann 2007, S. 310; H.d.d.V.).
- „*Direkte Zitate* müssen immer gekennzeichnet sein" (Mustermann 2007, S. 310; H.d.d.A.).
- „Direkte Zitate müssen immer gekennzeichnet sein" (Mustermann 2007, S. 310; H.d.M.O.).

7.1.4.3 Auslassungen in Zitaten

Möchten Sie keinen vollständigen Satz zitieren, sondern nur einen Satzteil, so muss der ausgesparte Satzteil markiert werden. Gängige Zeichen für Textaussparungen im Zitat sind folgende: ... oder [...] oder (...) oder [ ] oder ( ). Auch hier gilt die Regel, dass Sie Ihre Wahl konsequent anwenden müssen. Dazu zwei Beispiele:

„Der größte Fortschritt jedoch, den die Bildungspolitik nun machen könnte, kann in der grundlegenden Erkenntnis gesehen werden, dass die Förderung sozialer Partizipation, wie dies die humanökologische Perspektive konsequent einfordert, die entscheidendste pädagogische Herausforderung unserer Zeit ist" (Obermaier 2015, S. 42).

Variante 1: „Der größte Fortschritt jedoch, den die Bildungspolitik nun machen könnte, kann in der grundlegenden Erkenntnis gesehen werden, dass die Förderung sozialer Partizipation [...] die entscheidendste pädagogische Herausforderung unserer Zeit ist" (Obermaier 2015, S. 42).

Variante 2: „Der größte Fortschritt (...) kann in der grundlegenden Erkenntnis gesehen werden, dass die Förderung sozialer Partizipation (...) die entscheidendste pädagogische Herausforderung unserer Zeit ist" (Obermaier 2015, S. 42).

7.1.4.4 Zitieren aus Sekundärquellen

Sie sind fast am Ende mit Ihrer Hausarbeit zum Thema *Identitätsförderung 2.0* und lesen dazu mit Spannung ein Buch von Heiner Keupp mit dem Titel *Identitätskonstruktionen* (Keupp et al. 2013), der in Abschnitt 5 auf den großen Denker Oskar Negt Bezug nimmt. Dabei fasziniert Sie folgendes Zitat, das Keupp aus dem 2002 erschienenen Werk *Arbeit und menschliche Würde* von Oskar Negt entnommen hat:

„Vertreibung ist ein konstitutives Merkmal unserer Gesellschaft, Vertreibung aus gewachsenen Lebensverhältnissen, aus dem Erwerbssystem, aus Heimat und Wohnmilieu" (Negt 2002, S. 530).

Nun leider ist dieses Buch entliehen und Sie haben nur noch wenig Zeit, so dass auch die Fernleihe nicht in Betracht kommt. – Ja, es ist möglich, das Zitat aus ‚zweiter Hand' zu übernehmen; dann müssen Sie dies mit zit.n. (=zitiert nach) kennzeichnen, wie dies das nachfolgende Beispiel zeigt:

> „Vertreibung ist ein konstitutives Merkmal unserer Gesellschaft, Vertreibung aus gewachsenen Lebensverhältnissen, aus dem Erwerbssystem, aus Heimat und Wohnmilieu" (Negt 2002, S. 530 zit.n. Keup 2013, S. 281).

Zu beachten ist hierbei, dass Sie beide Quellen exakt mit Seitenzahl benennen und ins Literaturverzeichnis aufnehmen. Aber Vorsicht: zit.n.-Zitate sollten Sie nur im Ausnahmefall verwenden, denn sich auf die Sorgfalt anderer zu verlassen, ist trügerisch und macht überhaupt keinen guten Eindruck. Generell gilt: Primärquellen sind immer zu bevorzugen, zit.n. sollten Sie nur in ganz besonderen Ausnahmefällen anführen, etwa wenn es sich um eine vergriffene Ausgabe handelt.

Zudem gilt, dass Sie Zitate, die länger als 40 Wörter sind, als sog. Blockzitat einrücken und auf Schriftgröße 9 (Arial) bzw. 10 (Times) verkleinern sollten. Hier entfallen dann die Anführungszeichen.

7.1.4.5 Zitate verändern

Natürlich dürfen Sie auch Zitate verändern, wenn Sie dies kenntlich machen. Dies ist auch häufig nötig, um den Zusammenhang zu wahren oder das Zitat in den Fließtext einfügen zu können. Zwei Bedingungen können Sie unterscheiden: (1) Sie wollen eine zusätzliche Erklärung oder ein Wort einfügen, dann setzen Sie die Einführung in eckige Klammern und ergänzen dies durch Ihre Initialen; somit wird deutlich, dass die Ergänzung von Ihnen stammt: [Ergänzung; M.O.]. (2) Sie wollen einen Buchstaben ändern, um die grammatikalische Korrektheit zu wahren; dann wiederum eckige Klammern, aber ohne Initialen. Anhand dieses fiktiven Ausgangszitats „Direkte Zitate müssen immer gekennzeichnet sein" (Mustermann 2007, S. 310) werden beide Möglichkeiten verdeutlicht:

> 1. Variante (Ergänzung): „Direkte Zitate müssen [in erziehungswissenschaftlichen Arbeiten; M.O.] immer gekennzeichnet sein" (Mustermann 2007, S. 310).
>
> 2. Variante (Grammatik): So merkt Mustermann (2007, S. 310) an, dass „[d]irekte Zitate [...] immer gekennzeichnet sein" müssen.

7.1.4.6 Fehler in Zitaten

Nobody´s perfect, so auch nicht Wissenschaftler, weshalb sich in vielen Publikationen Fehler finden lassen. Zitieren Sie auch Tipp-, Rechtschreib- und Interpunktionsfehler, machen Sie sie aber durch ein [sic!] kenntlich. Dies gilt allerdings nicht für Zitate in alter Rechtschreibung. Das Lateinische sīc bedeutet ‚so, wirklich so' und steht als Abkürzung für: sīc erat scriptum, was Sie mit ‚so stand es geschrieben' übersetzen können. Hierzu ein Beispiel:

> „Direkte Zitatte [sic!] müssen immer gekennzeichnet sein" (Mustermann 2007, S. 310).

7.1.4.7 Mehrere Autoren – mehrere Publikationen

Wie Sie mehrere Autoren zitieren, die gemeinsam eine Publikation verantworten, oder mehrere Publikationen anführen, die ein Autor verantwortet, wird im Folgenden erklärt:

Fall 1: 1 Autor, 1 Arbeit:
Name (Jahr, Seite) beschreibt in seiner Arbeit …
Beispiel: Negt (2002, S. 215) beschreibt in seiner Arbeit …

Fall 2: 2 Autoren, 1 Arbeit:
Name und Name (Jahr, Seite) beschreiben in ihrer Arbeit …
Beispiel: Negri und Hardt (2013, S. 815) beschreiben in ihrer Arbeit …

Fall 3: 3 bis 5 Autoren, 1 Arbeit:
Bei der ersten Nennung: Name, Name, Name, Name und Name (Jahr, Seite) beschreiben in ihrer Arbeit …
Beispiel: Keupp, Höfer, Strauss, Ahbe und Gmür (1989, S. 11) beschreiben in ihrer Arbeit …
In jeder weiteren Nennung wird nur noch der erste Name angegeben, der Rest wird mit et al. (lat. et alii=und andere) angegeben.
Beispiel bei zweiter Nennung: Keupp et al. (1989, S. 11) beschreiben in ihrer Arbeit …

Fall 4: 6 und mehr Autoren, 1 Arbeit:
Hier wird von Anfang an mit et al. abgekürzt: Name et al. (Jahr, Seite) beschreiben in ihrer Arbeit …
Beispiel: Kränzl-Nagel et al. (2016, S. 125) beschreiben in ihrer Arbeit …

Fall 5: 1 Autor, mehreren Publikationen aus verschiedenen Jahren:
Name (Jahr, S.; Jahr, S.; usf.) beschreibt, dass …
Beispiel: Jung (2013, S. 45; 2010, S. 178–213) beschreibt, dass …

Fall 6: 1 Autor, mehrere Publikationen aus demselben Jahr:
Hier werden die Publikationen mit a, b, c usf. gekennzeichnet, sodass nachvollziehbar bleibt, auf welche Publikation Sie sich beziehen: Name (JahrBuchstabe, S.) beschreibt in seiner Arbeit …
Beispiel: Frost (2016b, S. 96) beschreibt in ihrer Arbeit …

7.1.4.8 ebenda, o.S., o.J., f. & ff.

Wenn Sie sich auf eine Quelle beziehen, müssen Sie diese mit Name, Jahr und Seite referenzieren. Wenn Sie nun auf dieselbe, direkt zuvor bereits angegebene Quelle mehrmals verweisen, müssen Sie nicht die komplette Quelle angeben, sondern Sie können dies mit ebd. (=genau; gerade dort) abkürzen. Dies gilt aber nur, wenn Sie dazwischen keine weitere Quelle angeführt haben. Außerdem müssen Sie auf jeder neuen Seite wieder die vollständige Quelle benennen, so ist auch im Falle von Kopien von Einzelseiten gewährleistet, dass die Quelle nachvollzogen werden kann.

Beispiel:
Obermaier und Müller-Neuendorf (2015, S. 56) führen aus, dass Qualitätsentwicklung kein anonymer und abstrakter Prozess ist, der von sich aus Wirkungsmacht erzeugt und veränderungsresistent ist, sondern ein komplexes Zusammenspiel von verschiedenen Ebenen und Akteuren in einem gestaltbaren organischen Prozess, der scheitern, aber auch gelingen kann.

Das Gelingen der Initiativen zur Qualitätssicherung im Bildungssystem wird daher „maßgeblich von Akzeptanz, Partizipationsmöglichkeiten und multipler Unterstützung der an der ‚Basis' arbeitenden Pädagogen und Fachkräften *und* deren Adressaten bestimmt" (ebd.; H.i.O.). Qualitätsentwicklung muss gewollt sein und setzt eine professionelle Lerngemeinschaft voraus (ebd., S. 90).

An diesem Beispiel wird deutlich, dass bei Verweis auf die gleiche Quelle und die gleiche Seite (ebd.) ausreicht. Verweisen Sie jedoch auf die gleiche Quelle, aber auf eine andere Seite, so müssen Sie dies spezifizieren (ebd., S. 90).

In der Erziehungswissenschaft eher unüblich und bloß der Vollständigkeit halber erwähnt, wird statt ebd. gelegentlich auch ibidem, ibid., ibd., oder ib. verwendet. Eine weitere lateinische Entsprechung ist op. cit. (lat. opere citato=im angeführten Werk).

Vor allem bei Internetdokumenten ist häufig keine Seitenangabe oder kein Jahr genannt, was Sie dann auch anzeigen müssen: o.S. (=ohne Seite) und o.J. (=ohne Jahr). Ein Beispiel:

> Mustermann (2016, o.S.) beschreibt …
> Mustermann (o.J., S. 156) beschreibt …

Wenn Sie weder Jahr noch Seite angeben können, dann sollten Sie ggf. die Qualität der Quelle überprüfen.

Häufig beziehen Sie sich bei Paraphrasen auf mehrere Seiten, die Sie mit den beiden Abkürzungen f. und ff. anzeigen können. Während f. nur die aktuelle Seite und die darauffolgende Seite meint, bezieht sich ff. auf zumeist die drei darauffolgenden Seiten. Jedoch sollten Sie unbedingt auf die Punktsetzung achten, denn sonst erhalten die Abkürzungen eine andere Bedeutung: f=Tonbezeichnung, Zeichen für f-Moll; ff=sehr fein oder fortissimo. Genauer ist zudem die Angabe der ersten und letzten gemeinten Seite, also S. 23–26.

> Mustermann (2016, 23 f.) beschreibt …
> Mustermann (2016, 23 ff.) beschreibt …

7.1.4.9 APA-Normen (American Psychological Association)

Gerade wenn Sie empirisch arbeiten und statistische Kennwerte wie Mittelwerte, Standardabweichungen, Wahrscheinlichkeiten oder Streuungsmaße angeben müssen, sind Sie gut beraten, sich an den Normen der American Psychological Association zu orientieren, damit auch hier alles ordnungsgemäß angeführt wird. Die offizielle Anleitung des APA-Standards ist sehr ausführlich und daher in der Anwendung nicht immer sehr praktikabel, weshalb es eine ganze Menge an Kurzanleitungen zur Verwendung des APA-Standards im Internet gibt, die häufig von Hochschulen erstellt wurden. Zwar können diese Anleitungen praktikabel sein, allerdings sind sie manchmal nicht sorgfältig verfasst, weshalb Sie sich besser am Original, das sicherlich in Ihrer Bibliothek erhältlich ist, orientieren.

7.1.5 Zusammenfassung: Alles nur geklaut?

Wissenschaftlich zu arbeiten bedeutet, sich an ‚Wahrheiten' abzuarbeiten, die zu einem engen Referenzsystem verbunden sind, auf das Sie sich stützen und das Sie zitieren. Deshalb sind Sie angehalten, sich stets an die Originalquellen zu halten. Dass dies – zumindest in den Naturwissenschaften – in erschreckender Weise nicht der Fall ist, haben Simkin und Roychowdhury (2003) nachgewiesen und in ihrem Artikel mit dem Titel *Read before you cite*! veröffentlicht. Bei der stochastischen Analyse von Literaturverzeichnissen und Zitationsverweisen ist ihnen aufgefallen, dass sich beim Zitieren derselben Quelle von verschiedenen Forschern gewisse Fehler immer wieder finden lassen, deren gehäuftes Auftreten indes aber höchst unwahrscheinlich ein Zufall ist: Ein ganz spezifischer Buchstabendreher, eine falsche Jahres- oder Seitenzahl oder gar ein komplett falscher Vorname. Daraus lässt sich schließen, dass zahlreiche Autoren die zitierte Quelle nie gelesen, sondern einfach von anderen im Sinne eines ‚Zit.n.-Habitus' aus dem Literaturverzeichnis und somit auch die Falschangabe übernommen haben. Das alarmierende Ergebnis der beiden Forscher ist, dass etwa 80 Prozent der untersuchten naturwissenschaftlichen Autoren Literatur zitieren, die sie nie gelesen haben: „Our estimate is that only about 20 % of citers read the original" (Simkin und Roychowdhury 2003, S. 269).

Ergo: Vertrauen ist gut, Primärquellen aber sind wesentlich besser.

7.2 Literaturverzeichnis bzw. Bibliografie

Haben Sie es jetzt schon installiert… Ihr Literaturverwaltungsprogramm? Es nimmt Ihnen nämlich die komplette Arbeit ab, die im Folgenden beschrieben ist. Wenn Sie sich noch nicht entschlossen haben, bedenken Sie beim Weiterlesen, dass Sie jeden Punkt, jede Klammer oder jedes Komma per Hand eingeben müssen, Ihr Literaturverzeichnis aber das Aushängeschild Ihrer sorgfältigen Arbeitsweise ist – da wiegt jeder noch so kleine Fehler schwer.

7.2.1 Generelle Hinweise

Für das Literaturverzeichnis bzw. Ihre Bibliografie gilt generell:

- Führen Sie nur Literatur auf, die im Fließtext benutzt wurde. D. h., nur die Literatur gehört ins Verzeichnis, auf die Sie explizit verwiesen oder welche Sie zitiert haben – es muss 100 %tige Konvergenz herrschen.
- Gerade bei Forschungsergebnissen sind Primärquellen gegenüber Sekundärquellen immer zu bevorzugen.
- Vermeiden Sie Graue Literatur (Broschüren, Manuskripte, Diskussionspapiere, unveröffentlichte Vorträge, andere Haus- bzw. Seminararbeiten etc.) oder verwenden Sie diese nur, wenn Sie von der Qualität überzeugt sind.
- Die Literatur wird alphabetisch nach den Nachnamen der Autoren gegliedert.
- Akademische Titel (Prof. Dr.) werden weder im Verzeichnis noch im Fließtext genannt.
- Es wird i.d.R. ein hängender Einzug verwendet, sodass man auf den ersten Blick erkennt, wo eine neue Literaturangabe beginnt.
- Vermeiden Sie Aufzählungszeichen oder Nummerierungen im Literaturverzeichnis.

- Die Verlagsangabe ist eine freiwillige Angabe; die Ortsangabe ist verpflichtend: Alle Orte müssen aufgeführt werden.
- Die Vornamen der Autorinnen und Autoren können Sie mit den Initialen abkürzen, jedoch gilt auch hierbei, dass Sie die gewählte Form stringent verwenden müssen.
- Erst ab der zweiten Auflage eines Buches ist diese zu dokumentieren.
- Achten Sie auf die Vollständigkeit der Angaben und arbeiten Sie mit höchster Sorgfalt.
- Klären Sie unbedingt ab, ob Ihr Betreuer Vorgaben zur Zitierweise und Bibliografie macht.

7.2.2 Richtig bibliografieren

Nehmen Sie sich kurz drei Bücher und blicken Sie in die Literaturverzeichnisse. Sicherlich werden Sie feststellen, dass jedes Literaturverzeichnis etwas anders geführt wird, so dass Sie auch hier eine Art wählen müssen, die Sie dann stringent fortführen. Im Unterschied zu dem sehr strengen und kleinschrittigen APA-Standard für psychologische Schriften, werden die Vorgaben für erziehungswissenschaftliche Publikationen zumeist von den Fachverlagen gemacht. Auch hier zeigt sich ein weiterer Vorteil einer Literaturverwaltungssoftware: Mit wenigen Klicks haben Sie sich den Vorgaben angepasst.

7.2.2.1 Monografien

Eine Monographien hat ein Autor alleine verfasst und ist folgendermaßen anzugeben:

Nachname, Vorname (Erscheinungsjahr): Titel. Ort: Verlag.

Mollenhauer, Klaus (1968): Erziehung und Emanzipation. München: Juventa.

Weinert, Franz E. (2002): Leistungsmessungen in Schulen. 2., unveränd. Aufl. Weinheim: Beltz.

Weber, Erich (1996): Grundfragen und Grundbegriffe. Band 1. Teil 2. Ontogenetische Voraussetzungen der Erziehung – Notwendigkeit und Möglichkeit der Erziehung. Neuausg., 8., völlig neu bearb. u. stark erw. Aufl. 5 Bände. Donauwörth: Auer.

Wenn eine Autorengruppe ein Buch verfasst hat, dann wird dies wie folgt markiert:

Nachname, Vorname; Nachname, Vorname (Erscheinungsjahr): Titel. Ort: Verlag.

Tietze, Wolfgang; Viernickel, Susanne (2007): Pädagogische Qualität in Tageseinrichtungen für Kinder. Ein nationaler Kriterienkatalog. 3., aktualisierte und erw. Aufl. Berlin, Düsseldorf, Mannheim, Mannheim: Cornelsen Scriptor.

Weber, Susanne Maria; Göhlich, Michael; Schröer, Andreas; Fahrenwald, Claudia; Macha, Hildegard (2013): Organisation und Partizipation. Beiträge der Kommission Organisationspädagogik. Wiesbaden: Springer.

Falls von einem Autor zwei Publikationen aus demselben Kalenderjahr vorliegen, die Sie benutzt haben, dann wird dies im Fließtext wie im Literaturverzeichnis wie folgt dokumentiert:

Fend, Helmut (1980a): Theorie der Schule. München, Wien, Baltimore: Urban und Schwarzenberg.

Fend, Helmut (1980b): Gesamtschule im Vergleich. Bilanz der Ergebnisse des Gesamtschulversuchs. Weinheim: Beltz.

Publikationsreihen geben Sie in Klammern nach dem Verlag oder Ort an, die Bandnummer wird mit Kommata abgetrennt:

Eichhoff-Cyrus, Karin M. (2004): Adam, Eva und die Sprache. Beiträge zur Geschlechterforschung. Mannheim: Dudenverlag (Thema Deutsch, 5).

7.2.2.2 Herausgeberschaft und Sammelband

Bei einer Herausgeberschaft handelt es sich um eine Person oder eine Personengruppe, die ein Buch herausgegeben haben, also verantwortlich zeichnen für einen Band, in dem Artikel mehrerer Verfasser zusammengetragen sind:

Nachname, Vorname; Nachname, Vorname (Hg.) (Erscheinungsjahr): Titel. Ort: Verlag.

Obermaier, Michael (Hg.) (2012): Humane Ökologie, Gesellschaftliche Fragmentierungen – Pädagogische Suchbewegungen. Paderborn, Wien, München, Zürich: Ferdinand Schöningh.

Müller-Neuendorf, Manfred; Obermaier, Michael (Hg.) (2010): Handbuch Qualitätsmanagement Schule. Evaluation und praktische Durchführung. Paderborn, Wien, München, Zürich: Ferdinand Schöningh.

Stamm, Margrit; Edelmann, Doris (Hg.) (2013): Handbuch frühkindliche Bildungsforschung. Wiesbaden: Springer VS.

Gängige Abkürzungen für Herausgeber sind Hrsg. oder Hg., auch hier gilt: einheitliche Verwendung.

Bitte beachten Sie: Zitieren Sie aus demselben Herausgeberwerk mehrere Artikel von unterschiedlichen Autorinnen, so wird nur einmal der vollständige Sammelband im Literaturverzeichnis aufgeführt und der Verweis in den weiteren Aufsätzen mit a.a.O. geführt, was ‚am angegebenen Ort' bedeutet.

Als Beispiel wählen wir das Handbuch für Erziehungswissenschaft, das von Mertens et al. herausgegeben wurde. Aus diesem Buch verwenden Sie zwei unabhängige Beiträge, verfasst von Johannes Bellmann und Andrea Liesner. Dann sind im Literaturverzeichnis drei Titel aufzuführen, das Handbuch, der Artikel von Bellmann und der Artikel von Liesner, wie im Folgenden gezeigt wird:

Mertens, Gerhard; Frost, Ursula; Böhm, Winfried; Koch, Lutz; Ladenthin, Volker (Hg.) (2011): Handbuch der Erziehungswissenschaft. Allgemeine Erziehungswissenschaft II. Paderborn, Wien, München, Zürich: Ferdinand Schöningh.

Bellmann, Johannes (2011): Effekte neuer Steuerung aus bildungsökonomischer Sicht. In: Mertens, Gerhard et al. (Hg.): a.a.O. S. 289-302.

Liesner, Andrea (2011): Bildungsökonomie – Gefahren aus bildungskritischer Sicht. In: Mertens, Gerhard et al. (Hg.): a.a.O. S. 315-324.

Verwenden Sie hingegen nur einen Titel aus einem Sammelwerk, so nennen Sie den vollständigen Titel bei Dokumentation des zitierten Beitrags. Sie zitieren nur den Beitrag von Bellmann aus dem Handbuch für Erziehungswissenschaft, dann müsste die Literaturangabe so aussehen:

Bellmann, Johannes (2011): Effekte neuer Steuerung aus bildungsökonomischer Sicht. In: Mertens, Gerhard; Frost, Ursula; Böhm, Winfried; Koch, Lutz; Ladenthin, Volker (Hg.) (2011): Handbuch der Erziehungswissenschaft. Allgemeine Erziehungswissenschaft II. Paderborn, Wien, München, Zürich: Ferdinand Schöningh. S. 289-302.

Am obigen Beispiel ist somit auch ersichtlich, wie Beiträge dokumentiert werden, die ein Autor oder eine Autorengruppe in einem Sammel- oder Herausgeberwerk publiziert hat:

Nachname, Vorname; Nachname, Vorname (Erscheinungsjahr): Titel des Buchbeitrags. In: Autor(en) (Hg.): Titel des Buches. Ort: Verlag. Seitenangabe.

Sonderfall: Herausgeber und Verfasser des zitierten Werkes sind identisch, dann wird mit Ders. oder Dies. (=Derselbe oder Dieselbe) abgekürzt.

Obermaier, Michael (2012): Frühe Kindheit. In: Ders. (Hg.): Humane Ökologie, Gesellschaftliche Fragmentierungen – Pädagogische Suchbewegungen. Paderborn, Wien, München, Zürich: Ferdinand Schöningh. S. 145-158.

7.2.2.3 Beiträge in Zeitschriften

Bei Zeitschriftenbeiträgen handelt es sich um einen Artikel eines Autors oder einer Autorengruppe in einer Fachzeitschrift, der wie folgt aufgeführt wird:

Autor(en) (Erscheinungsjahr): Titel des Artikels. In: Name der Zeitschrift. Jahrgangsnummer, falls vorhanden Heftnummer in Klammern (), Seiten, jedoch keine Verlags- und Ortsangabe.

Deci, Ewald; Ryan, Richard (1993): Die Selbstbestimmungstheorie der Motivation und ihre Bedeutung für die Pädagogik. In: Zeitschrift für Pädagogik 39 (2), S. 223–238.

Ditton, Hartmut (2006): Der Beitrag Urie Bronfenbrenners für die Erziehungswissenschaft. In: ZSE: Zeitschrift für Soziologie der Erziehung und Sozialisation 26 (3), S. 268–281.

7.2.2.4 Sonderfall Internet

Ohne Zweifel, das Internet wird als Quelle des Wissens für die Anfertigung von wissenschaftlichen Arbeiten weiterhin an Bedeutung gewinnen. Ministerien und Behörden, beispielsweise das Bundesamt für Statistik, veröffentlichen ihre Berichte, Expertisen oder Gutachten teilweise nur noch online. Zeitschriften aus Literaturdatenbanken, so etwa die bereits vorgestellte und online als Vollausgabe erhältliche *Zeitschrift Erziehungswissenschaft*, oder Bücher auf Google Books können Sie wie die Printausgabe zitieren und bibliografieren. Reine Internetquellen müssen wie folgt dokumentiert werden:

Autor (Jahr). Titel. URL. Datum des Abrufs.

Mustermann, Max (2015): Richtig bibliografieren. http://www.uni-mustermann.de/docs/zit zuletzt geprüft am 11. 03.2016.

Häufig aber findet sich kein Autor, sondern nur eine Institution, dann verfahren Sie wie folgt:

Institution (Jahr). Titel. URL. Datum des Abrufs.

Hochschulrektorenkonferenz (2013): Hochschultypen. http://www.hrk.de/themen/hochschulsystem/hochschul recht/hochschultypen zuletzt geprüft am 11.03.2016.

Vermeiden Sie aber auf alle Fälle sich über mehrere Zeilen erstreckende Links im Fließtext, die URL-Angaben sind nur für das Literaturverzeichnis gedacht.

7.2.3 Zusammenfassung: Ihre eigene Handbibliothek

Haben Sie eine pädagogische Zeitschrift, den Newsletter etwa der Verlagsgemeinschaft UTB oder vielleicht sogar ein Fachjournal abonniert, um auf dem Laufenden zu bleiben? Wenn nicht, dann wird es höchste Zeit für Sie, nicht nur Aktualität zu abonnieren und regelmäßig erziehungswissenschaftliche Zeitschriften zu lesen, sondern Ihre eigene erziehungswissenschaftliche Handbibliothek aufzubauen – online und offline. Dank Internet ist die Beschaffung von gebrauchter oder leicht beschädigter Fachliteratur mittlerweile sehr komfortabel und selbige sehr preiswert zu haben, was Ihnen den Aufbau erleichtert. Ihre persönliche Handbibliothek sollte neben allgemeiner Einführungsliteratur, Wörterbüchern und Lexika, eine Handbuchreihe, je ein psychologisches und soziologisches Standardwerk und – je nach Ausrichtung Ihres erziehungswissenschaftlichen Studiums – spezifische Fachliteratur enthalten. Insofern sind die nachfolgenden Empfehlungen für alle erziehungswissenschaftlichen Studiengänge relevant:

Baumgart, Franzjörg (Hg.) (2008): Theorien der Sozialisation. Erläuterungen – Texte – Arbeitsaufgaben. 4., durchges. Aufl. Bad Heilbrunn: Klinkhardt (Studienbücher Erziehungswissenschaft, 3).

Böhm, Winfried (2005): Wörterbuch der Pädagogik. 16., vollst. überarb. Aufl. Stuttgart: Kröner.

Bronfenbrenner, Urie; Lüscher, Kurt; Cranach, Agnes von (1981): Die Ökologie der menschlichen Entwicklung. Natürliche und geplante Experimente. Stuttgart: Klett-Cotta (Sozialwissenschaften).

Heitkämper, Peter (2000): Die Kunst erfolgreichen Lernens. Handbuch kreativer Lehr- und Lernformen; ein Didaktiken-Lexikon. Paderborn: Junfermann.

Horn, Klaus-Peter; Iske, Stefan; Adick, Christel (2012): Klinkhardt Lexikon Erziehungswissenschaft. KLE. Bad Heilbrunn/Obb: Klinkhardt (UTB, 8468).

Klafki, Wolfgang (2007): Neue Studien zur Bildungstheorie und Didaktik. Zeitgemässe Allgemeinbildung und kritisch-konstruktive Didaktik. 6., neu ausgestattete Aufl. Weinheim, Basel: Beltz (Beltz Bibliothek).

Koller, Hans-Christoph (2014): Grundbegriffe, Theorien und Methoden der Erziehungswissenschaft. Eine Einführung. 7., durchges. Aufl. Stuttgart: Kohlhammer Verlag.

Krüger, Heinz. Hermann; Helsper, Werner (2013): Einführung in Grundbegriffe und Grundfragen der Erziehungswissenschaft. 4 Bände: VS Verlag für Sozialwissenschaften.

Mandl, Heinz; Friedrich, Helmut F. (Hg.) (2006): Handbuch Lernstrategien. Göttingen: Hogrefe.

März, Fritz (2000): Personengeschichte der Pädagogik. Ideen – Initiativen – Illusionen. 2. Aufl. Bad Heilbrunn: Klinkhardt.

Mertens, Gerhard; Frost, Ursula; Böhm, Winfried; Koch, Lutz; Ladenthin, Volker (Hg.) (2011): Handbuch der Erziehungswissenschaft. Allgemeine Erziehungswissenschaft. Bd. 6. Paderborn, Wien, München, Zürich: Ferdinand Schöningh.

Schneider, Wolfgang; Lindenberger, Ulman; Oerter, Rolf; Montada, Leo; Schneider-Lindenberger (2012): Entwicklungspsychologie. [mit Online-Materialien; Nachfolger von Oerter & Montada]. 7., vollst. überarb. Aufl. Weinheim: Beltz.

Neben den in Kapitel 4 gelisteten Fachzeitschriften und Onlineressourcen sowie der *Fachzeitschrift Erziehungswissenschaft*, die Sie hier http://www.zfe-online.de/index.php/de/ kostenfrei lesen können, sollten Sie das Abonnement einer Fachzeitschrift erwägen. Gerade Studierende erhalten häufig einen Sonderpreis, so können Sie etwa die sehr empfehlenswerte Vierteljahrsschrift für wissenschaftliche Pädagogik für knapp 50 € Jahresgebühr abonnieren.

Die bereits erwähnte und sehr hilfreiche Onlineressource *Google Books* erlaubt Ihnen, sofern Sie angemeldet sind, den Aufbau eines virtuellen Bücherregals, mit dem Sie Ihre Handbibliothek erweitern können.

Zu guter Letzt sei an dieser Stelle auf das an der Berlin-Brandenburgischen Akademie der Wissenschaften beheimateten Projektes DWDS verwiesen, das ein gigantisches ‚Digitales Lexikalisches Systems' schafft. Dieses über das Internet zugängliche Wortinformationssystem, das Auskunft über den deutschen Wortschatz in Vergangenheit und Gegenwart gibt, führt das 32 Bände umfassende Deutsche Wörterbuch und dessen Nachbearbeitung, das Wörterbuch der Deutschen Gegenwartssprache sowie das Etymologische Wörterbuch des Deutschen zusammen und bietet Ihnen – ganz kostenfrei und auf höchstem Niveau – einen lexikographischen Arbeitsplatz für Ihre wissenschaftliche Analyse und sprachliche Recherche: http://www.dwds.de/

Überleitendes Fazit: Nach allen Regeln der Kunst

Das zurückliegende Kapitel hat Sie über die ‚hohe' Kunst des Zitierens und Bibliografierens informiert, so dass Sie nun das Rüstzeug haben, um Ihre schriftlichen wissenschaftlichen Arbeiten, die während des Studium gefordert werden, professionell anzugehen und erfolgreich abzuschließen. Studieren bedeutet indes aber nicht nur wissenschaftliche Texte zu verfassen, sondern gerade ein erziehungswissenschaftliches Studium ist in hohem Maße ein kommunikatives Geschehen, bei dem Wissen verbal präsentiert wird. Damit Sie auch auf diese Aufgabe gut vorbereitet sind, greift das nachfolgende Kapitel 8 das Thema Seminargestaltung auf und zeigt anhand zentraler Punkte, wie Sie eine kurzweilige, lehrreiche und spannende Sitzung gestalten.

8 Seminargestaltung

Das menschliche Gehirn ist eine großartige Sache. Es funktioniert vom Augenblick der Geburt bis zu dem Zeitpunkt, wo du aufstehst, um eine Rede zu halten.

(Mark Twain)

Schon im Abschnitt 3.2.4.5 wurden Sie gefragt, woran Sie beim Stichwort *Referat* denken. Denken Sie an Folienschlachten, monotones Genuschel, Wachkoma? Oder stellen sich bei Ihnen latentes Lampenfieber, Unwohlsein und schlechte Erinnerungen ein? Es bleibt zu hoffen, dass Sie fachlich fundierte und ansprechende, methodisch reichhaltige, von angeregter Diskussion sowie von Kurzweile geprägte Assoziationen mit dem Begriff Referat verbinden. Während Ihres erziehungswissenschaftlichen Studiums werden Sie vielfach Gelegenheit erhalten, Ihr Wissen vor anderen zu präsentieren. Und damit dies gut gelingt, werden im Folgenden zunächst allgemeine Hinweise zu den Rahmenbedingungen gegeben, danach wird die vollständige Planung einer Seminarsitzung anhand der bereits bekannten Projektphasen erläutert und schließlich erfahren Sie Tipps und Tricks für Ihr Referat und eine gute Moderation.

8.1 Allgemeine Hinweise zur Seminargestaltung

Referate sind mündliche Präsentationen von wissenschaftlichen Thesen oder einer Fragestellung zu begrenzten Themen im Rahmen von Lehrveranstaltungen. In der Regel gestalten Sie zusammen in einer kleinen Gruppe Studierender nach inhaltlicher Vorgabe durch die Seminarleitung eine Sitzung von 90 Minuten Dauer. Das klingt viel, ist es aber nicht. Häufig unterschätzen Studierende das Zeitmanagement, aber auch die biorhythmische Kurve Ihrer Kommilitoninnen, so dass eine Seminarsitzung nicht selten zeitlich zu entgrenzen droht, beispielsweise weil die Präsentationen der Gruppenarbeitsergebnisse wesentlich länger als gedacht dauern. Oder aber Ihr Vortrag zieht sich so in die Länge und überstrapaziert damit die Konzentration der Zuhörer, sodass diese reihenweise ins Wachkoma fallen. Auch sollten Sie sich im Klaren sein, dass Sie nicht 90 Minuten vortragen, sondern eine 90-minütige Sitzung gestalten sollen, in der auch, aber nicht nur, Vortragssequenzen enthalten sind. Deshalb ist eine gute Planung die wesentliche Voraussetzung für eine kurzweilige, informative und abwechslungsreiche Seminargestaltung. Und auch der Aufwand für die Vorbereitung darf nicht unterschätzt werden, denn selbst Profis benötigen für eine Minute Präsentation mindestens 20 Minuten Vorbereitungszeit: Rein rechnerisch ergibt sich für Sie ein Arbeitsaufwand von mindestens 30 Stunden.

8.1.1 Aufmerksamkeitskurve beachten

Von zu langen Vortragssequenzen sollten Sie absehen, weil Sie die Aufmerksamkeitsfähigkeit Ihrer Kommilitoninnen überstrapazieren würden, was sicherlich nicht Ihr Ziel ist. Abbildung 22 zeigt den Verlauf der Aufmerksamkeitskurve bei einem Vortrag.

Dieses Phänomen der Aufmerksamkeitskurve, das in der Wahrnehmungspsychologie Primacy-Recency-Effekt genannt wird, kann durch eine geschickt geplante Vortragsgestaltung gelenkt werden. Besonders die Integration Ihrer Kommilitoninnen nach einem verbalen Input von max. 10 Minuten Dauer durch Fragen, Denkaufgaben, kleine Gruppenarbeiten oder eindrucksvoll visualisierte und inszenierte Inhalte halten die Aufmerksamkeit auf einem dauerhaft hohen Niveau. Insge-

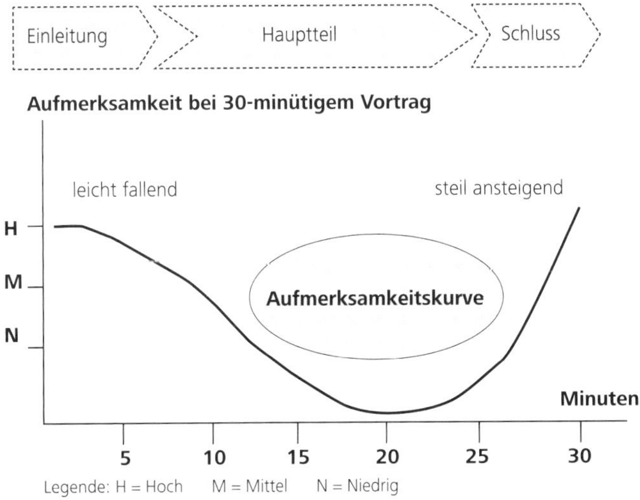

Abbildung 22: Aufmerksamkeitskurve
Quelle: Homberg und Obermaier (2011, S. 123)

samt sollte die Vortragsdauer bei einer 90-minütigen Seminarsitzung bei 45 Minuten liegen.

8.1.2 Das Projekt ‚Sitzungsgestaltung' strukturieren

Gerade für Sie als angehenden Erziehungswissenschaftler wird es zur Tagesordnung gehören, Gespräche zu führen – mit Ihrem zukünftigen Klientel und Kollegen ebenso wie mit Vorgesetzten oder in zahlreichen Besprechungsrunden. Was Ihnen in ganz normalen Gesprächen – ob beruflich oder privat – problemlos von der Hand (oder besser vom Mund) geht, kann bei der Vorstellung, vor Publikum zu sprechen, plötzlich eine große Herausforderung darstellen. Dem ersten Schreck folgen

Unsicherheit, so manche schlaflose Nacht und im entscheidenden Moment schweißnasse Hände. Da fehlt nicht viel und jeder vorher wohlüberlegte Gedanke bleibt Ihnen im entscheidenden Moment im wahrsten Sinne des Wortes im Halse stecken – dies ist menschlich und auch völlig normal, wenn Sie sich nicht optimal vorbereiten. Sie können es auch auf die Kurzformel bringen: Unbekanntes = Angst = Kontrollverlust. Jedoch können Sie diese destruktiven und völlig verzichtbaren Gefühle, Gedanken und Erfahrungen durch eine gezielte Vorbereitung vermeiden. Vielmehr sollen Sie sich mit Freude, Interesse und Neugierde an die Aufgaben machen, wozu nachfolgende Ausführungen formuliert wurden. Und bedenken Sie: Vortragen, eine Seminarsitzung moderieren und eine Diskussion anzufachen ist wie das Erlernen eines Instrumentes – es braucht viel Zeit, Übung und Geduld. Und genau diesen Schon- und Trainingsraum bieten Ihnen Ihre Seminare, um am Ende des Studiums auch das professionell erlernt zu haben. Auch dafür haben Sie Ihre ‚Personal Trainers' – nutzen Sie Ihre Chancen.

Der erste Schritt, dem möglicherweise angsteinflößenden Phantom ‚Referat' den Schrecken zu nehmen, besteht für Sie darin, zu klären, was von Ihnen erwartet wird und wie Sie diese Aufgabe strukturieren, damit Sie einen „Anpack" haben und ganz klar wissen, welche Schritte Sie zu gehen haben. Wie bereits in Kapitel 6 vorgestellt, können Sie zur strukturierten Bearbeitung der Aufgabe, im Team eine Sitzung zu gestalten, auch hier gewinnbringend die Methode des Projektmanagements anwenden. Denn Ihre Präsentation, wie in Abschnitt 3.2.4.9 differenziert, ist im theoretischen Sinne ein veritables Projekt, da es alle notwendigen Kriterien erfüllt:

1. Komplexes, neuartiges Vorhaben mit Risiko und einer gewissen Einmaligkeit (keine Routinetätigkeit; Sie werden in

der Regel nur einmal in dieser personellen Zusammensetzung und zu diesem Thema eine Sitzung gestalten.)

2. Eindeutige Aufgabenstellung, Verantwortung und überprüfbare Zielsetzung für ein Gesamtergebnis (klare Anforderung, in 90 Minuten ein Thema zu präsentieren; Leistungsnachweis als Zielbestätigung)
3. Verschiedenartige, untereinander verbundene, wechselseitig voneinander abhängige Teilaufgaben (Sie müssen sich mit Ihren Kommilitonen koordinieren und die Sitzung verantworten.)
4. Zeitliche Befristung (klarer Endpunkt)
5. Begrenzter Ressourceneinsatz (finanziell, zeitlich, personell)
6. Besondere, auf das Vorhaben abgestimmte Organisation (Je nachdem, wie Sie die Sitzung auch methodisch gestalten und das Thema aufteilen, müssen Sie zahlreiche Vortreffen organisieren.)
7. Nachhaltige Wirkung (Eine gelungene Seminarsitzung wird Ihren Kompetenzerwerb nachhaltig vergrößern; auch haben Sie eine Studienleistung erbracht.)

8.2 Vorprojektphase

Ihre Vorprojektphase beginnt, sobald Sie wissen, dass Sie Veranstaltungen belegt haben, die als Leistungsnachweis ein Referat bzw. die Mitarbeit in einer Gruppe zur Sitzungsgestaltung erfordern. Dies wird in der Regel bereits am Beginn der vorlesungsfreien Zeit sein, in der das Vorlesungsverzeichnis für das kommende Semester publiziert wird und die Belegungsphase beginnt. Sobald Sie Gewissheit für Ihre Seminarplätze haben, können Sie mit Themen- und Gruppenwahl beginnen.

8.2.1 Themenwahl

Kennen Sie das Gefühl von Langeweile, wenn Ihnen jemand etwas erzählt, was Sie in keinster Weise interessiert, zudem Sie nicht einmal um das Gespräch gebeten haben? Noch schlimmer ist es, wenn Sie ein Thema beackern und dann mit Begeisterung Ihren Kommilitoninnen präsentieren sollen, das Sie nicht berührt, sondern in Ihnen Widerwillen und Verständnislosigkeit erzeugt. So ist das Studium bestimmt keine Freude – und zwar für alle: für Sie, für die Seminargruppe und am wenigsten für die Dozenten. Deshalb sollten Sie sich frühzeitig mit dem Seminarangebot beschäftigen und Ihre Themenpräferenz klären, damit Ihnen erspart bleibt, irgendein Thema von der ‚Resterampe' zu erhalten. Seien Sie offensiv und bedenken Sie, je früher im Semester Sie Ihren Vortrag gehalten und Ihre methodischen Kompetenzen zur Sitzungsgestaltung unter Beweis gestellt haben, desto mehr Zeit bleibt Ihnen für andere Aufgaben wie für die Vorbereitung und Anfertigung einer schriftlichen Hausarbeit, die häufig damit verbunden ist. Seien Sie offensiv und picken Sie sich die Rosinen aus dem Angebot von zumeist 14 Themen. Sobald die Seminarleitung die Unterlagen freigegeben hat, können Sie sich orientieren und ein Thema wählen. Vielleicht können Sie sogar noch vor Semesterbeginn eine ‚Feriensprechstunde' besuchen und sich für Ihr Wunschthema einschreiben. Je früher Sie ein Thema präsentieren können, desto besser ist dies für Sie, und zwar in mehrfacher Hinsicht: (1) Für die Vorbereitung der ersten Sitzungen halten Dozenten in der Regel die erforderliche Basisliteratur als ‚Welpenbonus' schon als Kopiervorlage bereit, um ihre Seminare ‚ans Laufen' zu bringen. (2) Zu Semesterbeginn ist zudem Ihre Arbeitsbelastung am geringsten, (3) Ihre Energie am höchsten, (4) die Motivation in der Seminargruppe sehr hoch und (4) Sie haben den größtmöglichen Zeitraum, die größtmögliche Literaturauswahl und die permanente Erreichbarkeit

Ihrer Dozentinnen für die ggf. nachfolgende schriftliche Hausarbeit – der frühe Vogel fängt den Wurm. Überdies (5) sollten Sie auch an Lebensqualität denken und während der vorlesungsfreien Zeit erfahrungsreiche Reisen tätigen und nicht auf von anderen entliehene Literatur warten, um unter Stress und auf den ‚letzten Drücker' Ihre Arbeiten anzufertigen. Vermeiden Sie dies und verarbeiten Sie Ihre zahlreichen theoretischen Inspirationen und Impulse in der Auseinandersetzung mit Neuem, Anderem und Fremdem – dafür hält die Welt eine riesiges Spektrum bereit. Und: Auch das ist Studium.

8.2.2 Gruppenregeln einführen

Gerade zu Studienbeginn ist es interessant zu beobachten, wie Gruppen zueinander finden. Manchmal wird gelost, manchmal entscheidet der Sitzplatz oder aber Sie haben die freie Wahl. Auch wenn Sie keinen Einfluss auf die Gruppenzusammensetzung haben, sind klare Absprachen und Regeln von Anfang an entscheidende Faktoren, die Arbeitsaufwand und Erfolg bestimmen. Insofern sind Sie gut beraten, gleich zu Anfang folgende Spielregeln zu klären, um ein gutes Arbeitsklima sowie Arbeitsfähigkeit zu schaffen:

- Legen Sie sechs Termine à 90 Minuten sowie den Treffpunkt verbindlich fest.
- Stellen Sie sicher, dass alle stets auf dem gleichen Informationsstand sind und klären Sie dazu das technischen Vorgehen.
- Führen Sie Protokoll (vgl. 3.2.4.8).
- Bearbeiten Sie die Exposévorlage (vgl. 3.2.4.6).

Sobald Sie eine feste Gruppe haben, das Thema sowie der Termin für die Sitzung, die Sie gestalten dürfen, geklärt sind, endet die Vorprojektphase und Sie können direkt in die konkrete Planung gehen

8.3 Planungsphase

8.3.1 Ziele und Rahmenbedingungen klären

Präsentieren heißt vor allem Wissens- und Informationsvermittlung, bei der es wichtig ist, die Wahrnehmungskapazität der Zuhörer (Zuseher) möglichst optimal auszuschöpfen. Die Wahrnehmung des Menschen wird durch viele Faktoren beeinflusst, vor allem durch Erwartungen, Motivation und die Aufmerksamkeit, aber auch äußere Rahmenbedingungen wie Sitzordnung, Lichtverhältnisse und Tageszeit spielen eine große Rolle für die Aufnahme von Gehörtem und Gesehenem. Das bedeutet für Sie, die Aufmerksamkeit, Konzentration und Motivation Ihrer Kommilitoninnen durch geschickte Gestaltung zu steigern. Insofern ist Ihre Sitzungsgestaltung kein Selbstzweck, sondern hat sich an den Bedürfnissen, Erwartungen und Zielen der Seminargruppe zu orientieren, weshalb Sie unbedingt eine Analyse der Rahmenbedingungen vorschalten sollten. Folgende Fragen sollten Sie klären:

- Welche Vorgaben macht der Dozent?
- Ist das Thema klar und eine Leitfrage für die Sitzung formuliert?
- Gibt es Tutoren, die Sie unterstützen?
- Welche Ressourcen gibt es in Ihrer Referatsgruppe und welche Expertise in Sachen *Sitzungsgestaltung* ist vorhanden?
- Welche Materialien und Medien stehen Ihnen zur Verfügung?
- Ist die Hilfe eines Hausmeisters o.ä. nötig, um an die Geräte zu kommen?
- Ist eine Generalprobe möglich?
- In welchem Raum wird die Sitzung stattfinden?
- Wie wird die Sitzordnung sein?
- Wo werden wir als Gruppe stehen, wo wird das Rednerpult sein?

- Welches Vorwissen haben die Kommilitoninnen bereits?
- Welche Interessen haben die Kommilitoninnen?
- Was funktioniert gut in der Seminargruppe?
- Und welche Ziele verfolgen wir als Gestaltungsgruppe?
  - Informieren und einen Überblick verschaffen?
  - Fundierte Aussagen präsentieren und vorab definierte Lernziele verfolgen?
  - Wenige Fragen tiefgehend klären oder viele Aspekte anreißen?
  - Eine Balance zwischen Theorie und Praxis herstellen?
  - Eine kurzweilige Sitzung gestalten und gute Erfahrungen sammeln?
  - Die Sitzungsgestaltung als Lernraum wahrnehmen und Feedback als wichtige Entwicklungshilfe einholen?

Wie dies bereits in Kapitel 6 diskutiert wurde, bietet Ihnen im Unterschied zur Nennung eines Themas die Formulierung von Fragen die Möglichkeit stets zu entscheiden, ob Ihre Ausführungen zur Beantwortung der Frage beitragen oder lediglich interessantes Beiwerk darstellen. Zudem ist für die Zuhörer sofort klar, worum es geht und sie können Ihnen wesentlich besser folgen. Wenn Sie beispielsweise eine Sitzung zum Thema Ästhetische Bildung gestalten dürfen, wird es Ihren Zuhörerinnen wesentlich leichter fallen, wenn Sie eingangs klären, welche Fragen Sie in der nun folgenden Sitzung klären wollen, anstatt nur anzukündigen, dass Sie heute das Thema Ästhetische Bildung behandeln.

8.3.2 Literatur recherchieren

Häufig erhalten nur Gestaltungsgruppen der ersten Sitzungen einen außerordentlichen Support, später sind Sie aufgerufen, Literatur zu recherchieren, was schließlich auch Bestandteil dieser Form wissenschaftlichen Arbeitens ist. Prüfen Sie im Rahmen Ihrer Recherche auch die Möglichkeit, auf der hochschulinternen elektronischen Lernplattform (moodle, ILIAS, Klips usf.) auf die Unterlagen früherer Seminare zuzugreifen. Häufig finden Sie dort brauchbare Unterlagen nicht nur zur Literatur, sondern auch zur Gestaltung von Sitzungen. Orientieren Sie sich bei Ihrer Recherche an den Techniken, Methoden und Strategien aus Kapitel 4 und 5.

8.3.3 Aufgaben- und Zeitplan erstellen

Ziele sind tendenziell sinnlos, wenn Sie keinen Termin haben, weshalb Sie einen Aufgaben- und Zeitplan erstellen sollten, um Ihre Gruppentreffen effektiv und zielorientiert zu organisieren. Je nach Expertise in Ihrer Gruppe können die in Tabelle 17 gemittelten Zeiten variieren, die Aufgabenstruktur wird jedoch stets dieselbe sein. Beachten Sie, dass Sie einen Ort wählen, der Ihnen konzentriertes Lernen und Arbeiten ermöglicht; wenn Sie die Möglichkeit haben, einen Raum zu reservieren, sollten Sie diesen Luxus unbedingt nutzen.

Während Ihre ersten beiden Treffen der Orientierung und Klärung von Zielen dienen, werden Sie im dritten Treffen die bereits vorhandene und ggf. noch neue Literatur zum Thema recherchieren, nach den in Abschnitt 5.1 dargestellten Lesarten evaluieren und deren Bearbeitung innerhalb der Gruppe verteilen. Vermeiden Sie aber Fragmente: Alle sollen alles lesen und alle Zusammenhänge kennen, nur die akribische und detaillierte Bearbeitung von Teilthemen wird von Einzelpersonen vorgenommen. Bei der inhaltlichen Bearbeitung sollten Sie im Sinne der Leitfrage stets den Gehalt der Informationen prüfen, wie es im Folgenden thematisiert wird.

Tabelle 17: Aufgaben- und Zeitplan im Rahmen einer Seminargestaltung
Quelle: Eigene Darstellung

Datum	**Aufgabe**	**Veranschlagte Zeit in Stunden**	**Protokoll**
1. Treffen (Orientierung)	Kennenlernen, Festlegung von sechs Terminen, erste Orientierung am Exposé	2	
2. Treffen (Klärung)	Klärung der Ziele, Ressourcen und Rahmenbedingungen	2	
3. Treffen (Inhalt)	Literatur recherchieren, auswerten und aufteilen	4	
4. Treffen (Didaktik)	Methoden auswählen und Sitzung didaktisch aufarbeiten; Exposé einreichen	4 plus 1 Dozentengespräch	
5. Treffen (Feinschliff)	Präsentation zusammenfügen	4	
6. Treffen (Test)	Generalprobe	2	

8.3.4 Inhalte präzisieren

Eine Präsentation vorzubereiten bedeutet stets, Entscheidungen zu treffen und Informationen, die Sie vermitteln wollen, nach Dringlichkeit zu klassifizieren. Im Mittelpunkt steht die Frage nach dem *Was* Ihrer Präsentation, also nach Antworten auf Ihre Leitfrage. Die Inhalte können Sie dabei in Kerninformationen, ergänzende Informationen und Hintergrundinformationen unterteilen, wie dies Abbildung 23 zusammenfasst.

Kategorien von Information	Fragen zur Zuordnung	Informationsebenen
❒ Notwendiges Wissen ❒ Grundsachverhalte ❒ Basiskenntnisse ❒ unverzichtbare Details	Ist die Information unverzichtbar, um das Präsentationsziel zu erreichen?	Kerninformation
❒ Weiterführende Erläuterungen ❒ Beispiele zu Kernaussagen ❒ Alle „kernnahen Informationen"	Macht die Information den Sachverhalt verständlich, unterstützt sie die Kernaussagen?	Ergänzende Information
❒ Historische Statistiken ❒ Persönliche Erlebnisse ❒ Ausblicke, Trends ❒ Vermutungen	Rundet die Information das Thema ab, stellt sie einen weiteren Zusammenhang zum Gesamtrahmen her?	Hintergrundinformation

Abbildung 23: Informationshierarchie
Quelle: Homberg und Obermaier (2011, S. 120)

Selbstverständlich ist dabei die Klassifizierung der Informationen von der Präsentationszielsetzung abhängig. Eine angenehme Mischung aus verschiedenen Informationen bereichert die Präsentation ebenso wie die Visualisierung der Informationen. Unabhängig vom Visualisierungsmedium sollten Sie jedoch stets beachten, dass alle Kerninformationen visualisiert werden müssen, ergänzende Informationen visualisiert werden können und Hintergrundinformationen nicht visualisiert werden sollten. Was die Visualisierungsmedien betrifft, ist die Auswahl groß und reicht von Overhead- und PowerPoint-Folien über Flip-Chart, Pinnwand, Dias/Videos bis hin zu Inszenierungen und szenischen Einlagen. Der Kreativität sind dabei keine Grenzen gesetzt, jedoch der Belastbarkeit der Zuhörer, weshalb Sie Medien mit Bedacht einsetzen sollen.

8.3.5 Medien, Methoden und Ablauf festlegen

Nachdem Sie nun die Inhalte ausgewertet, priorisiert und in einen konsistenten Gesamtzusammenhang gebracht haben, können Sie die Inhalte didaktisieren. Zu klären ist also in Ihrem vierten Teamtreffen, wie Sie was wann präsentieren. Dabei können Sie eine Seminarsitzung in sechs Phasen unterteilen: Einleitung, Hauptteil, Diskussion, Fragerunde, Ergebnissicherung und Quiz, Feedbackrunde. Jede Phase wird eingeleitet, z. B. durch die Klärung des Arbeitsauftrages oder der Leitfrage, wird im Hauptteil vertieft und am Schluss beantwortet bzw. abgeschlossen.

Zur Illustration ein Beispiel:
Sie und weitere drei Kommilitoninnen haben den Auftrag, eine 90-minütige Sitzung zum Thema Ästhetische Bildung zu gestalten. Sie haben das Thema anhand folgender vier Teilfragen aufgearbeitet, die gleichzeitig auch Ihre Lern- und Präsentationsziele markieren. Nach der Sitzung sollen alle Seminarteilnehmer diese Fragen fundiert beantworten können:

- Was ist Ästhetische Bildung (Begriffe, Theorien, Strömungen)?
- Wie wird Ästhetische Bildung empirisch erforscht (Forschungsansätze und -ergebnisse)?
- Wie ereignet sich Ästhetische Bildung (im Vergleich zu anderen Bildungsbereichen; entwicklungspsychologische, anthropologische und neurologische Erklärungsmuster)?
- Wie kann Ästhetische Bildung pädagogisch unterstützt werden (Praxistransfer)?

Diese vier Vortragsteile kombinieren Sie mit Methoden der Einzel-, Gruppen- und Plenumsarbeit, so dass die methodisch-didaktische Abwechslung für ein hohes Aufmerksamkeitsniveau sorgt. Nachdem Sie sich von der beeindruckenden und äußerst hilfreichen Methodensammlung der Landesagentur für Schule NRW inspirieren haben lassen, die Sie unter http://www.schulentwicklung.nrw.de/methodensammlung/liste.php aufgerufen haben, haben Sie sich für die in Tabelle 18 aufgeführten Methoden entschieden, die im Folgendem kurz beschrieben werden:

- Einleitung: Auf einem Flipchartbogen geben Sie nach der Begrüßung einen Überblick über die vier Leitfragen sowie den Ablauf. In gut lesbarer Schriftgröße haben Sie dazu die in der Spalte *Ablauf und Methode* gelisteten Abschnitte dargestellt. Eine Wäscheklammer an der Seite des Papierbogens markiert dabei stets, an welchem Programmpunkt Sie sich befinden. Ebenso erklären Sie die Feedbackmethode und verteilen zu diesem Zweck vorbereitete Feedbackbögen sowie Ihr Handout.
- Vortrag: Die vier Vortragsteile wollen Sie mittels Powerpoint präsentieren. Damit die Präsentation gut wird, haben Sie in Ihrer Gruppe folgende Aspekte diskutiert und festgelegt:
  - Die Folien dienen zur Visualisierung wichtiger Aspekte des Vortrags und sind nicht der gesamte Vortrag in visualisierter Form.
  - Folien werden nicht abgelesen und erst gezeigt, wenn der Inhalt vorgestellt wurde (sonst lesen alle, während Sie sprechen).
  - Fließtext wird auf Präsentationsfolien nur für Zitate und Definitionen verwendet.
  - Auf jeder Folie wird der korrekte Quellenverweis gegeben.
  - Die Schriftgröße beträgt mindestens 20 pt.
  - Nicht mehr als sechs Zeilen pro Folie und pro Zeile höchstens sechs Wörter.

  - Wenig Animation und wenig Wechsel der Schriftarten und -farben.
  - Jede einzelne Folie muss min. 90 Sekunden sichtbar sein.
- Eigenarbeit: Sie haben sich die frei erhältliche und pädagogisch sehr wertvolle Lernsoftware HotPotatoe geladen, mit der Sie ohne Aufwand ein Kreuzworträtsel erstellt haben, das die wichtigsten Begriffe des ersten Vortrags zusammenfasst und Bestandteil Ihres Handouts ist.
- Assoziationsübung: Nach dem zweiten Vortrag lockert eine Assoziationsübung zur Frage „An was denken Sie bei dem Stichwort *Anthropologie*?" auf und leitet zum nächsten Themenblock über. Die einzelnen Assoziationen werden auf Karten notiert und an eine Stellwand gepinnt. In der Abschlussphase des nächsten Vortrags wird auf die Ergebnisse Bezug genommen.
- Gruppenarbeitsphase: Aufträge für Gruppenarbeiten müssen ganz klar formuliert sein und zeitlich geführt werden, worauf Sie als Zeitwächterin zu achten haben. Sie haben sich dafür entschieden, Kleingruppen zu je vier Personen zu bilden, in denen zwei Fragen diskutiert werden: Welche persönlichen Erfahrungen habe ich mit Ästhetischer Bildung gesammelt? Welchen Wert wurde in der Schule Ästhetischer Bildung beigemessen?
- Diskussion: Die Diskussion soll allen die Möglichkeit bieten, eigene Standpunkte darzustellen und Sachverhalte kontrovers zu verhandeln. Damit dies möglich wird, braucht jede Diskussion eine gute Moderation. Aufbauend auf den Ergebnissen der Kleingruppenarbeit wollen Sie folgende These diskutieren: ‚Kultusministerkonferenz fordert eigenes Schulfach Ästhetische Bildung'.
- Fragerunde: Nach einer angeregten Diskussion, welche das Thema in einen erweiterten Kontext brachte und dadurch ggf. Fragen aufgeworfen hat, ermöglicht die anschließen-

de Fragerunde Verständnisfragen zu klären. Überdies können Sie weitere Fragen zu diesem Thema aufbringen, die wichtig und interessant sind, aber heute ausgeblendet wurden. Und schließlich können Sie den Bezug zu den weiteren Themen der Seminarreihe herstellen und danach fragen, welche Bedeutung das Thema im Kontext hat.

- Ergebnissicherung: Fast am Ende der Sitzung wollen Sie die wichtigsten Ergebnisse sichern und haben sich für ein Quiz entschieden, das Sie mit der Software HotPotatoe erstellt haben; dies lockert auf, wiederholt die Inhalte und sichert die Ergebnisse.
- Feedback: Am Ende der Sitzung holen Sie sich Feedback mittels des anonym abzugebenden Reflexionsbogens für Präsentationen sowie in Form einer offenen Feedbackrunde ein, nehmen dieses unkommentiert an und beschließen die Sitzung mit einem positiven Schlusswort.

Tabelle 18: Struktur und Ablauf einer Seminarsitzung
Quelle: Eigene Darstellung

Minuten	**Ablauf und Methode**	**Einleitung**	**Hauptteil**	**Abschluss**	**Medium**
3	Einleitung	Begrüßung	Themen und Ziele	Ablauf und Klärung der Feedbackmethode	Flipchart Handout
Hauptteil					
10	Vortrag	Leitfrage und Ziel klären	Tragende Begriffe definieren	Argumentation	Powerpoint
2	Eigenarbeit: Lösung eines Kreuzworträtsels	Arbeitsauftrag klären	Bearbeitung	Auflösung im Plenum	Handout

Minuten	Ablauf und Methode	Einleitung	Hauptteil	Abschluss	Medium
10	Vortrag	Leitfrage und Ziel klären	Tragende Begriffe	Argumentation	Powerpoint
5	Arbeit mit dem Plenum: Assoziationsübung	Aufgabenstellung im Plenum klären	Assoziationen auf Karten sichern	Kurzreflexion	Stellwand
10	Vortrag	Leitfrage und Ziel klären	Tragende Begriffe definieren	Argumentation	Powerpoint
15	Gruppenarbeitsphase	Aufgabenstellung und Zielsetzung klären	Arbeitsphase	Auflösen der Gruppen	Gespräch
10	Vortrag	Leitfrage und Ziel klären	Tragende Begriffe definieren	Argumentation	Powerpoint
Abschluss					
10	Diskussion	Stellen der Diskussionsfrage	Moderieren	Praxistransfer und Zusammenfassung	Gespräch
5	Fragerunde	Zur Präsentation	Aufzeigen zusätzlicher Fragestellungen	Einbettung des Sitzungsthemas in den weiteren Seminarkontext	Gespräch
5	Ergebnissicherung und Quiz	Pro Vortrag zwei zentrale Fragen stellen	Kernaussagen reformulieren	Schlussbotschaft	Quiz mittels Hot Potatoe
5	Abschlussreflexion	Feedbackrunde einleiten	Feedback unkommentiert einholen	Positiver Abschluss	Reflexionsbogen
90					

Nachdem Sie diesen Ablauf erstellt haben, können Sie Ihr Exposé fertigstellen.

8.3.6 Exposé einreichen

Sofern Ihre Seminarleitung keine zeitlichen Vorgaben macht, sollten Sie Ihr Exposé mindestens zwei Wochen vor der Sitzung eingereicht und besprochen haben. Klären Sie hierbei unbedingt die Rolle der Seminarleitung und erfragen Sie, wo sie ggf. einbezogen werden möchte. Zudem ist die Materialfrage zu klären und die Möglichkeit einer Generalprobe.

8.3.7 Generalprobe

Es stimmt: Der Teufel steckt im Detail. Der Beamerstecker passt nicht, das Stromkabel ist zu kurz, die Stellwand fehlt, alle Flipchartbögen sind beschriftet, Sie haben die Karteikarten vergessen, der Filzstift ist ausgetrocknet, die Kopierkarte ist leer oder Sie haben keinen Internetzugang und können Ihre Präsention nicht aus Ihrer Datenwolke abrufen. Zusätzlich stehen Sie vor der Leinwand und somit im Weg. Alles vermeidbarer Alltag. Aber nicht nur aus technischen und choreografischen Erwägungen heraus sollten Sie eine Generalprobe durchführen. Eine Generalprobe erlaubt Ihnen, sich mit der Situation aktiv auseinanderzusetzen, positive Erfahrungen zu sammeln und somit Ihr Lampenfieber zu reduzieren.

8.4 Durchführungsphase

Die Durchführungsphase beginnt mit Ihrer Präsentation. Doch wann beginnt diese? Wenn Sie das erste Wort sagen? Nein. Ihre Präsentation beginnt, sobald Sie den Raum betreten. Und diesen sollten Sie frühzeitig betreten, um die Technik, Material, Sitzordnung und sich als Gruppe in Stellung zu bringen, so dass Sie beim Eintreffen die Seminarteilnehmerinnen in aller Ruhe begrüßen und eine entspannte Atmosphäre schaffen können. Stellen Sie eine vorbereitete Umgebung her, lüften Sie gut und überlassen Sie nichts dem Zufall. Folgende Hinweise mögen Sie nochmals zum Nachdenken anregen:

- Lampenfieber ist normal, deshalb nicht überbewerten.
- Alle sind hier, um zu lernen und hegen positive Absichten.
- Eine gepflegte Erscheinung hebt das Selbstbewusstsein.
- Stichwortzettel oder Karteikärtchen sind wichtige Rettungsanker.
- Regeln für die Zuhörer darstellen (z. B. Für Fragen ist am Ende des Vortrages Raum).
- Die Leitfrage, das Ziel und die Absicht des Vortrages deutlich herausstellen (vor allem in der Einleitung des Vortrags sowie auf Ihrem Handout).
- Anfang und Ende besonders gut vorbereiten.
- Eine Rede ist keine „Schreibe", Schriftsprache ist nicht authentisch, verzichten Sie auf ausformulierte Manuskripte.
- Ein Bild sagt mehr als tausend Worte.
- Es ist ein Beweis hoher Bildung, die größten Dinge in einfachster Art zu sagen.
- Rhetorisch zu überzeugen bedeutet: „merk"-würdig reden.
- Das Publikum lässt sich lieber unterhalten als belehren.
- Der Mensch ist nicht nur Verstandeswesen. Deshalb: Gefühle ansprechen.
- Der beste Lehrmeister ist das Beispiel.
- Ihre Zuhörer zur Tat und zum Mitdenken auffordern.
- Versuchen Sie nicht, Effekte zu erzielen, die nicht in Ihrem Wesen liegen.
- Denkpausen für den Redner sind gleichzeitig Aufnahmepausen für die Zuhörer.

- Die Körpersprache ist verräterischer als das gesprochene Wort.
- Der kürzeste Weg zwischen zwei Menschen ist ein Lächeln.
- Ein Vortrag ohne rhetorische Fragen ist wie ein schlecht gelüftetes Zimmer.
- Die Zuhörer möglichst oft direkt ansprechen.
- Je besser der Augenkontakt, desto überzeugender der Redner. Tipp: M-förmige Blickführung durch das Publikum.
- Klare, kurze und prägnante Aussagen, keine Schachtelsätze.
- Lächeln, lächeln, lächeln und Humor.

Beginnen Sie Ihre Präsentation mit einem Lächeln und pünktlich. Aufgrund der professionellen Vorbereitung werden Sie eine kurzweilige, anregende und entspannte Sitzung erleben.

8.5 Abschlussphase

Der erste Eindruck ist entscheidend und der letzte Eindruck bleibt. Insofern sollten Sie den Abschluss gut planen, denn er dauert immerhin noch 25 Minuten. Die Abschlussphase beginnt, sobald Sie keine neuen Informationen mehr geben. Somit markiert die Diskussion den ersten Teil des Abschlusses. Gleichsam eines Landeanfluges können Sie jetzt den Sinkflug einleiten und eine weiche Landung vorbereiten.

8.5.1 Diskussion und Fragerunde

Vielleicht haben Sie es schon erlebt: die erdrückende Stille im Seminarraum, die Diskussion ohne Teilnehmer. Diskussionen und Fragerunden stellen sich nicht von selbst ein. Vielmehr erfordern Sie ein hohes Maß an Moderationsfähigkeit und

Fragetechniken, um Gespräche in Gang zu bringen. Wie in unserer Beispielplanung aufgezeigt, wurde die Diskussion bereits in der Gruppenarbeitsphase vorbereitet, was Sie auch stets vornehmen sollten. Ad-hoc-Diskussionen überrumpeln und überfordern und leiden allzu häufig an Niveaulosigkeit. Wie Sie dies vermeiden und sich gut vorbereiten, wird im Folgenden skizziert. Als Diskussionsleiter bereiten Sie die Moderation vor, gestalten also das *Wie* der Sitzung, die Gruppe erarbeitet das *Was*. Dabei erweist es sich als hilfreich, Fragetechniken anzuwenden, mit denen Arbeitsaufträge in vorstrukturierten Teilschritten entwickelt werden; ebenso sind Antworttechniken in visualisierter Form beispielsweise auf Kärtchen wertvolle Sammlungen von Beiträgen. Vor allem in der Fragerunde müssen Sie nicht alle Fragen beantworten können, dies ist ja schließlich keine mündliche Prüfung. Wenn Sie etwas nicht wissen, verweisen Sie auf den Dozenten oder nehmen Sie dies konstruktiv auf: „Sehr interessante Frage, ich werde diese klären und die Antwort zusammen mit den Folien per Email senden."

Exemplarisch werden im Folgenden mögliche Fragetechniken und ihre Wirkungen erläutert (vgl. Homberg und Obermaier 2011, S. 81 ff.): In der Moderation gilt eine einfache Grundregel: Fragen statt Sagen. Da sich die Moderatorin als methodische Helferin verstehen muss und als solche den Meinungsbildungsprozess der Gruppe nur steuern, nicht aber beeinflussen sollte, kann ihre Arbeit nur aus einer Frage-Haltung heraus gedeihen. Die folgende Auflistung der wichtigsten Fragearten, die Sie als Moderator beherrschen sollten, um selbst gelingend fragen zu können und mit Fragen von Teilnehmerinnen kompetent umgehen zu können, unterstützt Ihre Vorbereitung:

- Die offene Frage: Dieser Fragetyp ist die zentrale Frage in der Moderation, da sie der Antwortenden eine völlig freie

Formulierung erlaubt. Offene Fragen werden auch W-Fragen genannt, da sie mit einem Fragewort (wer, wie, was, usw.) beginnen. Beispiel: „Was halten Sie von der Forderung der Kultusministerkonferenz, ein eigenes Schulfach Ästhetische Bildung einzuführen?"

- Die geschlossene Frage: Dieser Fragetyp dient weniger der inhaltlichen Arbeit, da er nur mit ja oder nein zu beantworten ist und würde Ihre Diskussion schnell beenden. Er lässt sich aber gut zur Strukturierung der Arbeit verwenden. Beispiel: „Können wir jetzt weitermachen?"
- Die Alternativfrage: Dieser Fragetyp eignet sich zur Entscheidung zwischen zwei Alternativen. Möglicherweise müssen Sie danach jedoch zu einer Abstimmung greifen, da nicht alle Gruppenmitglieder derselben Meinung sein werden. Beispiel: „Sollen wir die Diskussion auf Kosten der Fragerunde verlängern oder jetzt abbrechen?"
- Die Gegenfrage: Diesen Fragetyp können Sie verwenden, um dem Druck auszuweichen, sofort eine Antwort geben zu müssen. Hüten Sie sich allerdings vor Übertreibungen. Dieser Fragetyp kann unter Umständen sehr provozierend wirken. Beispiel: „Wie lange willst noch auf diesem Punkt herumreiten?" Gegenfrage: „Weshalb fragst du?"
- Die Retourfrage: Dies ist eigentlich kein eigenständiger Fragetyp, sondern vielmehr eine Möglichkeit, mit unliebsamen oder inhaltlichen Fragen aus der Gruppe umzugehen, indem Sie eine Frage direkt an die gesamte Gruppe weiterleiten. Beispiel: „Willst du wirklich diese Methodik verwenden? Das ist doch Kinderkram!" – „Was meint die Gruppe dazu?"

Es gibt auch einige Fragetypen, die Sie in der Moderation nicht verwenden sollten, da es sich hierbei nicht um ‚echte' Fragen handelt, sondern eher um Arten der Manipulation:

- Die Suggestivfrage: Dieser Fragetypus wird oft verwendet, um die Gesprächspartner manipulativ zur Zustimmung zu bewegen. Beispiel: „Du bist doch sicherlich auch der Meinung, dass uns dieser Diskussionsbeitrag des Kommilitonen nicht weiterbringt?"
- Die Rhetorische Frage: Dieser Fragetypus wird oft verwendet, um eine Gegenmeinung bereits im Keim zu ersticken. Der Fragesteller erwartet keine Antwort, da sich die Frage eigentlich schon durch den gesunden Menschenverstand beantwortet. Beispiel: „Ist uns nicht allen klar, dass es so nicht weitergehen kann?"

Neben den Fragetechniken werden auch ganz konkrete Anforderungen an Sie in der Rolle als Moderatorin gestellt:

- Sie stellen Ihre eigenen Meinungen, Ziele und Werte zurück. Sie bewerten weder Meinungsäußerungen noch Verhaltensweisen. Es gibt für Sie kein ‚richtig' oder ‚falsch' während der Moderation.
- Sie nehmen eine fragende Haltung ein und keine behauptende. Durch Fragen aktivieren und öffnen Sie die Gruppenmitglieder füreinander und für das Thema.
- Sie versuchen alle Äußerungen der Gruppe als Signale aufzunehmen, die Ihnen den Gruppenprozess verstehen helfen, und versuchen, die Teilnehmerinnen zu motivieren.
- Sie bedanken sich für alle Beiträge.
- Sie achten auf die Zeit.
- Sie diskutieren nicht über die Methode, sondern wenden sie an.
- Sie zeigen keine ‚Fremdscham' und rechtfertigen nicht für andere deren vielleicht unangebrachten Handlungen und Aussagen, sondern helfen, die Schwierigkeiten zu klären.
- Am Ende der Zeit fassen Sie die wesentlichen Diskussionsergebnisse zusammen und machen einen positiven Ab-

schluss: „Wie unsere reichhaltige, engagierte und angeregte Diskussion gezeigt hat, bleibt es weiterhin richtig spannend. Für die so rege Beteiligung und wortkräftige Unterstützung danke ich Ihnen."

8.5.2 Ergebnissicherung und Quiz

Wenn Ihr Zeitmanagement gut war, dann sind jetzt 80 Minuten vorbei und die Energie Ihrer Kommilitonen fast verbraucht. Deshalb bietet es sich an, in den folgenden fünf Minuten ein klares und knackiges Programm zu fahren, um die wichtigsten Ergebnisse der Sitzung zusammenzufassen. In der Praxis hat sich die Ergebnissicherung mittels eines Quiz gut bewährt. Damit können Sie noch einmal richtig Fahrt aufnehmen und die gesammelte Aufmerksamkeit auf Sie bündeln, vor allem, wenn es etwas zu gewinnen gibt. Nutzen Sie dabei die Software HotPotatoe und pflegen Sie maximal zehn Fragen ein, zu denen Sie jeweils vier Antwortmöglichkeiten entwickeln. Die Erstellung ist denkbar einfach, der ‚Wettbewerbseffekt' im Kurs hoch, denn es geht darum, als erster die richtige Antwort zu geben. Belohnen Sie nach jeder Frage. Der nachfolgende Screenshot zeigt Ihnen die Funktionsweise. Nachdem Sie alle Fragen und Antwortmöglichkeiten eingegeben haben, können Sie eine optisch ansprechende Oberfläche exportieren, die Sie in nahezu allen Browsern öffnen und offline verwenden können.

8.5.3 Feedback geben und nehmen

Den letzten Teil der Abschlussphase bildet das Feedback. Für Sie als Lernende ist das Feedback eine wichtige Reflexionsinstanz, die Sie unbedingt positiv begreifen und stets nutzen sollten. Damit Sie hier einen positiven, konstruktiven, gelingen-

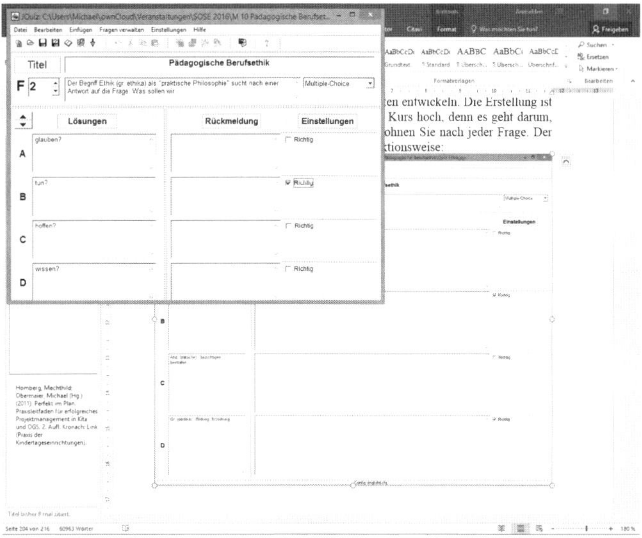

Abbildung 24: Quizerstellung mit der Lernsoftware HotPotatoe
Quelle: Eigener Screenshot

den und menschlich zugewandten Abschluss ermöglichen und eine erzogene Feedbackkultur aufbauen, sollten Sie folgende Feedbackregeln beachten (vgl. Homberg und Obermaier 2011, S. 49ff.):

- Benennen Sie Ihre Beobachtungen konkret und beschreiben Sie das Verhalten genau.
- Lassen Sie Ihr Gegenüber wissen, welche Reaktionen und Empfindungen dessen Verhalten ausgelöst hat.
- Artikulieren Sie Ihre eigenen Gefühle mit Ich-Botschaften. „Es hat mich gefreut, dass …"
- Äußern Sie Ihre eigenen Ziele und Wünsche klar.
- Äußern Sie nur Feedback zu begrenzten, veränderbaren Verhaltensweisen und Einstellungen zu Sachverhalten.
- Verzichten Sie auf Wertungen und Verurteilungen.

- Formulieren Sie stets wohlwollend, der Feedbackempfänger soll das Gesicht nicht verlieren.
- Nennen Sie unbedingt Positives und zeigen Sie Anerkennung auch bei gescheiterten Passagen. „Ich finde es wirklich beeindruckend, dass trotz ..."

Folgende Regeln sollten Sie beachten, wenn Sie Empfänger von Feedback sind:

- Zuhören, Feedback anhören, entgegennehmen, schweigen.
- Unterlassen Sie es, sich zu rechtfertigen, geben Sie keine Begründungen.
- Fragen Sie höchstens nach, wenn Sie etwas nicht verstanden haben.
- Legen Sie Denkpausen ein.
- Danken Sie jedem Feedbackgeber für das offene Feedback.
- Teilen Sie dem Feedbackgeber mit, was das Feedback bewirkt hat.

Und diese Feedback-Killer sollten Sie unbedingt vermeiden:

- Zeitdruck
- Verallgemeinerungen
- Vagheiten
- „Man müsste ..."
- „Man sollte ..."

Es gibt sehr viele, spannende und interessante Methoden, um sich Feedback einzuholen. Doch nur wenige ermöglichen Ihnen, das Maximale an Information herauszuholen. Erst die Kombination von qualitativen und quantitativen sowie anonymen und persönlichen Verfahren erlaubt Ihnen einen vertieften Einblick. So können Sie eine offene und daher persönliche Feedbackrunde mit einem quantitativ orientierten Reflexionsbogen (vgl. Abb. 25) kombinieren, den alle ausfüllen und den

Thema: ____________________

Inhalt:	++	+	0	–	– –	Sonstiges/ Anmerkungen
Fachlich theoretische Begründung der Forschungsfrage						
Begriffsoperationalisierungen						
Einbettung in den Stand der Forschung						
Komplexität der Forschung						
Informationsgehalt der Ergebnisse						
Praxisrelevanz						
Eigenleistung						

Methoden und Medieneinsatz:	++	+	0	–	– –	Sonstiges/ Anmerkungen
Angemessenheit						
Anschaulichkeit						
Handhabung						
Adressatenorientierung						

Gesprächsführung:	++	+	0	–	– –	Sonstiges/ Anmerkungen
Struktur						
Auftreten und Wirkung						
Sprachverwendung (Fachbegriffe, Artikulation etc.)						

Verständlichkeit und Transparenz (Belege durch Zitate oder Quellen)						
Formelle Korrektheit und Vollständigkeit						

Teilnehmeraktivierung und Diskussion:	++	+	0	–	– –	Sonstiges/ Anmerkungen
Fähigkeit, TN/Gruppen zu aktivieren						
Fähigkeit zur Diskussionsleitung						
Fachliche Wendigkeit						

Folgendes hat mir sehr gut gefallen:	Folgendes kann noch optimiert werden:

Abbildung 25: Reflexionsbogen für Präsentationen
Quelle: Eigene Darstellung

Sie später in Ihrer Kleingruppe auswerten. Die Ergebnisse können Sie für das Feedbackgespräch mit der Seminarleitung nutzen.

Sobald Sie die Feedbackrunde abgeschlossen haben und die Sitzung mit positiven Schlussworten beendet haben, beginnt die Nachbearbeitungsphase.

8.6 Nachbereitungsphase

Sofern an Ihre thematische Präsentation eine schriftliche Haus- oder Seminararbeit gekoppelt ist, können Sie die Nachbereitungsphase schon als Vorphase für Ihr nächstes Projekt, nämlich Ihre schriftliche Hausarbeit, verstehen. Wie auch immer, Sie sollten sich unbedingt ein Feedback Ihrer Seminarleitung einholen.

8.6.1 Dozentengespräch

Vermeiden Sie es, nach der Sitzung, wo alle sprichwörtlich ‚auf dem Sprung' sind, sich Feedback von den Dozenten einzuholen. Vereinbaren Sie hierfür einen Termin und bitten Sie alleine oder in der Gruppe ausführlich um Rückmeldung. Ggf. nutzen Sie die Ergebnisse des Reflexionsbogens als Gesprächsgrundlage. Notieren Sie die Rückmeldungen unbedingt mit, denn diese sind eine wertvolle Grundlage für einen Eintrag in Ihr Lern- oder Studienportfolio. Wenn Sie eine schriftliche Arbeit zu Ihrem Präsentationsthema verfassen wollen, so bietet es sich an, zu diesem Gespräch bereits ein Exposé mitzubringen, das Sie nach dem Feedback besprechen können.

8.6.2 Archivieren

Ob mit oder ohne schriftliche Vertiefung: Achten Sie auch hier auf eine sorgfältige Archivierung aller Unterlagen und Dokumente. Und seien Sie zuverlässig, denn häufig warten Ihre Kommilitonen vergeblich auf die zugesagten Folien und Dokumente.

8.7 Zusammenfassung: Kopfkino, Lampenfieber und Redeangst: Training statt Therapie!

Immer wieder fragen Studierende an, ob Sie denn nicht eine alternative Leistung erbringen könnten. Denn allein der Gedanke an ein Referat setzt ein rasantes Kopfkino und damit Fluchttendenzen in Gang, so dass das antizipierte Lampenfieber verbunden mit Vorstellungen des Zitterns, Schlotterns, Stotterns und Strauchelns zu einer schier unüberwindlichen Hürde wird. Ganz ehrlich: Es geht doch den meisten so. Extrovertierte Selbstdarsteller mit einem ungebrochenen Mut zur Peinlichkeit gibt es (zum Glück) nur wenige. Lampenfieber ist normal und die Beschäftigung mit dem eigenen Lampenfieber sollte es demnach auch sein.

An dieser Stelle soll Ihnen keine verkürzte küchenpsychologische Ratgeberliste an die Hand gegeben werden, wie Sie Ihre Redeangst am besten in den Griff kriegen, diesem Thema sind ganze mit ‚Raus mit der Sprache' oder ‚Sicheres Auftreten in Präsentationen' überschriebene Werke gewidmet. Vielmehr sollen Sie an dieser Stelle nochmals bestärkt und motiviert werden, die in diesem Kapitel aufgezeigten Arbeitshilfen konsequent und sorgfältig anzuwenden. Der Abbau Ihres Lampenfiebers steht in einem engen Verhältnis mit dem Aufbau Ihrer Präsentationsfähigkeiten was Inhalt, Methode und Struktur betrifft. Deshalb lautet hier die Devise ganz klar: Training statt Therapie.

9 Literaturverzeichnis

Adorno, Theodor Wiesengrund (Hg.) (1959a): Gesammelte Schriften. Soziologische Schriften I. Frankfurt am Main: Suhrkamp (8).

Adorno, Theodor Wiesengrund (1959b): Theorie der Halbbildung. In: Theodor Wiesengrund Adorno (Hg.): Gesammelte Schriften. Soziologische Schriften I. Frankfurt am Main: Suhrkamp (8), S. 93–121.

Adorno, Theodor Wiesengrund (1971): Erziehung nach Auschwitz. In: Theodor Wiesengrund Adorno (Hg.): Erziehung zur Mündigkeit. Frankfurt am Main: Suhrkamp, S. 88–104.

Amt für amtliche Veröffentlichungen der Europäischen Gemeinschaften (2009): ECTS users' guide. Luxembourg: EUR-OP.

Andresen, Sabine (Hg.) (2009): Handwörterbuch Erziehungswissenschaft. Weinheim, Basel: Beltz.

Antonovsky, Aaron; Franke, Alexa (1997): Salutogenese. Zur Entmystifizierung der Gesundheit. Tübingen: DGVT-Verl. (Forum für Verhaltenstherapie und psychosoziale Praxis, 36).

Aristoteles (1907): Metaphysik. Übersetzung durch Adolf Lasson. Jena: o.A.

Backwinkel, Holger; Sturtz, Peter (2009): Schneller lesen. Zeit sparen, das Wesentliche erfassen, mehr behalten. 5., aktualisierte Aufl. Planegg/München: Haufe (TaschenGuide, 53).

Bellmann, Johannes; Weiß, Manfred (2009): Risiken und Nebenwirkungen Neuer Steuerung im Schulsystem. Theoretische Konzeptualisierung und Erklärungsmodelle. In: *Zeitschrift für Pädagogik* 55 (5), S. 286–305.

Berninger, Ina (2012): Wissenschaftliche Texte lesen und verstehen. In: Ina Berninger, Katrin Botzen und Christian Kolle (Hg.): Grundlagen sozialwissenschaftlichen Arbeitens. Eine anwendungsorientierte Einführung. Opladen, Berlin, Toronto: Verlag Barbara Budrich (UTB, 3772), S. 62–82.

Berufenet (2012): Pädagoge/Pädagogin. Hg. v. Bundesagentur für Arbeit. Online verfügbar unter https://berufenet.arbeitsagentur.de/berufenet/archiv/58655.pdf, zuletzt geprüft am 16.03.2016.

Blömeke, Sigrid; Caruso, Marcelo; Salaschek, Ulrich; Stiller, Jurik (Hg.) (2016): Traditionen und Zukünfte. Beiträge zum 24. Kongress der Deutschen Gesellschaft für Erziehungswissenschaft. Deutsche Gesellschaft für Erziehungwissenschaft; Kongress der Deutschen Gesellschaft für Erziehungswissenschaft. Opladen, Berlin, Toronto: Verlag Barbara Budrich (Schriften der Deutschen Gesellschaft für Erziehungswissenschaft (DGfE)).

Bohl, Thorsten (2008): Wissenschaftliches Arbeiten im Studium der Pädagogik. Arbeitsprozesse, Referate, Hausarbeiten, mündliche Prüfungen und mehr. 3., [überarb.] Aufl. Weinheim, Basel: Beltz (Beltz Pädagogik, 17).

Böhm, Winfried; Schiefelbein, Ernesto; Seichter, Sabine (2008): Projekt Erziehung. Ein Lehr und Lernbuch. Paderborn: Schöningh.

Bourdieu, Pierre (2015): Die verborgenen Mechanismen der Macht. Unter Mitarbeit von Jürgen Bolder und Ulrike Nordmann. 1. Aufl., neue Ausg. Hamburg: VSA (Schriften zu Politik & Kultur, 1).

Boy, Jacques; Dudek, Christian; Kuschel, Sabine (2003): Projektmanagement. Grundlagen, Methoden und Techniken, Zusammenhänge. 11. Aufl. Offenbach: Gabal.

Budke, Alexandra; Kuckuck, Miriam; Meyer, Michael; Schäbitz, Frank; Schlüter, Kirsten; Weiss, Günther (Hg.) (2015): Fachlich argumentieren lernen. Didaktische Forschungen zur Argumentation in den Unterrichtsfächern. 1. Aufl., neue Ausg. Münster, Westf: Waxmann (LehrerInnenbildung gestalten, 7).

Bundesministerium für Wissenschaft und Forschung (2015): Bericht über die Umsetzung des Bologna-Prozesses in

Deutschland (2012-2015). Bonn. Online verfügbar unter https://www.bmbf.de/files/Bericht_der_Bundesregierung_zur_Umsetzung_des_Bologna-Prozesses_2012-2015.pdf, zuletzt geprüft am 12.03.2016.

Bund-Länder-Koordinierungsstelle für den Deutschen Qualifikationsrahmen für lebenslanges Lernen (2013): Handbuch zum Deutschen Qualifikationsrahmen. Struktur – Zuordnungen – Verfahren – Zuständigkeiten. o.O.

Buzan, Tony (2005): Speed reading: schneller lesen, mehr verstehen, besser behalten. 10. Aufl. Heidelberg: mvg-Verlag.

Daase, Christopher; Mackenzie, Janet; Moosauer, Nikola; Stykow, Petra (2010): Politikwissenschaftliche Arbeitstechniken. 2. Aufl. Paderborn: UTB (UTB, 3137).

Dany, Sigrid; Szczyrba, Birgit; Wildt Johannes (Hg.) (2008): Prüfungen auf die Agenda! Hochschuldidaktische Perspektiven auf Reformen im Prüfungswesen. Bielefeld: Bertelsmann (Blickpunkt Hochschuldidaktik, 118).

Deci, Ewald; Ryan, Richard (1993): Die Selbstbestimmungstheorie der Motivation und ihre Bedeutung für die Pädagogik. In: *Zeitschrift für Pädagogik* 39 (2), S. 223–238.

Deutsche Gesellschaft für Erziehungswissenschaft (2004): Kerncurriculum für das Hauptfachstudium Erziehungswissenschaft. DGfE. Fundstelle: http://www.dgfe.de/fileadmin/OrdnerRedakteure/Stellungnahmen/2004_01_KC_HF_EW.pdf, S. 1–4, zuletzt geprüft am 03.06.2016.

Deutsche Gesellschaft für Erziehungswissenschaft (2010): Kerncurriculum Erziehungswissenschaft. Empfehlungen der Deutschen Gesellschaft für Erziehungswissenschaft (DGfE). Opladen, Farmington Hills, Mich.: Budrich (Erziehungswissenschaft, Jg. 19, Sonderbd).

Deutscher Akkreditierungsrat (2005): Qualifikationsrahmen für Deutsche Hochschulabschlüsse. (Im Zusammenwirken von Hochschulrektorenkonferenz, Kultusministerkonferenz und Bundesministerium für Bildung und Forschung erarbeitet und von der Kultusministerkonferenz am 21.04.2005 beschlossen). o.O.

Deutscher Bibliotheksverband (2016). Online verfügbar unter http://www.bibliotheksportal.de/bibliotheken/bibliotheken-in-deutschland/bibliothekslandschaft/bibliotheken-mit-nationaler-bedeutung.html#c1331, zuletzt geprüft am 15.07.2016.

Deutsches Institut für Internationale Pädagogische Forschung (2016a): Fachportal Pädagogik. Online verfügbar unter http://www.fachportal-paedagogik.de/start.html, zuletzt geprüft am 29.07.2016.

Deutsches Institut für Internationale Pädagogische Forschung (2016b): Leitbild. Online verfügbar unter http://www.bildungsserver.de/pdf/Leitbild_DBS_gueltig.pdf, zuletzt geprüft am 29.07.2016.

Die deutsche Nationalbibliothek (2016). Online verfügbar unter http://www.dnb.de/DE/Wir/wir_node.html, zuletzt geprüft am 16.07.2016.

Dudek, Karina (2015): Statistische Daten zu Studienangeboten an Hochschulen in Deutschland: Wintersemester 2015/2016. Studiengänge, Studierende, Absolventinnen und Absolventen. Bonn: Hochschulrektorenkonferenz HRK (Statistiken zur Hochschulpolitik, 1/2015).

Düring, Ingemar (Hg.) (2014): Der Protreptikos des Aristoteles. 3., Auflage 2014. Frankfurt am Main: Klostermann, Vittorio (Klostermann Rote Reihe, 67).

Eichhoff-Cyrus, Karin M. (2004): Adam, Eva und die Sprache. Beiträge zur Geschlechterforschung. Mannheim: Dudenverlag (Thema Deutsch, 5).

Esselborn-Krumbiegel, Helga (2008): Von der Idee zum Text. Eine Anleitung zum wissenschaftlichen Schreiben. 3., überarb. Aufl. Paderborn, München, Wien, Zürich: Schöningh (UTB, 2334).

Esselborn-Krumbiegel, Helga (2014): Richtig wissenschaftlich schreiben. Wissenschaftssprache in Regeln und Übungen. Paderborn: Schöningh (UTB, 3429).

Foucault, Michel (1994): Überwachen und Strafen. Die Geburt des Gefängnisses. 1. Aufl. Frankfurt am Main: Suhrkamp (Suhrkamp-Taschenbuch, 2271).

Fröhlich, Gerhard (2006): Plagiate und unethische Autorenschaften. In: Information: Wissenschaft & Praxis. Deutsche Gesellschaft für Informationswissenschaft und Informationspraxis e.V. (DGI) 57 (2), S. 81–89.

Frost, Ursula (2006): Unternehmen Bildung. Die Frankfurter Einsprüche und kontroverse Positionen zur aktuellen Bildungsreform. Paderborn: Schöningh (Vierteljahrsschrift für wissenschaftliche Pädagogik, Sonderheft).

Griesbach, Heinz; Lewin, Karl; Heublein, Ulrich (1998): Studienabbruch – Typologie und Möglichkeiten der Abbruchquotenbestimmung. In: Deutsches Zentrum für Hochschul- und Wissenschaftsforschung (A 5/98), S. 1–46. Online verfügbar unter http://www.dzhw.eu/pdf/pub_kia/kia199805.pdf, zuletzt geprüft am 11.03.2016.

Gröger, Manfred (2004): Projektmanagement: Abenteuer Wertvernichtung. Eine Wirtschaftlichkeitsstudie zum Projektmanagement in deutschen Organisationen. München: MBA.

Gruber, Helmut; Huemer, Birgit; Rheindorf, Markus (2009): Wissenschaftliches Schreiben. Ein Praxisbuch für Studierende der Geistes- und Sozialwissenschaften. Wien, Köln, Weimar: Böhlau (UTB, 3286).

Harvard Family Research Project (2014): Research Spotlights: Families an Digital Media in Young Children's Learning. Cambridge: Harvard Graduate School of Education.

Heublein, Ulrich; Richter, Johanna; Schmelzer, Robert (2012): Die Entwicklung der Schwund- und Studienabbruchquoten an den deutschen Hochschulen. Statistische Berechnungen auf der Basis des Absolventenjahrgangs 2010. In: *HIS: Forum Hochschule* (3). Online verfügbar unter http://www.dzhw.eu/pdf/pub_fh/fh-201203.pdf, zuletzt geprüft am 11.03.2016.

Hochschulrahmengesetz, vom 19.01.1999 (BGBl. I S. 18), zuletzt geändert durch Artikel 2 des Gesetzes vom 12.04.2007 (BGBl. I S. 506).

Hochschulrektorenkonferenz: Hochschultypen. Online verfügbar unter http://www.hrk.de/themen/hochschulsystem/hochschulrecht/hochschultypen, zuletzt geprüft am 11.03.2016.

Hochschulrektorenkonferenz (2012): Prüfungsnoten an Hochschulen im Prüfungsjahr 2010. Hg. v. Hochschulrektorenkonferenz. Hamburg.

Homberg, Mechthild; Obermaier, Michael (Hg.) (2011): Perfekt im Plan. Praxisleitfaden für erfolgreiches Projektmanagement in Kita und OGS. 2. Aufl. Kronach: Link (Praxis der Kindertageseinrichtungen).

Horn, Klaus-Peter; Iske, Stefan; Adick, Christel (2012): Klinkhardt Lexikon Erziehungswissenschaft. KLE. Bad Heilbrunn/Obb: Klinkhardt (UTB, 8468).

Horn, Klaus-Peter (2008): Disziplingeschichte. In: Gerhard Mertens, Ursula Frost, Winfried Böhm, Lutz Koch und Volker Ladenthin (Hg.): Allgemeine Erziehungswissenschaft I. Handbuch der Erziehungswissenschaft I. Paderborn: Schöningh (UTB, 8455), S. 5-32.

Huber, Ludwig (2009): Warum forschendes Lernen nötig und möglich ist. In: Ludwig Huber (Hg.): Forschendes Lernen im Studium. Aktuelle Konzepte und Erfahrungen. Bielefeld: UVW, Webler (Motivierendes Lehren und Lernen in Hochschulen, 10), S. 9–35.

Humboldt, Wilhelm von (2010): Über die innere und äussere Organisation der höheren wissenschaftlichen Anstalten in Berlin (1809/10). In: Der Präsident der Humboldt-Universität zu Berlin (Hg.): Gründungstexte. Johann Gottlieb Fichte

– Friedrich Daniel Ernst Schleiermacher – Wilhelm von Humboldt. Berlin: Humboldt-Universität, S. 229–243.

Institut der Deutschen Wirtschaft (2015): Bildungsmonitor 2015. Ein Blick auf Bachelor und Master. Hg. v. Institut der Deutschen Wirtschaft. Köln. Online verfügbar unter http://www.insm-bildungsmonitor.de/pdf/Forschungsbericht_BM_Langfassung.pdf, zuletzt geprüft am 11.03.2016.

Jokić, Maja; Ball, Rafael (2006): Qualität und Quantität wissenschaftlicher Veröffentlichungen. Bibliometrische Aspekte der Wissenschaftskommunikation. Jülich: Forschungszentrum Jülich, Zentralbibliothek (Schriften des Forschungszentrums Jülich. Reihe Bibliothek Schriften des Forschungszentrums Jülich. Library, v. 15).

Kant, Immanuel (1999): Beantwortung der Frage: Was ist Aufklärung? In: Horst D. Brandt (Hg.): Was ist Aufklärung? Ausgewählte kleine Schriften. Hamburg: F. Meiner Verlag (Philosophische Bibliothek, 512), S. 20–27.

Keller, Andreas (2011): Wissenschaft als Beruf: Ein uneingelöstes Vermächtnis seit 1848. In: Andreas Keller, Alexandra Ortmann und Klemens Himpele (Hg.): Traumjob Wissenschaft? Karrierewege in Hochschule und Forschung. 1., Aufl. Bielefeld: Bertelsmann, W. (GEW-Materialien aus Hochschule und Forschung, 117), S. 13–18.

Keupp, Heiner; Ahbe, Thomas; Gmür, Wolfgang (2013): Identitätskonstruktionen. Das Patchwork der Identitäten in der Spätmoderne. 5. Aufl. Reinbek bei Hamburg: Rowohlt (Rowohlts Enzyklopädie, 55634).

Kiper, Hanna (2009): Bildungswissenschaften – Begriff – Profile – Perspektiven. In: *PÄD-Forum: unterrichten erziehen* (37/28), S. 127–131.

Klafki, Wolfgang (2007): Neue Studien zur Bildungstheorie und Didaktik. Zeitgemässe Allgemeinbildung und kritisch-konstruktive Didaktik. 6., neu ausgestattete Aufl. Weinheim, Basel: Beltz (Beltz Bibliothek).

Knill, Markus (2016): Argumentationsformen. Online verfügbar unter http://www.rhetorik.ch/Argument/Formen.html, zuletzt geprüft am 04.08.2016.

König, René (2010): GOOGLE, GOOGLE SCHOLAR UND GOOGLE BOOKS IN DER WISSENSCHAFT. Hg. v. Institut für Technologiefolgenabschätzung der Österreichischen Akademie der Wissenschaften. Wien.

Kornmeier, Martin (2007): Wissenschaftstheorie und wissenschaftliches Arbeiten. Eine Einführung für Wirtschaftswissenschaftler: mit 3 Tabellen. Heidelberg: Physica-Verlag.

Krings, Hans; Holz, Peter; Siekmeyer, Anne (2011): Der Bremer Schreibcoach. Online verfügbar unter http://www.bremer-schreibcoach.uni-bremen.de/cms/, zuletzt geprüft am 01.08.2016.

Kutter, Inge (2012): Hallöchen, Herr Professor. Warum schreiben Studenten so unhöfliche E-Mails? Weil sie es nicht besser wissen. In: *Die Zeit* 47/2012, 15.11.2012.

Ladenthin, Volker (2009): Bildungswissenschaft? In: PÄD-Forum: unterrichten erziehen 37/28 (3), S. 132–133.

Beschluss der Kultusministerkonferenz, vom 04.02.2010 (10.10.2003): Ländergemeinsame Strukturvorgaben für die Akkreditierung von Bachelor- und Masterstudiengängen.

Lenzen, Dieter (1997): Pädagogik – Erziehungswissenschaft. In: Dieter Lenzen und Friedrich Rost (Hg.): Pädagogische Grundbegriffe/2. Jugend – Zeugnis. 4. Aufl. Reinbek bei Hamburg: Rowohlt (Rowohlts Enzyklopädie, 488), S. 1105–1117.

Lenzen, Klaus-Dieter; Pietsch, Susanne (2005): Von H wie Hausarbeit bis P wie Portfolio. Von klassischen zu neuen Formen des Leistungsnachweises im Lehrerstudium. Eine Handreichung. Ergebnisse und Positionen der Arbeitsgruppe „Portfolio", Fachbereich 01, Erziehungswissenschaft. Kassel: Kassel Univ. Press (Studium und Forschung, 9).

Liesner, Andrea; Wischmann, Anke (2010): Kinderarmut. Über ihre Bedeutung für Bildungsprozesse Heranwachsender und die Grenzen der Pädagogik. In: Pädagogische Korrespondenz (41), S. 46–62.

Luchte, Katja; König, Eckard (2008): Methoden erziehungswissenschaftlicher Forschung. In: Gerhard Mertens, Ursula Frost, Winfried Böhm, Lutz Koch und Volker Ladenthin (Hg.): Allgemeine Erziehungswissenschaft I. Handbuch der Erziehungswissenschaft I. Paderborn: Schöningh (UTB, 8455), S. 143–168.

Mandl, Heinz; Friedrich, Helmut F. (Hg.) (2006): Handbuch Lernstrategien. Göttingen: Hogrefe.

Meister, Nina (2015): Die mündliche Prüfung meistern. Ein Ratgeber aus der Praxis. Paderborn: Schöningh (UTB, 4313).

Mertens, Gerhard; Frost, Ursula (2008): Handbuch der Erziehungswissenschaft. Paderborn: Schöningh.

Meyer, Meinert A.; Meyer, Hilbert (2007): Wolfgang Klafki. Eine Didaktik für das 21. Jahrhundert? Weinheim, Basel: Beltz (Pädagogik).

Mittelstraß, Jürgen (2006): Wissenschaft als Lebensform – eine Erinnerung und eine Einleitung. In: B. Liebig (Hg.): Mikrokosmos Wissenschaft: Transformationen und Perspektiven. Zürich: vdf Hochschulverlag, S. 17–36.

Moennighoff, Burkhard; Meyer-Krentler, Eckhardt (2015): Arbeitstechniken Literaturwissenschaft. 17. aktual. Aufl. Paderborn: Wilhelm Fink (UTB, 1582).

Obermaier, Michael (2015): Qualität im Bildungswesen: Rückblick, Zwischenresümee, Ausblick. In: Michael Obermaier und Manfred Müller-Neuendorf (Hg.): Bildungsqualitäten. Diskurse – Auswirkungen – Perspektiven. Paderborn: Schöningh, S. 17–46.

Pauli, Christine; Buff, Alex (2005): Postergestaltung in der Lehre. In: BEITRÄGE ZUR LEHRERBILDUNG (23), S. 371–381.

Pekrun, Reinhard; Götz, Thomas (2006): Emotionsregulation: Vom Umgang mit Prüfungsangst. In: Heinz Mandl und Helmut F. Friedrich (Hg.): Handbuch Lernstrategien. Göttingen: Hogrefe, S. 248–260.

Rauin, Udo (2007): Im Studium wenig engagiert – im Beruf schnell überfordert. Studierverhalten und Karrieren im Lehrerberuf – Kann man Risiken schon im Studium prognostizieren? In: Forschung Frankfurt aktuell 7 (3), S. 60–64.

Rheinische Post Online (2016): E-Mail-Knigge: Mailen mit Benimm, 2016. Online verfügbar unter http://www.rp-online.de/digitales/neuheiten/e-mail-knigge-mailen-mit-benimm-bid-1.2093266#, zuletzt geprüft am 26.07.2016.

Rideout, Victoria (2013): Zero to Eight: Children's Media Use in America. San Francisco: Common Sense Media.

Ruhloff, Jörg (2003): Problematisierung von Kritik in der Pädagogik. In: Zeitschrift für Pädagogik (46), S. 111–123.

Schmidt, Heinrich (1965): Philosophisches Wörterbuch. 16 Aufl. Stuttgart: Kröner.

Schneeweiss, Gerhart (2005): Aristotle – Protreptikos. Hinführung zur Philosophie. Darmstadt: Wissenschaftliche Buchgesellschaft (Texte zur Forschung, 85).

Sekretariat der Ständigen Konferenz der Kultusminister (2005): Standards für die Lehrerbildung: Bildungswissenschaften. Beschluss der Kultusministerkonferenz vom 16.12.2004. In: Zeitschrift für Pädagogik 51 (2), S. 280–290.

Sekretariat der Ständigen Konferenz der Kultusminister (2003): 10 Thesen zur Bachelor-Master-Struktur in Deutschland. Beschluss der Kultusministerkonferenz vom 12.06.2003.

Simkin, M. V.; Roychowdhury, V. P. (2003): Read befor you cite! In: Complex Systems 14 (3), S. 269–274.

Standish-Group (2004/2016): CHAOS-Studie. Online verfügbar unter http://www.standishgroup.com/, zuletzt abgerufen am 05.08.2016.

Startup Euregio Management (2016): PM-Handbuch. Online verfügbar unter http://pm-handbuch.com/assets/PM-Methodik_startup_euregio.pdf, zuletzt geprüft am 02.08.2016.

Stickel-Wolf, Christine; Wolf, Joachim (2013): Wissenschaftliches Arbeiten und Lerntechniken. Erfolgreich studieren – gewusst wie! 7., aktualisierte und überarb. Aufl. Heidelberg: Springer (Lehrbuch).

Terhart, Ewald (2012): „Bildungswissenschaften". Verlegenheitslösung, Sammeldisziplin, Kampfbegriff? In: Zeitschrift für Pädagogik (58), S. 22–39.

Terhart, Ewald (2013): Erziehungswissenschaft und Lehrerbildung. Münster: Waxmann.

Tietze, Wolfgang; Becker-Stoll, Fabienne; Bensel, Joachim; Eckhardt, Andrea G.; Haug-Schnabel, Gabriele; Kalicki, Bernhard; Keller, Heidi (Hg.) (2013): Nationale Untersuchung zur Bildung, Betreuung und Erziehung in der frühen Kindheit (NUBBEK). Unter Mitarbeit von Birgit Leyendecker. 1., Erstauflage, neue Ausg. Kiliansroda: verlag das netz.

Voss, Rödiger (2012): Qualitative empirische Befunde zu Erwartungen von Studierenden an ihre Dozenten. In: Bildungsforschung 9 (1), S. 163–183.

Voss, Rödiger (2014): Wissenschaftliches Arbeiten. … leicht verständlich. 4. Auflage. Konstanz & München: UVK.

Weidenmann, Bernd (2009): Multimedia, Multicodierung und Multimodalität beim Online-Lernen. In: Ludwig J. Issing und Paul Klimsa (Hg.): Online-Lernen. Handbuch für Wissenschaft und Praxis. München: Oldenburger Verlag, S. 73–86.

Winterschladen, Bernd (2010): Grüner surfen. Wieviel Energie kostet einmal googeln? In: Kölner Stadtanzeiger, 19.04. 2010.

Wissenschaftsrat (2010): Empfehlungen zur Rolle der Fachhochschulen im Hochschulsystem. Köln: Geschäftsstelle des Wissenschaftsrates. Online verfügbar unter www.wissenschaftsrat.de/download/archiv/10031-10.pdf, zuletzt geprüft am 11.03.2016.

Zedler, Johann Heinrich (1754): Grosses vollständiges Universal-Lexicon der Wissenschafften und Künste (1732 – 1754). 64 Bände. Leipzig und Halle: Zedler.

Zeitschrift für Erziehungswissenschaft (2016): Profil. Die Zeitschrift für Erziehungswissenschaft im VS Verlag. Online verfügbar unter http://www.zfe-online.de, zuletzt geprüft am 31.07.2016.

10 Register